JN055368

# 英語授業の「幹」をつくる本

上智大学文学部英文学科　愛知淑徳大学交流文化学部　非常勤講師

## 北原延晃

## 大学教職課程授業編 下巻

開隆堂

# まえがき

　上巻の執筆をあらかた終え、下巻の執筆に着手した頃に2022年度の学生から「北原メソッドを学んで」のリアクションペーパーが届いた。上巻では2021年度学生のものを紹介したが、2022年度学生のものはまた、視点が違うので冒頭に掲載することにする。まえがきとしては多少長いが下巻を始めるには恰好の記述になっているからである。

**2022年度　上智大学北原講座履修生優秀リアクションペーパーから**

　············　中高時代に習った英語授業　————　北原メソッド

**秋学期【北原メソッドを学んで】文学部英文学科**

　最初の授業の時、北原先生の「北原メソッドは英語教育を180度変える」というお言葉や公立中学で英検準2級が半数を超えている素晴らしい実績、パフォーマンステストでの生徒たちが美しい発音で自信を持って話している姿、中学生とは思えないような長文の作文、など多くの功績を見聞きした。北原メソッドの素晴らしさにとても驚く反面、疑ってしまう部分もあった。なぜなら、私は中学生の頃から漠然と英語の先生になりたいと考えてはいたが、出会う英語の授業は、英語が苦手な生徒に向けてつくられた簡単すぎてつまらないもの、もしくは英語が得意な生徒が対象とされてはいたが、難しくて型にはまった入試問題のような問題を解くばかりで面白みがないもの、のどちらかであって、ロールモデルにしたい英語の先生に出会ったことがなかったからである。また自分の中学高校時代に良質な英語の授業を受けられなかったために、同じような環境に置かれた公立学校の生徒たちが素晴らしい成績を収めていることを認めるのが悔しかった、というのもあって、素直に受け入れられなかったのかもしれない。

　残り1回を残して秋学期の授業が終わった今、「日本の英語教育を変えられるのは北原メソッドしかない」「英語教師になったら必ず北原メソッドを実践したい」と強く感じられるようになった。北原メソッドは私たちの常識を180度覆し、北原メソッドを学んだ生徒たちが輝かしい成績を収めるのが全く不思議ではなくなった。北原メソッドの大きな特徴の3点として、①生徒が英語を用いる機会が非常に多い、②生徒の立場に立った授業構成がなされている、③英語ができる生徒もできない生徒も楽しめる、を挙げる。この3点について記述し、まとめに代えたいと思う。

　①生徒が英語を用いる機会が非常に多い、について、授業においてもテストにおいても生徒主体のアウトプットが多く存在していることが特徴的だと感じた。授業のBパターンでの「ピクチャーカードのQ＆A」は教科書の導入に用いられるが、生徒には問いに対して即座に答える力と正確な発音で文法的に正しい構文で答えることが求

められる。Picture Describing では、授業内では即興で答える練習を、テストでは言えた文を書かせることを行うことで、生徒の表現力・応用力はしっかりと身につく。Aパターンでは文法の導入が終わった後、Basic Dialog の暗唱と暗写を行う。受動的になりがちな文法学習だが、習ってすぐに自分で使えば、その文法が使われる場面と共に定着するために生徒の理解度も非常に高くなるだろう。パフォーマンステストも１年を通して何度も行われ、即興性が求められるスピーキングと劇やスキットなど演技が含まれたスピーキングが含まれている。日本では英語を日常で用いることは少ないため、生徒が壁を感じやすい教科になりがちであるが、楽しく自然に英語を使うことが多ければ、生徒の苦手意識も消える。生徒のアウトプットの機会が多いということは生徒の負担が大きくなることも懸念されるが、教師が生徒の可能性を誰よりも信じてサポートをしながら、全員ができるまであきらめないことによって生徒たちが期待に応えてくれる。北原メソッドほど英語をたくさん用いながら内容の濃い授業を展開している授業方法は見たことがなかった。生徒に徹底的に英語を使わせることが、生徒に英語の自信を持たせる近道だと考える。

②生徒の立場に立った授業構成がなされている、については、北原メソッド全体に言えることであるが、生徒が楽しんでいるかどうか、生徒にとって負担が大きすぎるものではないか、という視点を常に持っていることに表れている。レベルの高いことを生徒に求めるが、生徒が優秀な答えを出した時にはここぞとばかりに褒め、間違った答えだとしても責めずに次の意見を引き出す。生徒にとって恥をかくことは辛いことでトラウマにもなりかねないのだから、その不安をぬぐう必要がある。そもそも、教師が誰よりも生徒の可能性を信じているがゆえのハイレベルな授業なのである。また、活動の内容やテストの構成を組み立てる際に、生徒に積極的に参加したい・頑張りたいと思わせることを念頭に置いていることが印象的であった。例えば、生徒にとって難しいであろうライティングも、スピーキングと地続きの活動にして「言えたことを書く」という形式にすることによって、生徒の負担を軽くしながらしっかりと定着を図ることができる。北原メソッドではテストにおいても、「生徒の学習を推進する」という目的を重視し、勉強の成果が表れるようなテスト作りが行われている。決して簡単なテストではないものの、普段の授業の積み重ねの先にテストがあるという構成がしっかりしているからこそ、生徒はやる気になる。このように、北原メソッドは生徒がどのように考えるのか、感じるのかといった視点を忘れない。それゆえ、ハイレベルな水準の授業にも生徒がついていけるのである。

③英語ができる生徒もできない生徒も楽しめる、については、落ちこぼれをつくらないという北原メソッドのモットーと通じる部分がある。北原メソッドの授業では、随所で生徒同士助け合う場面がある。辞書を引く時、先生からの問いに答える時、

Basic Dialog の暗唱で合格がもらえない時、など、授業の中で生徒主体の活動が多い分、生徒のレベルによって所要時間に差がつきやすいため、早く終わった生徒には積極的に手助けをするように促す。生徒間で自然に協力をする活動にすることによって、能動的な参加を促すことができる。他にも、北原メソッドは復習を徹底的に行うという特徴もある。Aパターンの文法指導では、必ず１年生１学期まで戻って文法の導入を行う。英語が苦手な生徒にとってはわからない部分を残さずに次の単元へ進めるという安心感が生まれ、得意な生徒にとっては各文法事項の関連性・相違点などを比較して考える機会が与えられるため、文法を体系的に整理し直すことができる。また、Bパターンのスパイラル学習ワークシートでは、新たに習う教科書本文の中で、既習表現や既習語彙をあらかじめ復習し、定着を促す機会を与える。扱う内容が年々増加している英語科において、復習は「時間の無駄」とされ、軽視される傾向にあるが、実は復習せずにわからないまま進む方が時間の無駄である。日々の授業で振り返りや復習を何度も行うことで、生徒たちは授業内だけで自然に１年からの復習ができるのである。英語嫌いの一番の原因は、難しくてわからないと感じることである。英語は積み重ねの教科であって一度わからなくなるとそのあと取り返すことは難しい。そこで、復習を塾などの外部の機関に任せるのではなく、学校の授業の中で何度も行うことで、英語嫌いになる生徒を可能な限り０に近づけることができる。

　長くなってしまったが、ここでは書ききれないほど多くのことを北原先生から学ばせていただいた。日本の公立中高のみで英語を学び、自分の英語力にコンプレックスを抱きながら生きてきたため、「日本の公立校の英語教育の水準を高めて、日本人の誰もが自信を持って英語を使えるようになってほしい」と考えてきた私にとって、この授業は救いだった。まだまだ未熟な私だが、これから先も多くのことを学び、北原メソッドから得た教えを大切にしながら、精進していこうと思う。短い時間でしたが、ご教授いただきありがとうございました。私にとって非常に貴重な経験となりました。

## 【北原メソッドを学んで】文学部英文学科

　北原先生の講義は、衝撃の連続でした。もし北原先生の講義を受け始めたばかりの受講生がこのリアクションペーパーを読んでいるのなら、今受けている驚きは始まりにすぎないことを伝えたいです。今まで自身が受けた授業とは異なる、革新的なメソッドを学ぶことができます。毎回のリアクションペーパーで、「画期的」「驚き」「目新しい」という語を使用していた気がします。

　毎回の講義で扱う単元は明確であり、「英語授業の『幹』をつくる本」によって予復習が可能です。正直、受講前にシラバスに目を通した際、購入必須のテキストが３冊もあったことに身構えていました。購入手続きや持ち物の多さを懸念したことによ

る感情でした。（そして「先生ご自身が携わっているテキストじゃん……売り上げの片棒を担がされるのか……?!」と少々心配になっていました……）そして、受講後の今にして思うことは、テキストは大変役立ちました。前向きに購入していなかった気持ちが申し訳なかったと感じるほどに、学習の支えになります。失礼いたしました。

　自身が最も衝撃を受けたメソッドは、指導方法と実際の授業の様子の鑑賞を２回の講義にわたり学習した「北原メソッドＢパターン」でした。アクションカードやフラッシュカードを使った講義の実践を年甲斐もなくはしゃいで和気あいあいと行ったことを覚えています。映像で見たＢパターンの授業中の教室は、さらに笑顔と笑い声に溢れ、英語を楽しく学ぶ様子が見られました。さらに、映像から見て取れる教授法のすべてに学ぶ要素がありました。アクションカードをめくるタイミングや登場人物の声色分け、教材の暗記は当然であるという教員たるものの姿勢など、多岐にわたります。英語の知識面はもちろんのこと、道徳的な生徒のしつけの面も兼ねており、生徒たちと北原先生の間に感じた結束力の強さの所以を垣間見ることができました。講義中にメソッドの新鮮さに触れていると、忘れたくないと感じる内容が多く、学習内容の整理に手間取ります。（そのくらいこの講義から学ぶことのできる内容量は充実していると思います。）そのような時に、テキストを再読することによるメソッドの理解・定着のスムーズさは計り知れないと感じています。短時間で済む作業ではありませんでしたが、毎回の授業で配布されるプリントに掲載されている「次回の内容」に基づいて、予習として「英語授業の『幹』をつくる本」を読んだ時間や復習も兼ねてリアクションペーパーを書いた時間は有意義でした。

　メソッドを学ぶにつれ、実践を試みたいと感じる機会も増えたように思います。私は英語の発音に苦手意識があり、英語を使用して授業を行うことにためらいがありました。しかしながら、さまざまなアプローチ法を知るたびに、英語授業を実践することに興味が湧きました。英語に対して、前向きな気持ちを持つことのできるきっかけにつながったと感じています。反省点・課題点は多く残っているものの、じゃれマガやマイクロ・ティーチングの経験を通して、成長することができました。特に一番衝撃を受けたＢパターンでマイクロ・ティーチングに臨めたこと、この活動に対する詳細なフィードバックをいただけたことによる成長は強く感じています。今でも発音の苦手意識は残っていますが、発表のたびに発音に関してていねいな肯定的なコメントをいただけたことも大変励みになりました。短時間の授業進行ですら予想通りにはいかないことが多く、戸惑いました。だからこそ、経験をもとに良い要素だけを詰めて構築された北原メソッドを取り入れることで、価値のある授業を効果的に生み出すことができるありがたみを実感することになりました。学習の一つひとつが糧になる講義を受けることができたのは、貴重な経験となりました。ありがとうございました。

# 目　次

＊本書中の引用文、感想、配付物などは基本的に原文のまま掲載しています。

## 1−1　しつけと生徒指導

　集団生活である学校生活の根幹となる授業では、必要最低限のしつけが必要である。「生活指導は授業の中で」は昔から言われてきた言葉だ。以下は2006年全国英語教育研究団体連合会（全英連）東京大会2日目午後のワークショップでお話しし、「英語授業の『幹』をつくる本（下巻）」第1章第1節に書いた生徒指導の項目である。「授業がうまくいかない」とおっしゃる先生の授業ではいくつか該当するものだ。ご自分のチェック項目としてほしい。（紙数の関係で具体例は省略しているので必要に応じて「英語授業の『幹』をつくる本（下巻）」pp.10-14を参照）ここで書かれている解説は本書のために書いたものである。

**授業におけるしつけと生徒指導**
**①あいさつの時の目線**

> 　あいさつの仕方は生徒の将来に大きな意味を持ちます。人間関係をうまく構築できるようにするのも教師の役割だと思います。

**②遅れて来た生徒の指導**

> 　赤坂中に限らず、私は英語教室をつくってそこで授業をやっていました。生徒は教室移動をするわけです。その時に、次のような点に注意して生徒が遅れないようにしました。
> 1．教師がチャイムが鳴るだいぶ前に英語教室に行くのは当たり前。
> 2．最初の帯活動を決めておく。できればペア活動で、ペアが揃ったらチャイムの前からスタートさせておく。
> 3．遅れてきた生徒には2つ目の活動である英語の歌を流している間にWhy are you late? と質問する。毎回答えるのがいやだから早く教室に来るようになる。

### ③最初の活動を固定する（例：BINGO ゲーム、ディクテーション・テスト）

　　赤坂中には特別支援学級（情緒障がい）がありました。授業で突然ふだんやっていないことをやるとパニックになる生徒がいました。一般生徒のためにも授業の流れは決めておきたいと思います。特に授業の最初は帯活動などで固定した方がいいでしょう。

### ④手の挙げ方

　　生徒には「手を挙げる時は『先生、答えわかったよ』『できたよ』『当ててよ』というポジティブな意思表示なのだから、手はまっすぐに伸ばして挙げなさい」と指導してきました。また、「先生は『わかった』『できた』人がどのくらいいるのか、一目で見てわかるようにしたいんだ。そうすることによって授業に無駄が生まれないからね」とも言ってきました。

　　上智大学・愛知淑徳大学でも私の授業での挙手は肘を曲げずにまっすぐ挙げるように指示しています。将来教師になるであろう学生だからという意味合いもありますが、授業をやる側から見てデータを取るために挙手させることがあるのです。その時に一目でデータが取れるような手の挙げ方でないと困るからです。

　　大学によって言い方は違いますが、大学の評価項目の一つに「授業態度」のようなものがあります。これは文科省からの通知に基づいているそうです。昔のような「出席点」（出席するだけで得点が入る）はもはやないと思っていいでしょう。最初の授業で私が学生に言うのは、「積極性」「前のめり度」「反応」を評価に入れるということです。具体的には私の問いかけに挙手や言葉で応えているか、言葉ではなくても（non-verbal）、「頷く」「首をかしげる」「手を叩く」などのアクションをしなさいということです。アクションを見れば、事前に課題のテキストを読んだかどうかはすぐにわかります。

　　大学生には私語は禁じていません。むしろ「黙ってやるな」ということも多いです。学生によると「私語厳禁」という授業もあるそうですが、私は授業に関する私語は学びを深くし、クラス全体を活気づけることもあると評価しています。赤坂中でも教師の問いかけなどに関する私語は禁止していませんでした。ある3年生の授業の時、「私語は禁止しないけど、英語の時間に日本語で私語するなんてもったいないね」と言ったら翌日から私語が一斉に英語になりました。すごいね。

## ⑤シャツ出し、上履きのかかと踏み

「生活指導は授業の中から」という言葉があります。授業中に気になることは見逃さずに注意しようということです。⑤、⑥、⑦、⑧には英語で注意するのが効果的です。英語だと角が立ちません。

What happend to your shirt? / Oh, poor shoes! / Hands? / Face me.

## ⑥手をポケットに突っ込む

## ⑦横座り、姿勢

2022年に都内のある学校で示範授業をした時に、クラスに3人ずっと横座りをしている生徒がいました。授業の中盤を過ぎた頃（生徒が私に慣れた頃）に、Can't you sit straight? と笑顔で言ったらその生徒たちは弾かれたように前を向きました。

## ⑧へそ！（グループ活動の時に注目させたい時）

グループワークに入ってから「みんな、ちょっと待って。ちょっと聞いて」と言っても生徒は聞きません。聞かない生徒が悪いのではなく、グループワークを始める前にきちんと伝えるべきことを伝えない教師が悪いのです。しかし、どうしても生徒の注意を引いて伝えなければならないことがあったら、「へそ！」と言っていました。「へそをこちらに向けなさい」という意味です。顔だけを向かせても話は通じません。

## ⑨忘れ物、宿題忘れ

「忘れるのは人間である証拠」と忘れること自体を認めた上で「どうすれば忘れなくなるかな？」と考えさせます。生徒から出された「忘れない努力」（連絡帳にメモする等）をしても忘れた生徒には次の方策を与え、努力をしないで忘れた生徒にはその活動の間は「みんなが気持ち良く過ご

せるようにしなさい」と言って、教室の整理整頓などをやってもらっていました。「忘れ物をした時のお約束」は幹本下巻 p.12にあります。

## ⑩スタディーペア活動で相手が休んだ時

　よく見かけるのは先生がペアリングをしている姿です。でもそれでは生徒は自律的学習者にはなりません。私は生徒自らに考えさせ、行動させていました。（例　私や参観者とペアになる、英語が最も得意な生徒のペアに入れてもらう）

## ⑪音読の時の教科書

　常々、「音読する時は教科書を両手で持とう」と指導しました。両手がふさがれば手遊びができないし、隣を向くこともできません。教科書を持つと自然に姿勢も良くなり声もよく出ます。

## ⑫配布物を早く配る／集める

　生徒を自律的学習者にするには、配布物を早く配る／集めることにも注意を払いましょう。ヒントは幹本下巻 p.13にあります。

## ⑬授業で使える鳴り物（音で指示を出す）

　Teacher Talk を効果のあるものにするために、教師は無駄な指示を発しない方がいいと思います。その代わりに鳴り物を用意しましょう。生徒の答えに対して言葉で応えるよりもピンポンブーで音を出す方がゲーム的で盛り上がるし、生徒も傷つきません。ペアワークなどの活動中は音楽を流して、音楽が止まったら活動終わりという使い方もあります。

## ⑭ 1秒でも無駄にしない／生徒の活動量を最大限に

課題などを早く終わらせた生徒は褒めて次の課題を指示しましょう。できる子を遊ばせると教師への信頼を失うし、授業崩壊の始まりにつながることもあります。

## ⑮ ハンドシグナルを効果的に使う

これも Teacher Talk 資源を大切にする方策です。

## ⑯ 声の出させ方

ヒントが幹本下巻 p.14にあります。参考にしてください。

# 1−2　ペア学習　幹本下巻 pp.15-17

「英語授業の『幹』をつくる本（下巻）」第1章第2節から引用する。

## 第2節　ペア学習

学習形態としてのペア学習は英語の授業では不可欠だ。なぜなら、英語は生徒対生徒の練習が多いからだ。また1クラスを1人の教師で教えるのには限界がある。一人一人に目が行き届かない場合がある。そんなときにペア学習は効果がある。また英語という教科の場合、生徒は教師からはもちろん、友達から学ぶことも多い。

ところが、ペア学習はうまく教師がコントロールしないと全く逆の効果をもたらすこともある。講演会や研修会で一番多い質問がこのペア学習に関わるものである。

私の授業でのペアの組み方は次の原則に基づいている。

・英語の比較的得意な人と比較的苦手な人がペアを組む。（このペアを「スタディーペア」と呼び、比較的英語の得意な人を「リーダー」、比較的英語の苦手な人を「パートナー」と呼ぶ）

・1年生は必ず男女ペアで、出席番号など偶然性によってペアを決める。その結果、英語の比較的得意な人同士や逆に苦手な人同士になった場合には本人たちとクラ

スの了解のもとに調整する。
・上級生になるにしたがって規制を緩和してやる。（同性同士でも OK）
・学期中はペアを変えない。また次の学期は別のペアリングにする。

　ペア活動は最終的には評価につなげられなければなりません。ペア学習の失敗事例を聞いていると評価につなげないことが原因と思えることが多々あります。例えば、スキットをやらせる場合には2人別々で評価するのではなく、「作品」として評価します。こうすることによってお互いに教え合う関係が育ちます。英語が得意－英語が苦手ペアをつくる方が任意のペアよりクラス全体の英語力の底上げにつながります。

## 2．ペア学習の種類

①スタディーペア

　英語の比較的得意な人と比較的苦手な人がペアを組む。主に協力して課題やタスクを解決する。いつでもパートナーが恩恵を被るとは限らない。時にはリーダーが「あっ、そうか！」と気付かされる場合もある。また、リーダーはパートナーに教えることによって自分の知識が確実なものになっていく。

②ライバルペア

　ゲームなどで勝ち負けを争うペア。「この人には負けたくないという人とペアを組みなさい」と指示すると意外に早くペアが決まる。

## コラム　北原メソッド、私の一推し

　2023年4月例会後の懇親会の席で、ある先生に「北原メソッドで一番の推しは？」と尋ねたところ、次のような答えが返ってきたのでご紹介します。
　　1　一推しの活動名：スタディーペア
　　2　幹本掲載箇所：下巻 pp.15-17　第1章　授業におけるしつけと生
　　　　　　　　　　　徒指導、ペア学習　第2節　ペア学習
　　3　方法：少人数授業　東京方式例1（2クラス3分割）
　　　　①ペアリングの方法は、幹本の通り。
　　　　②ペアの座席は、教師が決めた。4人グループ作りを配慮した。
　　　　③不登校生のペアは3人とした。登校時には入りやすい雰囲気にな

るよう座席の位置も生徒と相談して決めた。

4 一推しの理由

①生徒の自主性の促進

「パートナーを選ぶ、選ばれる」活動を経て、選んだ生徒は安心感を、選ばれた生徒は自己有用感を持ち、自信を持って活動に向かう。

②生徒の主体性の促進

・スタディーペアは、人間関係ができているので英語の時間以外に英語学習の話をする。例えばスキット作りの時は、授業で保障する時間は少なくても、休み時間等に準備をしている。雑談の中でアイディアが深まったようで、主体的な学びを深めたと考える。

・英語以外の科目でも、休み時間等、学び合う姿勢が育った。ペアやグループ、つまり、友達同士で学ぶ喜びを実感したのだと推察する。学力テスト、都立入試等の点数も高かった。

③エピソード

・あるペアが、内容の創造性、英語表現、プレゼン力、すべてにおいて素晴らしい発表をした。学年トップと、支援が必要な生徒のペアだった。先生は、前者の作品と思い込んだところ、内容のアイディアは、後者のものであった。自分の思い込み、生徒理解の浅さを大いに反省した。奇跡に立ち会ったように思った。

・2クラス3分割なので、2人の教師は他学年主担当である。ある先生の感想。「Cは、私より上手にDを教えている」（Dは、支援が必要な生徒）

・学習に向かうことが難しいEがFにペアを依頼した。先生がFに「大丈夫かな？」と尋ねると「あいつがオレを選んだんだったらやります」と言った。Fは学力は十分なのだが、自己肯定感が低い。頬をやや紅潮させ、嬉しそうに答えていた。

# 第2章 文法指導

　従来の文法事項の導入は「いかにインパクトのある導入をするか」を競っていたようなところがあります。そのくせ、導入した文法を扱うのはその時間だけで、あまり復習をするようなことはありませんでした。実際、英語の授業では扱う文法事項や語彙がとても多くて、授業時間内に復習をすることなどなかなかできません。学生のリアクションペーパーを読むと「一度わからなくなったらおしまい」「復習は自分でやるしかない」という記述が目立ちます。私は既習文法からスタートして新出文法に進むというシステムを取っています。こうすると基礎的な文法ほど何度もやることになり、置いていかれる生徒が出ません。これを以下「北原メソッドAパターン」と呼びます。

## 2−1　文法指導の実際　幹本下巻 pp.21-36

**第1節　演繹的か帰納的か**

**第2節　文法くさくない「文法指導」** 実演

### 1．必ず1年生1学期／過去に戻る文法の導入
#### 〜変形生成文法の考え方を使った導入〜

① **実演（2年生　will の導入）**

＊以下のワークシートは2023年3月 On and On 刊の「わくわくナルホド英文法（2年）」から。（板書はせずにパワポでどんどんヒントを出して復習から新出文法事項の導入までを時短で行うサブスク配信教材。詳細は p.255）

② **will（Program 1-2）**

生徒用　＊これを生徒用タブレットに前もって送っておく。生徒はペンや手書きで下線部に記入する。以前は全部板書していたが、この方法にしてから大幅な時短が実現できた。

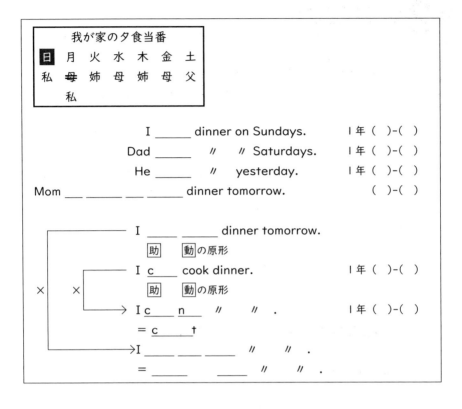

我が家の夕食当番

| 日 | 月 | 火 | 水 | 木 | 金 | 土 |
|---|---|---|---|---|---|---|
| 私 | 母 | 姉 | 母 | 姉 | 母 | 父 |
| 私 | | | | | | |

I _____ dinner on Sundays. 　　１年（　）-（　）

Dad _____ 〃 〃 Saturdays. 　　１年（　）-（　）

He _____ 〃 yesterday. 　　１年（　）-（　）

Mom __ _____ __ _____ dinner tomorrow. 　（　）-（　）

I _____ _____ dinner tomorrow.
助　　動の原形

I c___ cook dinner. 　　　　１年（　）-（　）
助　　動の原形

→ I c___ n___ 〃 〃 . 　　　１年（　）-（　）
= c___ t

→I _____ __ _____ 〃 〃 .
= _____ _____ 〃 〃 .

教師用　＊パワポの原版。パワポで１文ずつプロジェクターに映し出す。場面と人間関係がわかるように教師は右の「語り（場面）」を、ジェスチャーをつけて話す。

板書

我が家の夕食当番

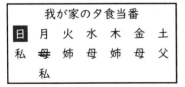

| 日 | 月 | 火 | 水 | 木 | 金 | 土 |
|---|---|---|---|---|---|---|
| 私 | 母 | 姉 | 母 | 姉 | 母 | 父 |
| 私 | | | | | | |

I _____ dinner on Sundays. 　１年（　）-（　）
　　　　　　　　　　　　　（第１ヒント）

I c___ 〃 〃 〃 .
（第２ヒント）

I cook 〃 〃 〃 .

語り（場面）

My family is very busy. So everyone takes turns to cook dinner.

I mmm dinner on Sundays. と言いながら料理するジェスチャー

18

Dad \_\_\_\_\_ // // Saturdays.

1年（ ）-（ ）
（第1ヒント）

// <u>cook</u> // // // .

（第2ヒント）

// <u>cooks</u> // // // .

He _____ // yesterday.

1年（ ）-（ ）
（第1ヒント）

He \_\_\_\_d // // .

（第2ヒント）

He <u>cooked</u> // // .

Mom \_ \_\_\_\_ \_ \_\_\_\_ // tomorrow.

（ ）-（ ）
（第1ヒント）

// <u>i g t c</u> // // .

（第2ヒント）

// <u>is going to cook</u> // // .

I \_\_\_ \_\_\_ // // .

I <u>w c</u> // // .

（第2ヒント）

助 動 の原形

I <u>will</u> <u>cook</u> // // .

= I'll

I <u>c</u> cook dinner. 1年（ ）-（ ）

I <u>can</u> // // .

I <u>c n</u> // // . 1年（ ）-（ ）

I <u>can</u> <u>not</u> // // .

= <u>c t</u>

= <u>can't</u>

I <u>w</u> \_\_\_ // // tomorrow.

---

Dad mmm dinner on S.
と言いながらお父さん
のジェスチャー

He mmm dinner
yesterday. と言いなが
ら親指を後ろに向ける
ジェスチャー

Mom usually cooks
dinner on Monday.
Today is Sunday. So
she mmmmm cook
dinner tomorrow.
手帳を開いて見るジェ
スチャー

But she is busy these
days. She comes home
late. She can't cook
dinner tomorrow. So I
mmm cook dinner for
her. 手を突き上げる
ジェスチャー

第2章

**will not** 〃 〃 〃 .

= **w t**

= **won't**

新出文法なので全員立つまで待たなくてよい。

\*パワポはクリックするごとに「教師用」の順番でヒントや答えが出現する。

---

　1年生1学期の文法事項まで戻って復習をしてから、新出文法事項の導入をします。生徒は頭の中の「音」を検索して下線に入るべき語を探します。下線の長さが単語の長さになっており、生徒が思い出しやすくなっています。生徒は空欄に語が書けたら立ちます。（立ったらまだ終わっていない生徒のところに行ってヒントを出してあげます。）全員が立ったら最後に立った生徒に答えを言ってもらい、同じ答えの生徒はリピートします。次に違う答えの生徒（いれば）を指名します。全員が着席したら次の文に移ります。

　復習をしたくても時間の関係でできない、と多くの教員が言います。学生たちに聞いてみると「一度つまずいてしまうと追いつけなくなる」「先生は教科書を進めるのに手一杯で、『復習は自分でしなさい』と言うばかり」などという声がたくさん聞かれました。私は「上智大学文学部英文学科」の学生と言うと「日本でトップクラスの英語力を保持しており、中学校時代からずっと英語が好きで英語が得意な学生ばかり」と思っていました。ところが学生に聞いてみると驚いたことに、半分くらいの学生が中高時代に「英語ができなくなった」「英語が嫌いになった」と言います。もう一度「英語ができる」「英語が好き」の状態に戻るためには復習が欠かせません。しかし1人で復習できる生徒はとても少ないのです。

　異動して2年生担当になり、生徒の英語が遅れているとわかっても復習の時間を確保できません。特に新学習指導要領になり、教科書本文や語彙が大変増えた現状ではなおさらです。また、思春期真っ只中の生徒たちに「1年生の教科書を持ってこい」ということは彼らのプライドを著しく傷つけますし、人間関係が悪くなります。ある時、私が異動した先の学校で1年生の生徒たちが言ったことは「僕たち頭悪いから同じことを何度もやらないと覚えないんです」でした。そこで編み出されたのが北原メソッドAパターン（1年生1学期に戻る文法導入）です。

　この文法事項の導入の良いところは「場面がはっきりしている」ことと

「人間関係がわかる」ことです。従来、黒板を使って1文1文板書をしていました。時間短縮のため同じ単語は「〃」という記号ですませましたが、それでも解答を導き出すのに大分時間がかかってしまっていました。この教材は教師用PCから生徒のタブレットに「生徒用」問題を送ることにより、「板書を写す」必要がなくなりました。また「生徒用」の問題とヒントがパワーポイントのクリックで瞬時に出るので大幅な時短となりました。2022年春学期までは板書でやっていて、大学生でも全員が解答を書くまでは時間がかなりかかっていましたが、秋学期にこの方式でやったところ、ほぼ瞬時に全員が終わってしまいました。

## Basic Dialog（Scenes）

Program 1-2　未来形②助動詞 will、will を使った疑問文とその答え方

A: Ben, can you answer the phone?
B: OK. I'll answer it.
A: Mom! Can I go to Joe's house?
B: OK, but it'll rain in the evening. Take an umbrella with you.

Basic Dialog とは平成24年版教科書 Sunshine で採用した基本文の提示の仕方です。現場著者だった中嶋洋一先生（後に関西外国語大学教授）と久保野雅史先生（後に神奈川大学教授）と私が提案しました。

　従来、新出文法事項を含む文は Key Sentence とか Target Sentence と呼ばれて、1行ないし2行でした。でもそれではその文法事項が使われる「場面」がわかりません。そうすると使えるようになりません。

　Basic Dialog は4行対話で「場面」と「人間関係」がわかるようになっています。新出文法事項を学んだ生徒はこの Basic Dialog をペアで暗唱します。暗唱したら教師のところに来てチェックを受けます。①発音②ジェスチャーの二つをきちんとやっていたら合格。合格したらA－Bの役を交替してもう一度チャレンジします。それも終わったペアは何も見ずにノートにその4行対話を書いて教師に見せます（暗写）。Speaking でも Writing でも教師は間違いを指摘しません。生徒自ら考えさせるためです。この暗写までの設定時間が10分間です。終わらなかったペアは昼休みや放課後にチャレンジしに職員室まで来ることになっています。頭に英語の回路をつ

第2章

くるには教科書本文を暗唱することが望ましいのですが、2、3年生の本文（現在の教科書では1年生の本文の多くも）は分量が多くて暗唱には向きません。習った文法事項を定着させるためには少なくともこのBasic Dialogの暗唱が欠かせないのです。私は教科書が他社の教科書に代わっても全文法事項のBasic Dialogをつくっていました。

**暗写**

_____

_____

_____

_____

　　Basic Dialogをジェスチャーをつけて暗唱できたら、最後は暗写に取り組みます。教科書を閉じてノートにそれを書くのです。頭の中の「音」を「文字化」するわけです。この作業がライティングへとつながるとても大事な過程なのです。最後は手で書いて「脳に落とし込む」。だからこの活動はタブレットではなくてノートで行いたいと思います。

## ２．実演　〜１年生　How many の導入〜

**How many -s do you have?（小学校）**

生徒用

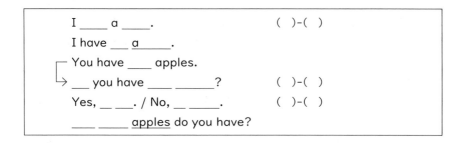

I ＿＿ a ＿＿.　　　　　　　　　（　）-（　）
I have ＿＿ a ＿＿.
You have ＿＿ apples.
　→ ＿＿ you have ＿＿ ＿＿＿?　　（　）-（　）
Yes, ＿＿ ＿＿. / No, ＿＿ ＿＿.　　（　）-（　）
＿＿＿ ＿＿ apples do you have?

教師用

板書（縦を視覚的にそろえる）　　　　　　　　語り（場面）

I ____ a ___.　　　　　　　（　）-（　）
　　　　　　　　　（第1ヒント）

I have a p__.　　　　　　　I have a mmm. ペンを
　　　　　（第2ヒント）　　　持ちながら

I have a pen.

I have __ a ___. 🍎　　　　I have an mmm. リンゴ
　　　　　　　（第1ヒント）　を描きながら

ピコ太郎：I have __ apple. 🍎　ピコ太郎を歌い、踊り
　　　　　　　（第2ヒント）　ながら

I have a_ apple. 🍎
　　　　（第3ヒント）

I have an apple.

You have ___ apple . 🍎🍎　リンゴを2つ描きながら
　　　　　　（第1ヒント）

You have t__ apples.
　　　　（第2ヒント）

┌── You have two apples.
│
│　　　　　　　　　　　　Question.
└→
　__ you have two apples?　　　（　）-（　）
　　　　　　（第1ヒント）

D_ you have two apples?
（第2ヒント）

Do you have two apples?　　　Answer in Yes/No.
Yes, I do. / No, I don't.　　　T: 3つかな？ S: three
Do you have two apples?　　　apples? T: 4つかな？
　　┌─── how many　　　　S: four apples?　いち
　　│　　　　　　　　　　いち聞くのめんどくさ
　　↓　　　　　　　　　　いね。一発で聞くには？
**How many** apples do you have?　小学校でやったね。

新出文法なので全員立つまで待たなくてよい。

23

ピコ太郎：I have a pen.　　　Prog. 2-1

ピコ太郎：I have an apple.　　Prog. 2-1

You have two apples.　Prog. 2-1

Do you have two apples?　Prog. 2-2

how many

Yes, I do. / No, I don't.　Prog. 2-2

How many apples do you have?

　これは2017年に「ピコ太郎」が流行った時に使ったものです。変形生成文法の手法を使っています。視覚的にわかるように縦をそろえるのがコツです。

# 3．まとめ「英語教育」（2014年12月号、大修館書店）より抜粋

## はじめに

　本校は英検準2級の取得率が高い（生徒の3〜4人に1人が取得）ことで知られているが、実は私たち英語教師が誇りに思うのは英語を苦手としていた生徒が高校で開花している事実である。10年に1度、高校生になった教え子に中学英語が高校でどう生きているかを追跡調査している。前回の調査結果から生徒の声を拾ってみる。いずれも中学3年生2学期評定が2以下の生徒である。

・いつもクラスで英語はトップ
・英ⅠとोओⅭのおかげでクラス内順位5位
・最初のテストで3位だった
・英語のクラスが一番上になった
・5段階評価でも5
・期末テストで学年7位だった

　彼らの開花の秘訣の一つはこれから述べる「1年生1学期に戻る文法指導」である。

## 最後の一人が終わるまで待つ

　以下は9月に20名を超える参観者がご覧になった授業の一部である。この日のターゲットはdoesn'tの導入であった。板書を再現してみる。（　）は生徒が書き入れたものである。（教科書は Sunshine English Course）

## 板書

(Friday), (September 19), (sunny)

  Program 6-3

| | | |
|---|---|---|
| I (am) Yuki. | Pro. 2-1 | |
| You (are) Mike. | Pro. 2-1 | |
| He (is) Takeshi | Pro. 5-1 | |
| I (play) soccer. | Pro. 3-1 | |
| You (play) soccer. | Pro. 3-1 | |
| He (plays) soccer. | Pro. 6-1 | |
| I (don't) (play) soccer. | Pro. 3-2 | |
| You (don't) (play) soccer. | Pro. 3-2 | |
| He don't play<u>s</u> soccer. | | |
| He does<u>n't play</u> soccer. | Pro. 6-1 | |

　板書の完成形は以上の通りだが、もう少し細かく手順を追ってみる。

1．曜日、月日、天候を書く。書き終わった生徒は立ち上がる。最後の一人に What day is today? / What is today's date? / How is the weather? と質問をして空欄を埋めていく。（実際にはカッコではなく、下線を使う）

2．I (　) Yuki. と書く。空欄を埋めて書けた生徒は立ち上がる。

3．書けない生徒に Would you like a hint? と聞いて Yes, please. という答えが返ってきたらその文型が初出のプログラム名とセクションを書く。わからない生徒はそのプログラムの「おぼえよう！」（ターゲットセンテンス）を見て思い出して書く。

  I (　) Yuki.　Pro. 2-1

4．まだ書けない生徒のために Would you like another/one more hint? と尋ね、am の頭文字 a を書く。

  I (a　) Yuki.　Pro. 2-1

5．最後の一人が立ったら、その生徒に全文を言わせる。他の生徒は正解であればリピートする。

  I (am) Yuki.　Pro. 2-1

6．以下同様に行う。生徒の頭から音を引き出すようなヒントを出すことが肝心である。また文の要素（主語、動詞、目的語）の位置が一目でわかるように縦を合わせることも視覚的に大事である。ともすれば日本語を使った解説になりがちな文法指導を生徒たちとインターアクションをしながら行うことによってほぼ英語だ

けでできる。既習事項との対比で新出事項を導入するので特別支援を必要とする生徒にもやさしい。また、4文目のI (play) soccer. では複数の答え（like, love, watch, study など）が可能なのでそれらが出てくればしめたものだ。

7. 最後の文（本日の目標文）を書く時には次のような説明をする。「I, you 以外で一人の人が主語の時には動詞 like に s がついたよね。でも質問の文（疑問文）の時に Do he plays ではなくて Does he play となったように、打ち消しの文（否定文）の時には don't plays の s が don't について doesn't play になります」

8. このような指導を3年生になっても続ける。さすがに3年にもなると1年生に戻る必要のある生徒はいなくなる。


## 生徒に教わった

　この方法は実は生徒から教わったのである。平成11年にS区立W中学校からM市立H中学校に転任になった。8年間いたW中では当初、区で低レベルだった英語力を同僚と協力して都上位常連校（都中英研コミュニケーションテスト結果）にしたのだが、転任した先のH中学校は「生徒は最高にいいけど、勉強はむちゃくちゃできない」（同僚談）学校だった。それまでW中学校で磨いた指導技術を駆使して授業を始めたが、生徒たちはさっぱりわからないと言う。どうすればわかるかを生徒に聞くことにした。すると「俺たちバカだから何回もやらないと覚えないんですよ」という答えが返ってきた。そこでそれまでの指導法は封印して徹底的に基礎・基本のみをやることにした。文法指導で編み出した「必ず1年生1学期に戻る」指導が生まれたのはそんな環境だった。たまに生徒の不出来の愚痴ばかり言う教師がいるが、私はそういう生徒たちに出会った時が、教師が大きく伸びるチャンスだと思う。今の私があるのはH中学校の子どもたちのおかげだと感謝している。


## 教師の忍耐が必要

　この方法でやれば「一人の落ちこぼしも出さずにすむ」「何度も繰り返すことによって基礎事項ほど定着する」のが最大のメリットだが、なんと言ってもこの方法は教師の忍耐を要求する。最後の一人ができるまで、教師はヒントを出し続け、ペアリーダーや早く終わった周りの生徒は寄ってたかって教えるのだ。どれだけ時間がかかるかは始まってみないとわからない。授業の進行に重大な影響を及ぼすこともしばしばだった。しかし、この方法以外に全員を理解・運用に連れて行く方法はないのだ。続けていくうちに「英語の音が頭に入っていれば時間はかかっても必ず誰でもできる」という確証を得た。私がよく若い先生方に言うように「音声では差がつかない」のである。だからそれまで以上に音声指導に力を入れ、生徒の頭の中に英語の世界を築くように

した。

## 望ましい学習集団へ

　私の授業を参観された先生方は「教室の雰囲気が温かいですね」と異口同音に言う。早くできて立ち上がった生徒は後ろに座っている生徒が黒板が見えなくならないようにしゃがむなど配慮する。ペアパートナーができたらペアリーダーは祝福する。最後まで残った子ができたら拍手が起こる。最後の一人を待つということは学級経営にも生きるのだ。

## 早く終わった生徒への指導

　一番遅れている生徒に合わせれば当然、他の生徒は退屈してしまう。特に上位の生徒はなおさらである。彼らに無駄な時間を過ごさせないためには次のような工夫をしている。

1. 立ち上がったらまず隣に座っているペアパートナーのお手伝いをする。
2. 両者とも終わったペアは両者とも終わっていないペアを助ける。
3. 以上が終わった生徒は、私が次に書くであろう文を予測する。最初は難しいが慣れればどんどんできるようになる。上位の生徒が楽しみにしている活動である。

　できる生徒を遊ばせてはいけない。国家の損失である。できる生徒はさらにできるように伸ばすのも教師の仕事である。

## 授業参観者の感想

　それでは参観者の一人である宮崎県のスーパーティーチャーである高平佳代先生の授業参観レポートからご本人の許可を得て感想を転記してみる。

・ここ（8行目）までは、順番にノートに書かせます。1文書くごとに立って友達と確認していました。早い生徒は、先生が黒板に書く前に予測して書いていました。また、綴りを気にしないで、書くように指導されていました。音で確認しなさいと。音が出てくるかどうか、つまり、I am Yuki. が言えているかどうかです。I are 〜. とは言わないでしょう？ と言われていました。音声を大事にされていて、今回、質疑の時に、「音声では差がつかないでしょう」と言われていて、納得しました。最後は He （　）（　）soccer. と書きますが、新文型なので、そこは先生が書きこんで、説明されました。でも、たくさんの説明はなく、ちょっと大事なことを言うだけでした。

## 北研会員の感想

　８月に岩手県花巻市で行った文法導入の授業（３年生）をビデオで見た北研会員の感想である。

・「書けたら立つ」を全員待つ活動は、生徒の進度を把握でき動きも生まれてとても良い活動ですが実際やってみるとこちらが本当に忍耐のいるもので特に慣れていない生徒には時間がかかってかなりやりにくかった経験もあります。日頃の赤坂中の生徒を思い出し、何でもそうですが、１年生から継続してやると習慣化し、力がつくということをより実感しました。

・いつものように、例文のブランクを答える問題。いつものように、後ろにテキストに出てくる箇所が書かれていて、わからない生徒のヒントになる。３の文を直接導入せずに、常に１年の復習⇒２年の復習⇒３年の文型、となっているところが「すべての生徒にやさしく、すべての生徒が学力をつける」ためのベースとなる教え方。各学年で学んだポイントを解説する。

・できない生徒を置いていかない。１年生の内容に戻る文型提示の活動が、彼らにとって一番達成感が感じられるのではないかと感じました。自校の生徒、英語が得意な生徒からも「ていねいでわかりやすい。」という声が聞こえます。ミニティーチャーの力の見せどころでもあるので、全員の生徒が生き生きしています。

・日付、曜日、天気をノートに書いた生徒から立ち上がる活動の時、自分は最後まで待てずにいました。今回先生の指導案を読み、やはりここで最後まで待つことが大切なのだと思いました。また、立てない子を待っている間も、ただ待つだけでなく It's OK to make mistakes. と繰り返し励まされたり、Would you like a hint? Would you like another hint? と少しずつヒントを増やしていかれたり、立っている子は後ろの人を気遣ってあげてね。と声かけをされたり、ていねいに支援しておられるのがとても印象に残りました。

・生徒への言葉かけ。It's OK to make mistakes. / Don't be afraid. / Making mistakes is much better than writing nothing. など、安心して積極的に学習をしようという気になるような言葉かけ。

## 終わりに

　本稿では私が授業で使っている「しつこい繰り返し」のほんの一例をご紹介した。「しつこいけれど飽きない繰り返し」は語彙指導や人物紹介など授業のいたるところにある。「耳にタコ」と言われるが私は「耳にイカ」いや、「耳にムカデ」のつもりで毎朝、教壇に立っている。

引用文献
・「英語授業の『幹』をつくる本（上巻）」第1章（2010年、ベネッセコーポレーション）
・「英語授業の『幹』をつくる本（下巻）」第2章（2010年、ベネッセコーポレーション）
・第20回「英検」研究助成 委託研究部門「英検 Can-Do リストを使った Self-Access Learning リスト作り」（2007年、日本英語検定協会）

## 第3節 「忘れた語彙は新出語」「定着していない文法事項は新出文型」
実演済み（Spiral Worksheet）

## 第4節 英語の歌詞の穴埋めはリスニングではない！？
実演済み

## 第5節 辞書を使って文法指導を
実演済み

## 第6節 文法指導のためのプリント例 実演

### 3年生　Unit 4、5　後置修飾と関係代名詞のまとめ 2019
**これまでに習った後置修飾**

①前置詞を使ったもの（1年）

a book <u>on the desk</u>, a girl <u>with long hair</u>, a boy <u>with a bag in his hand</u>, a dog <u>under the table</u>, a man <u>at the door</u>, a train <u>for Kyoto</u>, a singer <u>with a pair of glasses</u>

② to＋動詞の原形を使ったもの（2年 Unit 6-2）

There are so many things <u>to learn</u>. Unit 7-2 We don't have time <u>to fight</u>. It's time <u>to play</u>.

③現在分詞（-ing）を使ったもの（3年 Unit 4-1）

The children <u>studying</u> here are my students.

④過去分詞を使ったもの（3年 Unit 4-2）

I know lots of people <u>injured</u> by landmines.

⑤関係代名詞 who 主格（3 年 Unit 5-4）

Students <u>who</u> have to work hard have a tough life.

⑥関係代名詞 which 主格（3 年 Unit 5-3）

I want to have a job <u>which</u> helps other people.

⑦関係代名詞 that 主格（3 年 Unit 5-2）

I heard some music <u>that</u> really touched my heart.

授業進行

・Unit 4と Unit 5は先に文法をやる。（右ページ）
・Unit 4-1 → Unit 4-2 → Unit 5-4 → Unit 5-3 → Unit 5-2 →（Sunshine 3 年 Prog. 8-1）→ Unit 5-1 → Unit 4-3
・右ページが全部終わったら Unit 4-1から順番に本文（左ページ）をやる。

⑧関係代名詞 which 目的格（Sunshine 3 年 Prog. 8-1）

a special dish <u>which we eat during the New Year</u>

stationery <u>which we use to draw lines</u>

⑨関係代名詞 that 目的格（3 年 Unit 5-1）

I can't forget the photos <u>that</u> she showed us.

⑩後ろに主語＋動詞を伴ったもの（3 年 Unit 4-3）

What are some of the dreams <u>your students have</u>?

---

先生が説明するものや人を指さししよう。早く正しく指せた人が 1 点です。

| baseball players | TV talents | singers |
|---|---|---|
| Ichiro | Miyasako | Eikichi Yazawa |
| Shohei Ohtani | Yuri-yan Retriever | King & Prince |
| Yoshida Kosei | Miyazon | Midori Oka |

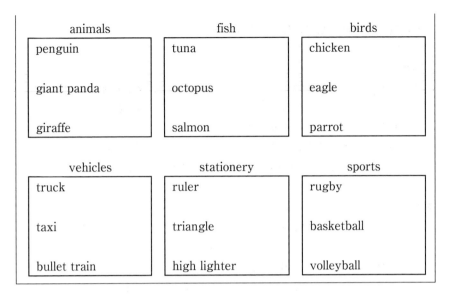

| animals | fish | birds |
|---|---|---|
| penguin | tuna | chicken |
| giant panda | octopus | eagle |
| giraffe | salmon | parrot |

| vehicles | stationery | sports |
|---|---|---|
| truck | ruler | rugby |
| taxi | triangle | basketball |
| bullet train | high lighter | volleyball |

問題例　This is a sport played outdoors.

　　　　This is a sport（which/that）you play outdoors.

---

　このプリントは後置修飾（関係代名詞、接触節含む）の文法導入をやった後、必ず使います。先行詞を聞いて9つのカテゴリーの中から該当するカテゴリーを選び、さらに説明を聞いて3つの中から正しいものを選ぶという、文型と一体化した活動です。

---

**第7節　文法指導の勘所**

# 2−2　マイクロ・ティーチングについて　～春学期～

・指導案は北原の（後に配布）を見本にしてフルで書く。表現は自分の英語に直してよい。ただし、正しい英語で。実際にマイクロで行う部分をハイライトするなど明らかにする。

・授業の前にホワイトボードの端に次のことを書いておく。

　名前、授業学年、プログラム番号、セクション番号、当該言語材料、発表内容

・持ち時間は15分間。時間がきたらベルが鳴る。その時点で終了。

・教科書、ノート以外に必要な物（辞書、「スーパー・ペアワーク」など）が

ある場合は事前に全員に伝えておくこと。

## 1回目

7月12日（火）「マイクロ・ティーチングと考察（北原メソッドBパターン5人）」

（　　）→（　　）→（　　）→（　　）→（　　）

プレゼンテーション、相互評価

テキスト「英語授業の『幹』をつくる本（上巻）」を持参のこと。

Sunshine English Course Book 全学年（開隆堂）を必ず持参すること。

## 2回目

7月19日（火）「マイクロ・ティーチングと考察（北原メソッドAパターン4人）」

（　　）→（　　）→（　　）→（　　）

プレゼンテーション、相互評価

テキスト「英語授業の『幹』をつくる本（下巻）」を持参のこと。

Sunshine English Course Book 全学年（開隆堂）を必ず持参すること。

## 2021年度優秀リアクションペーパー

·········· 中高時代に習った英語授業　―――　北原メソッド

反転文字 のリアクションペーパーは超優秀

## 外国語学部ロシア語学科

　今回の講義においては、文法指導に関して学習した。文法指導というと、次々と教科書内容を進めていき、例文や文法説明を暗記するというイメージがあり、そういった学習法も方法論の一つであるだろうが、本講義で触れられたものはそういったイメージ通りのものではなかった。北原先生の方法論の中で特徴として挙げられるのは、新出文型を導入する際に既習事項の復習を実施することと、例文を対話形式にすることである。前者については、すべての生徒がついていけるような授業を展開する上で、非常に重要な要素である。文法学習は積み重ねであり、既習事項の中に理解不足の部分があると、その後の学習に影響を及ぼしてしまう。また、生徒の中には自らが苦手な箇所を把握していない者がいる、あるいは英語が得意なゆえに不得意な分野を見落としてしまう者がいる可能性がある。今回の授業法における板書では、文の要素を揃えて並列することで、つまずきの箇所が明確となるようになっている。後者に関しては、従来の1文の例文であっても文法理解や他への応用は可能だろうが、会話に即していることにより、ペアワークの可能性、練習のし易さ、英会話の授業等での応用の

容易さ、練習量の増加等の付加価値が、例文練習に加えられているのである。

　また今回触れた内容の中で、個人的に最も印象的であった事項は、既習事項の復習の例として紹介があった、<u>後置修飾の学習プリント</u>である。前述の通り、新たな文法を導入する際に既習事項を再確認することの重要性は理解している。そして、その確認のための課題や説明が非常に興味深いものであったため、印象に残ったのだろう。プリントの中でまず特徴的なのは、<u>既習事項が明示的に記載されていること</u>である。ここまではっきりと示されていると、各人の英語の出来不出来に関わらず、その文法事項を想起することが可能であり、また前置詞や分詞といったキーワードと後置修飾という文法用語を関連づけることも叶う。特に後者に関しては、英語が得意で不定詞や分詞を理解している生徒であっても、後置修飾というテーマで関連づけた理解をしている者はほとんどいないと考えられる。<u>英語が苦手な生徒にとっては復習、得意な生徒にとっては言い換えの練習といった発展学習にも結びつけることが可能だろう。</u>更に単語を指さす練習もまた、特徴的なワークである。下手な教科書や参考書の例文よりも、<u>こういった身近な用語の説明文の方が記憶に残る</u>のではないだろうか。特に芸能スポーツ分野は、関心を持つ生徒も多く、盛り上がる可能性が高い。配布プリントと「英語授業の『幹』をつくる本（下巻）」pp.35-36を比較すると、芸能スポーツは時期により内容が変化していることが読み取れるが、生徒の関心が高いことの表れともいえる。松坂や佐々木は、私が小中学生の頃のメジャーリーガーであったが、今の子どもにとってのスターは間違いなく大谷だろう。そもそもこういった人気のある分野自体、世代によって差異がある。私が昨年中学1年生の学級で実習を実施した際、最も驚いたことの一つは、生徒の話題の大部分がYouTuberであったことである。そして、誰もMLBやサッカーやアメフトの話をしないところに世代間の差異を感じた。今の中学生の中には、スポーツネタ自体が身近ではない者が多いのかもしれない。よって、生徒の人気分野を知るためにも、ワークシートの例文作成をカテゴリー作りから当番制で生徒に託し、教員も参加する形にしても面白いかもしれない。もしくは、敢えて大魔神佐々木など20年前のテーマを盛り込む。単語の教養と一緒で、意外な知識を持っていて脚光を浴びる者がいるかもしれない。永ちゃんなどは白けそうなので、匙加減が難しいが。

　ここまで今回の講義内容に触れてきたが、結局のところ文法は（あるいは英語は）復習するかしないか、練習するかしないかというものである。教員の役割として、生徒のレベルや特性を見極めながら、すべての生徒が復習・練習を実施、継続できるように、前々回の英語の歌等のオーセンティック教材も交えながら、上手くマネジメントすることが求められるということを、講義を通して再認識した。特に今回のＡパターンでは、遅い生徒は毎回最後までクラスメイトを待たせてしまうことになるが、<u>それ</u>

を受け入れる教室環境やレベルの高い子のフォロー（教員役や手助けや次の問題の予測）を整えることで、英語が苦手な生徒が取り残されることを防いでいるのである。

## 外国語学部ロシア語学科

　今回の授業ではAパターンの授業の文法導入の部分を扱いました。未来形 will の導入のところで現在形、三単現、過去形、be going to ～などそれまでに学習した文法事項を同様の文を使って一通り復習する説明があるというのは本当に初めて経験した導入方法で驚きました。私自身、中学生の頃から三単現でつまずいたり、will の時は動詞が変化するのかしないのか、と迷ったりしていた記憶があるので、こんな風に導入してもらえていたらそういった迷いも整理されたのだろうなと感じました。文法事項は基本的に簡単なものから始まり、学んでいくにつれて複雑なものや日本語にはあまりない概念を持つものになっていきます。そのためそれ以前の段階でつまずいている生徒は新しい文法を導入されても混乱するだけになってしまいます。そしてこのような生徒はとても多くいると思います。そのような子どもたちに、「自分で復習しておいてね」「あの時きちんと理解していなかったから……」と言ってしまうことは簡単ですが、生徒側からしてみればとても辛い一言です。そのようなつまずきを抱える生徒に随時思い出す（一つ前、二つ前に立ち戻る）機会を与えることは彼らの知識の定着やモチベーションの維持にとても大きく役立つと思います。他方で文法がきっちり身についている子にとっても、思い出すという作業をすることで自分の頭の中の知識が更新されたような状態になるため、より揺らぎのない知識として身につけられるという効果が考えられます。この北原メソッドの文法導入の方法は、一見、下のレベルの生徒を救うための手法に見えますが、英語に自信がある生徒にもきちんと意味のある活動であるため、クラスの中のレベルがバラバラの場合でも使いやすい導入方法なのではないかと感じました。板書の書き方も、主語になるところを揃えて書いてあげる、というポイントはとてもわかりやすかったです。こういう風に書いてあげれば、生徒たちは品詞や語順などの文法的なセンスを自分で自然に学んでいくことができると思います。口で一方的に言うのではなく、こういった教えること以外の学習の中で生徒たちが学べる機会を提供することも教師としてできることなのだなと勉強になりました。関係代名詞の導入の後に行ったゲームはとても楽しく、学習としてもとても実のあるものだと感じました。関係代名詞を使った文では先行詞の名詞を関係代名詞より後ろの部分が説明する、という構造です。これを聞いて正しい答えを探すには、まず先行詞でジャンルを絞ってその後ろの部分で３つの選択肢から絞るという作業が必要になります。これを繰り返せば、関係代名詞を使った文が出てきた時の読み方や英語の聞き方が自然と身につきます。単なる関係代名詞の練習ではなく、これを使っ

た文が出た時のアプローチの方法、聞き方のトレーニングができることはとても有意義な練習だと考えました。

　北研の先生のご感想にもあるように、この文法の導入方法は教師にとってもとても忍耐が必要な方法だと感じます。授業内で先生がおっしゃっていたように、教科書は早く先に進めないといけないからそんなに待っていられない、そんな前のことまで復習する時間なんてつくれない、という声があることはとても現実的な状況だと思います。実際、授業が思い通りに進まず進度が遅れてしまうということもあり得ることで、復習は宿題や自分の学習でしてほしいと思ってしまうことは容易に想像できます。しかし学んでいるのは生徒たちであり、教師は教え、その学びを支え一緒に進んでいく立場です。その役割を背負っている以上、授業の主役は生徒で、彼らに新しいことを教えることだけが授業内の教師の役目ではないのだなと考えました。

## 外国語学部ロシア語学科

　今回は文法指導の実演であった。席替えをする場合は英語が苦手な生徒と得意な生徒が組み合わさるように工夫していて、これが効果的だということを知った。確かに苦手な生徒同士で組ませたら、助け合うことができずになあなあに活動が終わってしまうかもしれない。苦手な生徒と得意な生徒を組み合わせることで、苦手な生徒は助けてもらうことができ、得意な生徒は教えて助けることができる。自分で理解していることしか教えることができないから、「教えることができた＝理解できている」という確認になる。また教えられなかったところを把握し、自分自身の英語力向上にもつなげることができるのではないのだろうか。教え合いが自然とできるようになることで温かい雰囲気のクラスになり、教員は授業がやりやすくなるし、生徒は安心して授業に参加できるようになる。

　文法指導は私が中学生の時に受けたものとは全く違ったものであった。中学生の時は日本語で該当の文法事項について説明があり、例文を書き練習問題をするものであった。私はこのやり方でしか習ってきていなかったため、これが普通のやり方であると思っていた。北原メソッドでの文法指導は、いままでのものとは比べ物にならないくらいに面白いものであった。まず書けた人から立つシステムは生徒に早くできるようにしようという気を起こさせるとともに、生徒の出来具合を可視化することができる。可視化できることによって授業の進め方を変えたり、スピードを速めたりと教員は工夫ができるようになるだろう。ホワイトボードに穴あきの文を書き、それに答えを埋めていくが、この時に導入する文法だけでなく、それに関連した既習の文法からやっていた。これは北原メソッドの文法指導の大きな特徴であると思う。ほとんどの教員はその文法、または同じレッスンで取り扱っている文法だけを取り扱うだろう。

これだと文法が苦手な生徒や理解していない生徒を置いてけぼりにしてしまう。関連する文法から始めることで、復習をしながら新しい文法を学ぶことができる。しつこく何回も出てくる文法事項は嫌でも覚えてしまう。何回も何回もしつこくやることが効果的だとわかった。例文を書く時は主語、助動詞、動詞、名詞などを縦に同じところにくるように書いていた。こうすることで生徒は既習の文法事項の違いを比較することができるし、新しい文法事項も既習のものと比べることができる。比較をして自分で違いに気づいた時は嬉しいし、定着も早いと思う。比較させながら文法を学ぶことは初めてだったため、とても参考になった。生徒たちがわからない時にはヒントを与えていたが、教科書に戻って復習ができるようにレッスン番号を書いていた。じゃれマガと同じように教科書に戻っていつやったかを思い出すことができ、復習しやすいなと思った。

　Basic Dialog は教科書の例文よりも覚えやすいし、実際の会話場面が想定されているから、いつこの文法を使うのかということがわかりやすかった。また会話の方が、無味乾燥の例文とは違い、場面を想像しやすく頭に入ってきやすかった。暗写をして合格したらミニティーチャーとして仲間の採点をしたり、ヒントを教えたりする役目に回る。これも教室の雰囲気づくりに一役買っていると感じた。互いに助け合うということを道徳の授業でなく英語の授業で実際に体感できる場面になるのではないのかと思った。この文法の導入の時にはほとんど日本語は使われなかった。日本語でただ知識を与えるだけが文法の導入ではないことを実感したと同時に、日本語を介さなくても文法を導入できるのかと少し驚いた。英語を使った授業づくりが求められているが、このようにやればいいのかとわかり、不安が解消された。誰も取り残さない授業づくりをするためには教員の忍耐力が必要である。すぐに進むのではなく、生徒と向き合いながら粘り強く指導していくことができる教員になりたい。

　今回は私がじゃれマガの担当で、授業の初めに行った。じゃれマガのプリントをつくる時は生徒目線に立つことを意識して、「この単語は知っているだろうか」「解説した方がいいのではないのか」とたくさん考えた。"enough to" についてはじゃれマガの時間だけでは足りないし、解説しなくてもそのままで覚えてもらうこともできるから、もう少し検討した方がよかったのではないかと反省した。英語を使って指示をしたり解説したりということがなかったのでとてもいい経験になったし、自分の英語力がまだまだだと改めて実感した。

## 総合人間科学部教育学科

　まず、ペアの組み方から勉強になりました。私の中学時代は、クラスで決められた席の隣に座っている子とワークを行っていましたし、ペアワークが成績に入ることは

なかったので、ペアワークが上手くいかなくてもそれで済ませていました。しかし、英語の学習におけるペア学習の影響力は非常に大きいために、ペアの組み方も非常に重要なのだと感じました。幹本のペアの組ませ方を読みましたが、基本的に生徒が考える仕組みになっていました。英語が得意なのか苦手なのか、今の自分を振り返ったり、誰と組めばペアワークが上手くいくのか、深く考えたりすることは、ペアワークを一生懸命やりたい、英語が上手くなりたいという生徒の気持ちの表れだと思いました。しかし、競う時には、競争心が生まれる相手を選ばせるというように、「スタディーペア」と「ライバルペア」を活動によって上手く組み替えることが重要であることも非常に勉強になりました。協力する場面と競う場面を両方つくり、ペアを上手く組み替えることで、自分だけ英語ができればいいという思いやなんとなくペアワークを終わらせようという思いを排除し、クラス全体で英語のレベルを向上させようという思いが生徒の中に根付くと思いました。また、このペアリングを行うことで、ペアの中の「リーダー」のモチベーションも上がり、「パートナー」から気づきを得ることもできますし、「パートナー」は「リーダー」から助けてもらうと同時に「リーダー」に憧れを抱くようになり、どちらもより一層英語を勉強する意欲に結びつくようになると感じました。今回、Aパターンの授業を受けさせていただきましたが、非常に楽しかったです。文法事項は、常に日本語で行われる受け身の授業が多いですが、北原メソッドでは、日本語が必要な部分以外はほとんどが英語で行われ、生徒が常に考えて活動する、生徒が主体的に学習できる授業でした。新しい文法事項の前に、クラス全体で既習事項を思い起こさせることから始まります。私は、当時、難しい文法事項を習うと、「今までの文法との違いを整理したい」と思うことがよくあり、家に帰ってから今まで習ったことから今日習ったことを自分で整理していたことがありました。しかし、当時、私が整理してほしいと思っていたことを先生がしてくださるということに驚きましたし、尚かつ、先生が一方的にレクチャーするのではなく、生徒に考えさせ続けるので、生徒が新出文型をスムーズに理解できる流れになっていて、非常に驚きました。新出文法というと、勝手に難しそうという印象を受け、身構えてしまいますが、このAパターンの授業では、既習事項を一度復習させることで、ここが少し違うだけかと、どのレベルの生徒もすんなりと理解することができると感じました。さらに、ただ単にどんどんヒントを与えるのではなく、Would you like a hint? と生徒とコミュニケーションを取りながらヒントを与えていくことで、新しいヒントをもらうまでに答えたいと、自分の中にある表現を精一杯思い起こそうとすることができますし、ヒントを段階ごとに与えることで、最終的にはすべての生徒が答えられるようになっていました。さらに、「間違えてもいいから早く」と、早さを意識させつつも、全員が終わるまで待つということも非常に勉強になりました。クラス内で少しでも早く終

わらせようと助け合うことで、授業の一体感が生まれますし、一生懸命になっている一人ひとりを待って、できたということを意識させることで、すべての生徒を英語に対して前のめりの姿勢にさせることができるのだと感じました。

　また、Basic Dialog に関しても、話す練習を十分にしてから、書く練習に入る流れになっていて、新出文法が入っている会話もスムーズに確実に定着させるものになっていました。通常は、教科書を読みながらペアで交代して読んで終わりという形が多いですが、ジェスチャーをつけながら、意味を理解しつつ覚えることで、新出文法を、触れさせるだけでなく、確実に身につけさせることができるのだと感じました。前回の授業で、改めて北原メソッドで身につくスピーキング力の高さを知りましたが、発音、文法、表現の幅の広さなど、誰もがあのレベルの高さで話すことができるのは、スピーキングの授業ももちろんのこと、基礎である文法の授業も、どのレベルの生徒も常に頭をフル回転させて一生懸命になれる仕組みになっているからだと感じました。今回も、「どのレベルの生徒も英語力が向上し、落ちこぼれを生まない」授業の仕方を学ばせていただきました。次回も楽しみにしております。

## 文学部ドイツ文学科

　本日の授業では、北原メソッドの新文法導入の授業を実際に体験した。「英語授業の『幹』をつくる本（下巻）」によると、この授業法は生徒とコミュニケーションを取りながら、既習文法の復習をしつつ新出文法を導入するものだ。私が教わってきた英語の先生は、私たちに「１年の頃にやったから大丈夫だよね」「わからなかったら授業の後で先生に聞いてね」と声をかけ、新出文法を教えた。そして授業で既習文法の復習をした際は、覚えている生徒が一人答えられたら、生徒の皆が覚えていることを前提に置き、新しいのを教えていった。この授業法では、その時に「先生に聞く」または「１年に学んだ文法を自習する」等の自主的な行動を生徒がしなければ、その子の英語の学習が遅れてしまう。そして教師側も、テストの結果からしか生徒の学力を知ることができず、授業の途中からでは学生の英語の学力を測ることはできない。しかし、北原メソッドにおける新文法導入の授業では、そのような生徒を出させない。新出文型の導入のたびに１年の頃に戻ることを繰り返すことから、一人も落ちこぼしをつくることがないのだ。私たちが本日やった新出文型の導入では、既習文法を穴埋め問題形式にし、答えがわかった生徒には席から立たせ、答えがわからない座ったままの生徒には答えがわかるまでヒントを出すものだ。そして最後に席から立った生徒に答えさせるのである。このように答えられる・答えられないという状態が可視化されれば、教師側からも誰が解き終わっていないのかを理解でき、生徒も自分で先を予想してつかみ取りに行くものだという自覚のもと、能動的に学習に取り組むことがで

きるようになるという、「優秀リアクションペーパー」に書かれていた＊＊＊＊さん
の考えにとても共感できた。そして、このように１年の内容に戻るという活動は、英
語を苦手とする生徒にとって、「わかった」「できた」という達成感や成就感を感じら
れるのではないか。授業において達成感を味わうことは、自己を成長させるために不
可欠であり、自尊感情を高め、より意欲的に学習に臨むようになるのではないかと考
える。そして、この授業法では、答えることができる生徒を退屈させてしまうイメー
ジがあるが、早く終わった生徒にはミニティーチャーとして、遅れている生徒を手伝
うというものがある。この手伝う・教える行為は、Learning Pyramid によると、効
率的に頭に入りやすく、覚えることができると考えられている。他の人に教えるとい
う行為は、自身が説明できるくらい覚えている段階にまで持っていけるという点から、
英語を得意とする生徒も退屈をすることはないだろう。確かに、この一人ひとりにしっ
かりと考える時間を与えるという行為には、教師の忍耐力は必要不可欠だ。復習を繰
り返す中、３年という限られた時間内に、生徒が中学で学ぶ範囲をしっかりと教えて
いけるか不安に駆られるだろう。そして「英語授業の『幹』をつくる本（下巻）」に
よると、教科書にはいろいろな制約があり、限られたスペースに十分な復習を入れる
ことができないのが現状にある。しかし、この授業法は、生徒全員を理解・運用とい
う段階にまで持っていける。そして何より、教室の雰囲気が温かくなり、私たちも実
際に体験した時も楽しく学べた。限られた時間の中、生徒全員の英語力を成長させる
には、生徒全員が参加できるような授業法にしなければならないと考える。しかし、
それはただ単にグループワークをするのではなく、北原メソッドの新文法導入の授業
のように「何のためにこの活動をやっているのか」という目標を明確化した上でしな
ければならない。

## 総合人間科学部教育学科

　今回の講義では、北原メソッドにおける文法指導について学び、さまざまな気づき
や発見が得られ、改めて北原メソッドは落ちこぼれをつくらない授業・教授法である
ということを強く実感することができた。まず最初に授業展開について述べたい。最
も驚き、非常に説得力があると感じたのが、「生徒は自らの作業が終わったらまず周
りの仲間を助けること、できる生徒が次のステップを予想すること、そして最後の生
徒が終えるまで待ち続けるということ」の授業の一連の流れである。この方法を用い
ることで、生徒自身の出来のレベルを把握できること、教師は立たせることで生徒全
員の出来具合を可視化し一目で把握できること、最後の一人が理解できるまで付き合
うことで落ちこぼれが出るのを未然に防ぐことができること。できる生徒がどんどん
出来を伸ばすことができる能動的な学習の実現など、生徒、教師、クラス全体のすべ

てにとって Win-Win で理に適った画期的な授業展開だと強く感じた。私の中学時代の教員らは全員の理解を確認するのではなく、クラスの大体が理解していたら授業を進行させていた。そのため落ちこぼれ状態に陥る生徒が現れてしまった。よって落ちこぼれを出さないためには時間や教員の忍耐が強く求められるが、生徒目線に立ち、一人ひとりに真剣に向き合い指導しなければならないと考えた。またできない生徒にていねいに向き合うことは当然重要だが、同時にできる生徒には難しい課題を与えるなど、さらにできるように伸ばしてあげることも重要である。よって生徒の「差」を有効に活かすことが可能であるとわかった。

　次に北原メソッドにおける新出文法の導入についてだが、教師が最初から新出文法を導入するのではなく、既習の学習内容に一つずつ立ち返り、復習し知識を整理した上で新出文法と既習文法の違いなどを問いかけながら理解を促すものであるということを学んだ。この教授法を用いることで、立ち返りを通して生徒自身、どこがわからないのかが判明するし、以前に学習した文法や表現などを繰り返し何度も扱うことを1年生の段階から習慣化することで、より一層学習基盤を盤石にすることが可能になり、落ちこぼれやつまずく生徒が出現することを未然に防ぐことができると感じた。新出文法を導入する際には既習文法との違いやわかる範囲での知識を問いかけながら新出学習内容の理解と定着を図る教授法は主体的で対話的だと強く感じた。

　まとめとして、英語科かどうかを問わず共通することだが、落ちこぼれやつまずく生徒を生み出さないためには、教師が出来を全体の単位で判断するのではなく個人単位で把握し、できるまで相手になることや、新出の学習内容を扱う際には積み重ねの土台を復習を繰り返して固めながら新出内容を導入してあげることを強く意識することが非常に重要だと考えた。また生徒がヒントを求める時、「Yes, please!」と反応するようにしつけることで自然と主体的で対話的な学びを展開することにつながると考えた。そのように学習効果が保証されている授業は自然と主体的で対話的な学びが展開されているのだと思った。

## 文学部英文学科

　本日の授業は、北原メソッドのAパターン（文法指導）の教授法が指導された。私が従来受けてきた文法授業は、ほぼ日本語を中心に行われる演繹的な授業がほとんどであった。そしてその説明の後には、ほとんどドリルのように、何の実用性もない機械的な英文をただただ書いていた。しかしながら、つまらなかったといえば嘘になる。私が高校生の頃に出会った英語の先生も、受験に特化したこのタイプの授業を行っていたが、文法の面白さをとことん教えてくれる先生だったので、私は文法の魅力に取り憑かれてしまった節がある。認知能力が中学生と比べて高い高校生には、明示的な

アプローチは効果が高いように思われる。ただ、私のように机上の文法が好きな生徒は断然少数派であったし、何より突き詰めた結果、文法問題を解くということが半分趣味化してしまったように思われる。実際問題、文法用語を知らずに英語を話している人はいくらでもいるし、イマージョン教育の要素が強いインターナショナル校出身の生徒などは、分詞構文という用語など知らないことがほとんどである。また、文法をやり過ぎた結果、変に「（文法的に）正しい」英語に固執してしまう節があり、間違えることをひどく恐れ、なかなか話すことができない時期もあった。これはまさに、日本英語教育の負の遺産と言えよう。

　少し話がずれてしまったが、強調したいのは、これまで私が受けてきた文法教育は英語を話す上ではあまり役に立たなかったということである。実用的でなかったと言い換えてもいいかもしれない。それに対し、北原メソッドはまさに革新的、いや本質的と言った方がよいかもしれない。基礎が定着していないうちは、帰納的に授業を進め、生徒に気づきと達成感を与える。そして何よりも、私が受けてきた教師一方向による劇場型授業とは一線を画した多ベクトルな ONE TEAM 型授業である。あくまで教師は材料を与えるだけで、それを生徒たちが全員で力を合わせて料理する。そして、何とかつくり上げた最後の生徒がそれを先生のもとに給仕し、みんなで「召し上がれ」と唱和するという構図が、いささか料理で例えたのは野暮かもしれないが、非常に意味のある（身体に染み込む）授業になっていると感じた。そして何より、文法の授業もまたゲーム感覚で楽しめる北原メソッドには脱帽した。私の周りの友達は皆、口を揃えて、文法の授業は退屈だと言っていたものだが、北原メソッドを受けていたら、きっとそうではなかっただろうと思う。

　また、北原メソッドAパターンの特徴には「反復」が挙げられる。正直、私は中高を振り返っても、教科書が連動していた記憶はほとんどない。２年生の時には、１年生の教科書に返った記憶はほとんどないし、３年生もまた然りである。しかしながら、北原メソッドは何回も教科書に立ち返り、記憶を呼び起こさせようとする。北原チルドレンが証明するように、何度も復習することで段々できるようになってくるし、土台が定着するため、その分伸びも早い。中学生で英検準２級を持っているのも、全然珍しいことではないという驚異的な事実をつくり出しているほどである。今回の授業内で、北原先生は評価されて天狗になりそうになっていた時に赴任した先の生徒に、「立ち返る」ことの大切さを逆に教えてもらったとおっしゃっていた。まさに二人三脚、いや三十人三十一脚と言わんばかりに、生徒を一人も置いていかない、そんなとても優しいメソッドでもあると再認識するに至った。

　文法指導について、ターゲットの文法が含まれる文に触れるまでの流れと全員が答えをわかるまで待つという特徴的な授業の進め方が印象的でした。

　will の導入に関して、一見すると答えとして当てはまる動詞が複数ありそうな、それほど特別でも複雑でもない文脈の文から始まり、しかしよく考えると文脈に合う動詞は限られてくるという例文に、私はまず面白さを感じました。学生である私たちも引っかかってしまいましたが、on Sundays というところまで読み取って適切な動詞を選ばなければなりません。そこからは、主語や時制によって動詞の形を変化させる必要がありましたが、私は初め、それは一番初めの例文を派生させただけのものだと感じていました。しかし、我が家の夕食当番表が出てきた時に、今までの例文の辻褄が合うのだ、とまた面白く、一気に現実的なシチュエーションを想像することができるようになりました。"will" と "be going to" の違いを言葉で説明するよりも、シチュエーションによる使い分けを実際に提示した方が生徒にとってもわかりやすいし記憶に残りやすいのだと実感しました。私が中学生、高校生の時に教科書や問題集の例文として取り上げられたものは、何の文脈もなく、その文法を使うためだけにつくられた1文であることが多く、つまらないし丸暗記する他に記憶にも残りませんでしたが、取り上げられる例文同士が一つの文脈に沿っていて、現実的なシチュエーションであることで、この場合、生徒が当番表を思い出して文法を整理することができ、また楽しく自然に文法に触れることができるのだと学びました。また、既習文法に触れながら新しい文法を導入していくことで復習もできるし、生徒が自分の中で関連性のある文法事項を整理しつつ、持っている知識に関連づけて新しい文法事項に触れることができるので、新しい文法に対して身構えたり、強い苦手意識を持ったりせずにすむのではないかと感じました。

　文法事項の導入の仕方だけでなく、ヒントを与えて一人残さず解答に導くというその授業のスタイルも特徴的で学ぶことがありました。多くの先生方や実習中の私自身も、生徒に考えさせた後、できたかどうかを全体に声をかけて確認し、ランダムに一人を当てて次の問題に進むということがよくありました。全体に問いかけても決まった生徒からの反応しかないし、私はランダムの一人を当ててその生徒が答えられたことで生徒のみんなが理解できたことにしてしまってはいけないだろうけど、どう確認すれば良いのか疑問に思っていました。生徒の立場から考えても、一人しか当たらないことで緊張感もなく、解き終わった後に気が緩んでぼーっとしてしまうことが多いと思います。この点で、解き終わったら起立させるスタイルは、集中して問題を解き、終わったという意思表示をさせることで当てずっぽうではなく正答を導き出させることにつながるのだと感じました。そして、起立した生徒にも次のことを予測させるな

ど、考え続けさせることで手持ち無沙汰にならないようにすることも大切だと学びました。「できる生徒を遊ばせてはいけない。」という言葉が印象的でした。わからない生徒も自らヒントを求めることができるので、クラスの多くの生徒が立ってしまうと多少のプレッシャーは感じるかもしれませんが、それでもクラスはその最後の一人を見捨てないという姿勢を伝えることにもなると感じました。教員は生徒が一人残らず解き終わったのか、理解できているのかを把握でき、生徒はどんなレベルの生徒も、ヒントをもらってでも自力で最後まで解けるような工夫がなされた良い方法で、教員の忍耐力の面などで見た目ほど簡単ではないかもしれないけれど取り入れたいと思いました。

## 北原の返信

パーフェクト以上のリアクションペーパーでした。北原メソッドや生徒の心理をよく理解しています。このやり方の一番の問題点は「時間がかかる」ことです。北研の先生方もまずそれがネックだといいます。でもその「時間がかかる」とはなんぼのものですか？ これまでの教え方ではあちこちでいろんな無駄なことをやっていたわけでしょう？ 無駄なことに費やしていた時間を遅れがちな生徒に与えているだけです。また、英語が苦手な生徒からすれば「先生は私を待ってくれている」と思うでしょう。他の教科でも置いていかれている生徒がそう思うのです。これは英語教育だけでなく、学校教育の革命だと私は思っています。さらに、とっくに終わっている生徒（優秀な生徒）を遊ばせずに自身の知識を人に教えることによって強固なものにするのです。（マズローの Learning Pyramid 参照）

## 文学部英文学科

本日の講義から、「文法指導」について学びました。私が受けてきた今までのすべての英語学習、特に文法指導は、すべて日本語で行われていて、先生が黒板に「ここは〜だよ」など、〜の部分に専門用語を入れて「説明」するのが中心の授業でした。しかし、本日受けた文法指導ではこういった専門用語を使った「説明」は一切行われず、既習文法の復習と一緒にすんなりと新しい文法が自然と定着していく、というものでした。また、次に黒板に書かれる文章を生徒たちが「予測できる」という点も効果的であると感じました。私が中学生の時は、先生が一人で、日本語で黒板に説明を書き、私たち生徒はその説明をノートに「写す」作業が主な仕事でした。だからこそ、その説明を写す作業中は、正直脳みそを動かしておらず、その後に行う「問題演習プリント」を解く時に、「あれ、結局、今日は何の新出文法習ったんだ？」ともう一度自分が写したノートを見返す生徒が多かったように感じます。上述したように、本日の授業では、次に書かれる文章を「予測」するという点からも、「写す作業」の要素なんて一

つもありません。生徒は常に脳みそを働かすことができ、勝手に新しい文法が頭に入っていくというとても理にかなった流れができていて、生徒が「また新しい文法を学ばなくては」という新出文法に対しての苦手意識を全く感じることのない授業であると同時に、「新出文法を学ぶ」というハードルを下げてあげられていると強く感じました。また、最後の一人が立つまでクラス全員で待ち、わからない生徒はヒントをもらう時に「Yes, please.」というフレーズを自然と使うことで、わからない生徒への「無言の圧」というものがなく、みんなで英語を学び、みんなで授業をつくり上げていくという「クラスの絆」というものも生まれてくると思いました。だから、「温かいクラス」ができ上がり、クラスのこの雰囲気が「学習面」においても＋の役割を果たすのだと感じました。北原先生の授業では、「英語を学ばせる」、「英語を教える」、という普通、英語の先生が行っている行為の上に、そのクラスの雰囲気が良くなるための工夫や、生徒同士の関係性が良くなる工夫、また生徒一人ひとりがこれから生きていく上で必要である気配り、人間性をも自然と磨いてくれるものだと実感しました。特に、本日の授業の最後で先生がおっしゃっていた「自分のやるべきことを終えて、自分が暇になった時は、クラスのために自分ができることを見つけて動こう」というセリフがとても心に刺さりました。この心構えは、中学生だけでなく、高校生、大学生、また、生徒だけでなく、どの先生にとっても、大切であり持つべき意識、心遣いであると感じました。自分が教えたい教科の教えたいところを生徒たちに「説明できたらいいや」、や「伝えられたらいいや」、という自分で勝手に気持ち良く授業をやる先生ではなく、常に生徒に寄り添い、生徒ファーストで共に歩んでいける先生になりたいと強く感じました。私が上で書いた「常に生徒に寄り添い」というセリフは、よく教育系の人が使うセリフで、本などにも出てきますが、本当の意味での「生徒に寄り添い」というのは、北原先生の授業での寄り添い方、具体的には、「誰一人も見落とさない」というものであると考えます。私も、先生のように、真の意味での生徒への寄り添いができる人間でありたいです。

## 文学部英文学科

今回の授業ではAパターンでの文法指導について学びましたが、必ず「過去に戻る」段階を踏んでいるところが特に効果的だと感じました。新しく習う文法を断片的に覚えるのではなく、過去に習った範囲を再確認したり結びつけたりすることで定着度が増し、「過去に習ったことを忘れてしまっているから新しい文法もよくわからない」といったようなトラブルも未然に防げるところが良い点だと思います。黒板に先生が既習事項の穴埋め問題を書き、解き終わった人から立ち上がるシステムは、周りの人から後れを取らないようにと生徒が意識を集中させるので力を抜く生徒が減りますし、

何よりその生徒たちの反応によって教師が彼らの定着度を一目で把握できるところが良いと思いました。そしてわからない生徒が多くても決して直接的な答えは言わず、少しずつヒントを出していくことで生徒自身に答えを導かせることはとても大切なことなのだと実感しました。思い出せそうで思い出せないムズムズとした感覚や長い時間をかけてやっと正解に辿り着いた時の達成感は、ただ答えを教えてもらった時に比べて感情が相乗されるため記憶に深く結びつくのだと思います。また、文法用語を多用しないのも大きなポイントだと感じました。じゃれマガの指導の際に先生が「（〇〇形や〇〇用法のような）文法用語を生徒たちに答えさせる必要はないんじゃないか」とおっしゃっていますが、私も賛成です。これは実際に私が英語を勉強したり塾で指導したりする中で感じることなのですが、英語が苦手だと感じる生徒の中には、「受動態」「現在完了」「仮定法」のように文法項目の固い響きの名前だけで敬遠してしまう人も多いのではないでしょうか。このような問題点がある中で、Ａパターンの指導方法は、文法の名前など外側の要素から教えるのではなく内側から教えることで、よりスムーズに新出事項を導入できていると感じました。

　私は高校２年次にカナダに留学し、現地でバスケットボールチームに所属していたのですが、当時一番驚いたことは、チームメイトの３分の２の生徒の第一言語が英語ではなかったということでした。私は勝手に彼女たちが英語を母国語として話しているのかと思い込んでいましたが、彼女たちは家では違う言語を話していると言っていました。そして、私は彼女たちと同様に英語を外国語として話しているのにどうしてここまで流暢さに差が出てしまうのだろうか、「先進国の中で日本ほど英語が苦手な国はない」と言われてしまうのは何故だろうかと考えた結果、習得の過程が大きく異なるからなのだろうと思うようになりました。明確に言うなら、インプットとアウトプットの同時性やバランスが重要だということです。日本の従来の勉強方法ではまずは基本事項を覚えること、つまりインプットから始めて、そこから徐々にアウトプットさせていく構造が多いですが、Ａパターンの指導ではインプットとアウトプットをほぼ同時に行っているところが特に効果的なのではないかと私は推測します。現地で生活すると自然と英語力が向上することや、どれほど勉強が苦手な人でも母国語は流暢に話せることも、インプットを完璧に行ってからアウトプットに移るのではなく、自然とその両方を無意識のうちに行っているからではないかと考えます。「母国語話者が母国語を習得するのと同じようなプロセスで英語を教える」ということを意識していけば、より効率的な習得が期待できるのではないでしょうか。以前学習した Teacher Talk の考え方も含め、Ａパターンの学習方法はそのような点が配慮された画期的な指導方法だと思いました。

## 文学部英文学科

　今回の講義では、新規文法の導入方法について解説していただいた。私が今まで受けてきた文法指導は、正直楽しくはなかった。それは、文法導入の場面では、生徒たちに必ず文法を理解してもらわなければならないため、他の活動がゲームなどを行いどんなに楽しいものであったとしても、その部分だけはどうしても楽しさよりも説明重視になってしまうためだと考えている。しかし、北原先生の方式だと、時間もかけすぎず、かつ達成感も得られ、結果的に楽しい授業となっていた。実演の中で、ヒントを与え続けて全員自分で解答を書かせるということが特に印象に残っている。そしてその与えるヒントも、まずは教科書に立ち戻らせ自分で答えを探させていた。たしかに、最後の一人が終わるまで待つというのは、教員にとっては忍耐も、授業内でやりたいことがすべて終わらないかもしれないという葛藤から、一歩踏み出すための勇気も必要である。しかし、生徒たちは自分がまだ考えている途中で解答を言われてしまうと、次第に授業に対する意欲が失せていってしまうだろう。生徒を飽きさせず見捨てない授業を行うためにも、この取り組みは必須であると感じた。そして、早く解ける生徒は先生が次に出す質問を予測して書いているということに驚いた。英語が苦手な生徒への配慮だけではなく、早く終わった生徒への対応も抜かりないところも北原メソッドの強みだと感じている。また、導入の際に、１年生の頃の文法まで遡り対比しながら進めていた。「基礎ほど何度もやる＝覚える」ということは、当たり前のように思えるが、現状、授業内ではなかなか実践できていないのではないか。英語だけに限らず、どの科目でもこの方法を用いることで理解が深まる。そのため、この教授法は他教科にも生かすことができると思った。

　will と be going to の違いは、塾や高校に進んでから学習することが多く、大抵、中学生には言い換えができるイコールの表現だというように教えられる。しかし、明日の夕食当番が急遽母から私に変わったという状況を提示することで、will と be going to の違いを感覚的にも掴むことができた。わかりやすく、かつ印象に残る situation 作りは簡単ではないが、そこが教師の腕の見せ所であると感じている。

　「天狗になっている時こそ生徒の声に耳を傾け学ぶ必要がある」という言葉が特に印象に残っている。アルバイト先の塾の生徒たちと話していた際、ある生徒から「学校の先生に『期待していない』と言われた」という話を聞き、そんなことを言う教師が本当にいるのかと耳を疑った。本人はそのことを笑いながら話していたが、内心はきっととても傷ついていただろう。生徒のことをバカにする教師は自分の努力を怠っている。仮にその教科が苦手な生徒がいたとしても、できるようになるまで見捨てず力を伸ばしてあげることが教師の役目であるはずである。私が教師を目指すとしたら、絶対に生徒ファーストで考え行動し、生徒と共に学び続ける教師でありたいと強く感じた。

　今回の授業では、文法導入時の指導法について、北原先生の実演を中心に学んだ。今回体験した文法指導法は私が中高で経験してきたものと全く違ったものであった。当時の文法の授業に関して私は、先生のおっしゃっていたように、英語という言語自体への興味があり学べることに面白さを感じていたため授業がそこまで嫌いではなかったが、今回体験した指導の在り方の方が、より効果的であり生徒のためになるということを実感した。私の中高時代の先生たちは日本語、文法用語を用いて指導していた。また、過去に学んだ基本の文章（現在形などあって1パターン）と並べて教えられた気もするが、今回学んだ指導法では1年生の1学期からの文法を並べていき生徒に埋めさせるように順を追って新出文法までくる。その際の順序も予測のつくくらい文法が身につき、過去に学んだことを整理し力をつけることができる。

　勉強するにあたってこれまで私は、習ったことを何度も繰り返して振り返り、頭の整理をする時間を大切にしていた。ただ、それは直近で学んだ内容の復習にすぎず今回の指導法のような1年生1学期からの振り返りまでできていたわけではない。この指導法のような振り返り方、反復法は先生の存在、助けがあってできるものだと感じ、指導法に魅力を感じた。

　そして、文法用語を使わず教えられることも面白く感じられた。"will"と"be going to"の箇所で実演されたように、ジェスチャーを用いることで、中高で学んだ「意志」「もともと決まっている予定」というような形だけの文法用語を覚えるよりも、場面での使い分けをよく理解できると感じた。さらに、ジェスチャーで学ぶことで、文法の違いも体で反射的に区別できるようになり、アウトプットの accuracy や fluency を高めることにつながると思う。また、先輩がリアクションペーパーに書いているように、和訳を与えていないことも印象的であった点の一つだった。中高時代、新しく学ぶ文法の例文には和訳が添えられており、それが普通だと感じていたが、前にも授業で学んだような日本語と英語の行き来をなくすことが文法指導の場でも生かされており、かつそれでも理解できる指導法であったことが魅力的であった。

　また、全員がわかるまで繰り返し教えることの重要性も理解した。ていねいさ、そして忍耐が必要になり、今自分が想像する以上に授業を進めるのは難しいだろうと感じるが、誰一人取り残さず伸ばすことのできる授業を行うために将来取り入れたいと思う指導法であった。

　今回体験できたペアワークについて後置修飾のタスク（北原註：幹本下巻 pp.35-36）が内容も生徒の興味を引くであろうもので楽しかったし、文法の構造について、各カテゴリ内のものを細かく説明する修飾部はカテゴリを指定した後にくる、という流れが視覚的に理解しやすいものであることが印象的であった。ここでもペアの相手

第2章

を意識させることにより楽しさが増す、といったようにペアワークが効果的に取り入れられていることを感じた。

（まとめの部分より）

　「はじめに」より。これまで中学生への英語教育を学んできたため、教えた中学生が高校でも学びを深め続けられているのか、中学卒業後どうなっているのだろうかと気になっていたため、生徒たちが「高校で開花」していること、また先生が高校生になった生徒からもデータをとって様子を見ていることを凄いと感じた。生徒たちに少しの時期しか関われない、と考えていたところから生徒たちのその後の学びにもつながる仕事であるのだと感じるようになったことからも、中学での基礎、土台作りの重要性をいたく感じた。

　「生徒に教わった」という箇所を読んで、最近毎回の授業から感じていることではあるのだが、教師になってからも学び続けることの大切さを改めて感じた。またテキスト下巻のはじめの数ページを読み、先生が教員になった当初からこのような授業、考え方をされていたのではなく、素晴らしい授業形式は少しずつつくられていったことを知った。試行錯誤しながら良い授業をつくっていくことは難しそうであり、自信はまだまだないが、より良い授業づくりを柔軟に進めることに私も挑戦してみたいと感じる。

　道徳面の教育を教科指導の時間にできることにも気づけた。中学生、高校生の頃は思いやりや良い働きかけ方などを学ぶべきである大切な時期だと思う。英語の学問的側面や発表の積極性のみを教えるのにとどまらず、「道徳面にも工夫して働きかける、気づかせることも教育である」ということを忘れずに生徒と接したい。そして、すべて生徒に指示を出してしまうのではなく自主性を重んじる指導を素敵だと感じた。

　最後になるが、最近教師として教えられることを増やしたく、語学力の強化をしたり海外での生活を経験したりしたいと思うようになり留学に興味が出てきていた。英語教育を学べる環境があるならそのような場所に留学したい。（まだ具体的な計画を立てられていないため、4年で卒業できるとは考えていない。）ただ、今回のプリントの最後では大学院について情報が書かれており、大学院という選択肢がこれまで頭になかったため少し驚いた。

### 文学部英文学科

　今回の授業では、北原メソッドAパターンによる文法指導を学んだ。私は、新文法はひたすら練習問題を解くことによって学んできたが、その際に学ぶ文法は私にとって以前学んだ文法とは全く関わりのない、独立したものだった。そのため、覚えづらい上に、せっかく記憶しても一つ覚えては一つ忘れてしまっていて、その単元のテス

トでは良い点数を取ることができても、範囲の広いテストはとても苦手だった。しかし北原メソッドでは、過去に習って覚えている文法に戻ることで、新文法を全くの新しいものとして印象づけるのではなく、既習文法と連続性や関連性があるものだと意識させている点で、従来の文法指導とは全く異なると感じた。これによって新しく学ぶ文法であるにもかかわらず、親しみが生まれ、覚えやすく忘れづらいものとなるのだろうと思った。また、文法を生徒にとって親しみやすくしているもう一つの要因として、その文法を学ぶ以前から Teacher Talk によって繰り返し生徒の耳に入れていることが考えられる。生徒にまだ教えていない文法の使用は避けることが通常だと思うが、北原メソッドではあえて積極的に使用する。文法として学ぶことは初めてであっても、聞いたことのある言葉は理解しやすいために、すぐ使えるようになるだろう。ここで鍵となると感じたのは、ボディランゲージである。中学生にとって、知らない言葉の意味を文脈から推し量ることは本来であれば非常に難しい。しかし、体の動きや表情を豊かに使うことで、言葉を逐一日本語に変換して考えなくても、その言葉の意味を推測して理解することが可能になるのだと考える。これは、先生のボディランゲージを見るだけではなく、生徒たち自身が文法を体の動きとともに覚えることでも大きな効果を発揮する。授業内で、be going to と will の指導がされた際に、これらのボディランゲージに違いを持たせ、be going to の時には手帳のジェスチャーをしていたことがとても印象的だった。言葉で説明すると複雑になってしまう細かいニュアンスを、ボディランゲージによって表すことでとても理解しやすいものにしていることが驚きだった。

「しつこいけれど飽きない繰り返し」というのは、北原メソッドを表すぴったりな言葉だと感じる。新文法を学ぶたびに既習文法を用いた文からつくるというのは、記憶するには効果的でも、単調でつまらないものとなってしまうことが大いに考えられる。しかしそうならないのは、「我が家の夕食当番」やピコ太郎を連想させる文など、既習文法と新文法が連続して意味を持ち、かつ内容的に面白いものだからだと考えられる。また、絶妙な難易度だからであるとも考えられる。過去に習ったことを記憶を遡って思い出すことは、それを完璧に習得していないうちは困難を伴う。しかし授業を受けていて、ブランクの部分の下線の長さからそこに入る単語の長さによってしっかりと変えられていることに気がついた。"is going to 動詞"のように、ブランクが多く、文の半分以上がわからない状態の問題を見た時は、「これを中学生に解かせるのか」と正直驚いたが、下線の長さが大きなヒントとなることで、簡単過ぎず難し過ぎない問題になっていると感じた。

"Would you like a hint?"と積極的にヒントを求めることを促したり、同じ問題に対して何回もヒントを求めて良しとしたりすることは、生徒にとってとても良い影響

を与えると考える。わからないことを恥だと思わない、わからないことはわからないと言う、という姿勢は重要であるが、同時に多くの人にとっては難しいことでもある。通常「わからない」への抵抗が生まれるのは授業内であることが多いが、北原メソッドでは逆に授業内で「わからない」に慣れさせる。みんなが何の抵抗もなくヒントを求めることができ、それが普通であるために、わからない人が馬鹿にされることもない。それこそがクラスの雰囲気をあたたかいものにする一つの要因だと感じる。内容への理解が追いつかない生徒に対して段階的にヒントを与えていくのはなかなか根気のいることだと思う。わからない人に対しては答えを教え、その解説をしてしまう方が絶対に楽だろう。しかしそうはせずに、忍耐強く生徒自身で正解に気づかせることで、「わからない」に対する生徒の抵抗を大きく減らしているだけでなく、自信を持たせることにも貢献しているのだと考える。私が中学生の頃は、正解がわからなかったり、当てられて間違えたりすることが大きな苦痛だった。私が答えられなければ、別の生徒が代わりに当てられていたが、先生に失望されたのではないか、他のクラスメイトに馬鹿にされているのではないか、とその度に不安だった。もちろんこれは単なる私の被害妄想だったかもしれない。しかし、教師の対応が生徒に与える影響は計り知れないと体感している。だからこそ先生の、教師には忍耐力が必要だという言葉や、絶対に生徒のせいにしない、生徒を馬鹿にしないという姿勢には深い感銘を受けた。特に「生徒を馬鹿にする教師は最低だ」と熱意を持って語られていた時は、思わず泣きそうになってしまった。私は教師から直接馬鹿にされた経験はないし、親切な先生方が多かったとも思っている。しかし子どもが、教師の態度を深読みして傷ついてしまうということはよくあることだと思う。そうならないためには繊細な心配りが必要であると同時に、心のほんの隅っこであったとしても生徒を見下す気持ちがあってはいけないと考える。忍耐力と、生徒を馬鹿にしないという姿勢は、教師になるにおいて絶対に忘れてはいけないと強く感じた。

　　次は2022年度秋学期（文学部英文学科）のリアクションペーパーである。この時に初めて「わくわくナルホド英文法」のパワポを使って新出文法導入をした。先に書いた「英語が苦手」「英語嫌い」という表現が随所に見られる。

## 2022年度秋学期（文学部英文学科）　自分が受けた新出文法導入の授業

◆私の通っていた中学校では新しい文法事項を習う際に復習をしたり、振り返りをするということがなかったため、そもそも授業内でていねいにおさらいをするという点に

驚きました。私の学校の英語の授業では新たな文法を勉強する時には授業で習ったり、北原先生のような導入（復習）などが全くない状態のまま新しい文法事項の該当する教科書のページを訳すことが宿題として出され、その次の授業で先生が説明をするという感じでした。何のヒントもなしにいきなり訳をすることは難しかったため、大半の人は手をつけないか、翻訳機にかけてその場しのぎで終わらせている状態でした。今考えると授業前に予習をしてほしいという先生の意図であったのではないかと思いますが、普通の中学生にとっては難しいことではないかと思いました。そしてこのような授業形態であったせいか、少人数のクラスであったにもかかわらずクラスの成績の差にかなりのばらつきがありました。この方法は優秀でやる気がある生徒は成績が伸びるし、やる気がなかったりどこかでつまずいている箇所があったりする生徒の成績はどんどん落ちていくという仕組みになっていた気がします。（東京・私立中高出身）

◆私の通っていた中学校では、文法指導は帰納的方法でした。まず教科書を読み、その中に含まれる文法に触れる、といった流れです。そして、高校は中学とは違い、演繹的方法でした。先に文法の説明があり、その後にそれぞれの例文に触れる、といった流れでした。私は学生時代から英文法が苦手で、どちらの方法でも文法に対する苦手意識は拭えませんでした。そのため、とりあえず暗記しておこうといった状態で中高の英語の授業を過ごしていました。幹本下巻 p.22にもある通り、当時の私は、文法学習において一番まずい状況である個々に指導した事項がお互いに結びつかないで、数々の断片として頭の中に散在している状態だったのだと思います。

（東京・文京区立中－私立高）

◆私が中学生の頃は、そもそも文法の復習時間がありませんでした。今考えれば先生のシラバス通りに教科書で学び、授業を進行しなければならないという焦燥からか、次から次へと新しい文法事項が出てきていました。それではプリント内に記載されている、「一人の落ちこぼれも出さずにすむ」や「何度も繰り返すことによって基礎事項ほど定着する」という最大のメリットと反しており、何も生産性を生みません。現に私が中学1年次で初めて be 動詞に触れ、その後すぐに一般動詞を学び、ただでさえ双方の違いや意味でさえきちんと理解しておらず、つまずきそうになっていたら、すぐさま次は一般動詞の三人称単数現在形を学ばされるのです。そこで私を含む多くの生徒は実際につまずきました。日本人の英語嫌いの一つの根源であるとも私は考えています。ただそれは復習の怠りだけでなく、日本特有の文法用語の複雑さにあると思います。もちろん三人称単数現在形といった名前をすでに知っているのならば話は別ですが、私自身もその用語を毛嫌いしました。なぜか国語の指導を受けているよう

にも当時は思えました。私が中学生の頃は、新しい文法を学んだらすぐ新出単語に手を付け、それから本文に入っていました。それでは「本文用の文法」になっていました。テストのため、高校受験のための文法学びになっていたのです。（愛知県）

◆今まで受けてきた文法の授業を振り返ってみると、北原先生のようにていねいにやってくれなかったと思いました。will を習った時は、be going to ～を少し復習して、「can と同じように助動詞だから、動詞の前におくよ～」という少ない説明で本題に入っていったことを記憶しています。既習事項が出てきた際も、「ここは前にやったから大丈夫だよね～」と言ってどんどん進めてしまう先生がほとんどでした。

（埼玉・公立中高）

◆自分が中高生の時受けていた文法指導を振り返ると、先生が教科書本文から新出の文法を抜き出し、板書しながら説明しているのを聞き、数問練習問題を解くといった流れでした。時間がかからないし、教える先生の実力によって差が出にくいと思うのでこの流れで行われていたのではないかなと思いました。しかし特に中学生の時に英語が苦手だった私にとって、専門用語を多く使って一方的に説明を聞かされてもなかなか理解ができなかったり、既出の文法事項を確実に身につけられていなかったので、その状態で新しい文法が入ってきて混乱してしまったりと、苦労した記憶があります。そのため、授業の中で復習して今までの文法事項を整理する時間があればなあ、と思いましたが、北原先生が授業冒頭で私たちに問いかけられたように、もし授業の大半を復習に使うと先生に言われたとしたら、少し英語が得意になってきて意欲が出てきた高校生の頃の私だったら、絶対に反対するだろうなと思いました。復習に時間を割きすぎると新出の文法の学習が雑になってしまったり、他のクラスと比べて遅れができてしまったりして焦ると思うからです。復習は大切だとはいえ授業時間は限られているため、何かしらの工夫が必要なのだろうと思いました。（静岡・公立中高）

◆私がこれまで受けてきた文法指導は、教科書の本文のあとに載っている Point の例文を解説するのみであった。その解説も、「be 動詞のあと、動詞の原形に ing をつけた形を続けると、現在進行形となって、今～しているという意味になります」のような文法用語や日本語訳に依存した GTM の授業であった。まさに「文法くさい」文法指導である。演繹的方法であるために指導は楽であるが、生徒の立場からは「つまらない」「結局よくわからない」ということになりがちだ。既習事項との結びつきもほとんどなかったため、Unit ごとにばらばらに覚え、後になって自分で勉強した時にわかるということが多かった。友達で英語が苦手だった子は、「英語は一度わからなくなると

全部わからないから、もういやだ」と言っていた。（東京・板橋区立中－都立高）

◆中学生の時は、まず一通り Unit ごとの文法ポイントを先生が説明するところから始まる。そしてその後、プリントを使って類題を解きながら反復練習するというものだった。学年が進むにつれて、英語が得意ではなかった私は、新たな文法事項を学ぶのにこれまで習った文法が文の中で使われていることがあったりしたので、ついていくことができなくなっていった。授業内で復習の時間は取れないので、新たな知識とこれまでの知識が断片的に頭の中に残り、完全にごちゃごちゃになってしまっていたのである。通っていた塾で３年生の初め頃に１年生の範囲から総復習を行い、また教科書本文の音読と暗記を繰り返し行ってなんとかついていけるようになった。文法指導と聞くとつまらない、退屈なイメージがすぐに浮かんでくる。長い説明がその原因の一つになっているのだと私の経験からも感じる。（東京・江戸川区立中－都立高）

◆私の中学生の時の文法とは、「現在完了＝have＋過去分詞」という日本語の名前が定義づけられたものの形を覚え、例文や本文に移るという流れでした。新しい文法が提示され、与えられたものを覚える、という義務的な形式であったように感じます。私が中・高生の頃に文法学習で受けた印象は、一つひとつに関連性がなく、新しい文法に入る度にその覚える量の多さにうんざりする、というものでした。また、例えば関係代名詞、現在完了など分野が広いものには、新しいものを習うことで今までに習ったものと混同し、区別するのに苦労するなどということもありました。

（愛知・公立中高）

◆私の中学校高校時代での文法学習は、簡単な文章で新たに学ぶ文法について解説を受け、問題演習を行っていくというものであった。教科書や配布された文章を読み込んでいく上で、新たに習った文法も探し考えながら学んでいく方法はあまり効果を感じなかったものの、文法専門の問題集を何度も繰り返し解いていく方法は、確実に私の力になったと感じている。しかしその一方でどうしても理解の追いつかない生徒は徐々についていけなくなってしまったり、文法の学習がほとんど問題演習と化してしまうことで退屈に感じてしまったのもまた事実である。特に文法の指導では、教科書や資料の表題や番号に合わせて進めていく上で、つながりを意識せずに個別に指導を行ってしまうことがある。私は高校生の時こうした指導で、今まで学習した内容と結びつかないことに苦しんだ記憶がある。私は決して英語が苦手な方でもなかったので、英語を苦手としている生徒にとってはなおさらつながりを感じられない苦しみがあったように思われる。（東京・私立中高）

## 3-0　マイクロ・ティーチング順　～秋学期～

＊辞書や「スーパー・ペアワーク」などを使用する場合は前もってみんなに伝えること。

・指導案は北原のものを見本にしてフルで書く。表現は自分の英語に直してよい。

　実際にマイクロで行う部分をハイライトするなど明らかにする。

・授業の前にホワイトボードの端に次のことを書いておく。

　名前、授業学年、プログラム番号、セクション番号、当該言語材料、発表内容

・指導案は授業開始5分前までに一番後ろの机に置いておく。

・持ち時間は10分間。時間がきたらベルが鳴る。その時点で終了。

### 1回目

12月20日（火）「マイクロ・ティーチングと考察（北原メソッドBパターン6人）」

　（　　）→（　　）→（　　）→（　　）→（　　）→（　　）

　　プレゼンテーション、相互評価

　　Sunshine English Course Book 全学年（開隆堂）を必ず持参すること。

### 2回目

1月10日（火）「マイクロ・ティーチングと考察（北原メソッドBパターン3人と北原メソッドAパターン3人）」

　（　　）→（　　）→（　　）→（　　）→（　　）→（　　）

　Bパターン　　　　　　　　　　　Aパターン

　　プレゼンテーション、相互評価

　　Sunshine English Course Book 全学年（開隆堂）を必ず持参すること。

＊Aパターンは新出文法の導入を必ず行うこと。(Basic Dialogをやるならその後)

＊3年生の文法導入の場合は1年生1学期まで遡らなくてよい。生徒がつまずいていると思われる場所までは戻る。（通常、2年生1学期以降）

### 3回目

1月17日（火）「マイクロ・ティーチングと考察（北原メソッドAパターン4人）」

　（　　）→（　　）→（　　）→（　　）

　　プレゼンテーション、相互評価

　　Sunshine English Course Book 全学年（開隆堂）を必ず持参すること。

＊Ａパターンは新出文法の導入を必ず行うこと。(Basic Dialogをやるならその後)
＊３年生の文法導入の場合は１年生１学期まで遡らなくてよい。生徒がつまず
　いていると思われる場所までは戻る。(通常、２年生１学期以降)

## 評価
### マイクロ・ティーチング（Ｂパターン）評価用紙

```
メモ
学年とレッスン：中学（　）年 Program（　)-(　)
言語材料：(                                                      )
発表内容に○：Q & A（３年生は Picture Describing）、
　　　オーラル・イントロダクション、新語の導入、本文の内容理解、音読
視点①：英語の発話
　　　　（TEACHER TALK / STUDENT TALK の割合含む）  5 4 3 2 1
視点②：授業の流れ                                   5 4 3 2 1
視点③：生徒目線から見て                             5 4 3 2 1
視点④：教材・教具の使用                             5 4 3 2 1
視点⑤：指導案                                       5 4 3 2 1
```

＊学生は視点⑤は記入しない。

### マイクロ・ティーチング（Ａパターン）評価用紙

```
メモ
学年とレッスン：中学（　）年 Program（　)-(　)
言語材料：(                                                      )
発表内容に○：新出文法の導入、Basic Dialog
視点①：英語の発話
　　　　（TEACHER TALK / STUDENT TALK の割合含む）  5 4 3 2 1
視点②：授業の流れ                                   5 4 3 2 1
視点③：生徒目線から見て                             5 4 3 2 1
視点④：板書                                         5 4 3 2 1
視点⑤：指導案                                       5 4 3 2 1
```

＊学生は視点⑤は記入しない。

**評価項目と割合**

評価割合（シラバスより）
1. 出席状況（10%）
2. 授業参加（10%）授業中の積極性
3. リアクションペーパー（30%）
   提出かつ内容優秀……………………………… A
   提出したが内容希薄、遅れたが内容優秀…… B
   遅れで内容希薄、未提出……………………… C
4. マイクロ・ティーチング（50%）


# 3−1　リーディング指導の実際

**1. 音読、精読、多読などさまざまなリーディング指導**　幹本下巻 pp.37-67
**第1節　アルファベットの認識**

**第2節　単語の認識**

**第3節　フレーズの認識**

**第4節　文の認識**
・1、2年生はジェスチャーリーディング
・3年生は指さし
・第4節の具体的解説

　　1、2年生のジェスチャーリーディングについては学生に詳しく伝えることができたが、3年生の内容理解方法については「英語授業の『幹』をつくる本（下巻）」第3章を使って説明しました。以下、引用します。

　　2年生後半から3年生ではジェスチャーにしにくい抽象的な語が増えるし、生徒も発達段階からジェスチャーをやらなくなるので、別の内容理解の手法を使う。指導手順は以下の通りである。

①ペアで机を横につけさせる。

②本文を教師が１回読み、生徒は聞いている。

③生徒は教師の後について、一文ずつ１回リピートする。

④教師は本文をランダムに日本語訳して言う。生徒はパートナーより早く該当
　の英文を指さす。このときに注意することは教師の日本語訳を「私は〜です」
　という訳文型ではなくて、生徒の話しことばのように簡潔に言う。生徒が教
　師の日本語を聞いて頭に映像が浮かぶようにやるとよい。

---

教師の日本語訳の例

| Momoko: Look at that car. | あの車見て。 |
| It's amazing. | びっくりだわ。 |
| Sam　　：Why? It looks like a normal car to me. | なんで？ 普通じゃん？ |
| Momoko: It does, but it isn't. | かもね、でも違うよ。 |
| Sam　　：Huh? What do you mean? | え？ 何言ってんの？ |

（以下省略）　　　　　　　　（Sunshine English Course Book 2 Prog. 9-1）

---

⑤教師は本文をランダムに日本語訳して言う。生徒はパートナーより早く該当
　の英文を読み上げる。

## 第5節　パラグラフの認識

## 第6節　北原メソッドの内容理解チェック方法
・理解度を見る英語の質問に対する答えの部分に下線を引かせる。

---

　北原が開発した方法です。「じゃれマガ」の実践では毎時間使用してい
ます。この内容確認方法が学習者にとって一番負担が少ないのです。

---

## 第7節　教科書本文内容理解までの授業の流れ
・実際の授業の中で

## 第8節　速読指導

## 第9節　多読指導

## ２．教科書研究

学生は教科書を研究して余白に必要なことを書き込む。

> 　３学年分の教科書のリーディングに関するセクションを各自が読んで、どういうリーディング活動があるのか、そのバリエーションを知ります。

①本文はどんなトピックでできているか。

１年生……

２年生……

３年生……

②読み物のページではどんな内容のリーディングが行われるか。また、それをどう扱うか。

**実演**

２年 Reading ① Gon, the Little Fox

> 　小学校の教科書にも載っている「ごんぎつね」で生徒にはなじみがあります。教科書は３ページからなっています。１時間の指導手順は次のようになります。
> 　１．パート１をストーリーがわかるようにざっと読んで WPM（１分間で

読むのにかかった秒数）を記録する。早く読み終わった生徒は友達に
わからない単語の意味などを聞いたり辞書を引いてもよい。同様に
パート２、３も読む。
2．教師はパート１を範読する。（見てわからない単語でも聞いたらわか
る語もあるため）
3．内容理解を確かめるため、適時発問をする。（日本語訳をさせるので
はなく、登場人物の気持ちを問うたりする）
4．新語のうち、内容理解に必要最低限の語と発信語彙はフラッシュカー
ドなどを使って練習する。
5．同様にパート２、３をやる。
6．p.47にある Post-Reading のタスクに取り組む。
　旧版の教科書ではこういうリーディングのページでは新語の意味は書か
れていた。しかし、新学習指導要領になって語彙が倍増してからはそういっ
た新語もカウントするために、意味が書かれていないのが問題です。

## 3年 Reading ① Faithful Elephants

　太平洋戦争中の有名なエピソードです。指導手順は基本的には上と同じ
ですが、最後に感想を英語で言わせることで技能統合を行います。

③教科書だけでは量が足りない！「じゃれマガ」「読みトレ」の活用（終了）

# 3-2　Aパターンの授業 DVD 視聴
## 〜「英語授業の『幹』をつくる本（授業映像編）」〜

　前時に北原メソッドAパターンを指導しました。今回は幹本「授業映像
編」に収録している北研会員を生徒役に見立てた模擬授業 DVD を視聴さ
せました。テロップで必要な解説が出るので理解しやすいです。

# 1. 学習指導案の書き方①Aパターン

## ＝＝＝ Teaching Plan of English 2019 ＝＝＝

Instructor : Nobuaki KITAHARA

Akasaka Junior High School, Minato City, Tokyo

Date : Thursday, May 9, 2019 （明海大学4年生の参観授業）

Class : 3rd year, Akasaka Junior High School, Minato City, Tokyo
Kitahara Course, 20 students （14 boys ＋ 6 girls） ＋ Suga Course, 16 students

Room : 1F Yurinoki Room

Textbook : Unit 1-3, Columbus English Course  Book 3

Allotment : 1st period : Review of the **Passive Voice** （Unit 9-1, 2nd year）
Skit Presentation using Basic Dialog
Listening & Speaking Practices on p.7
Super Pairwork #14「何語が使われていますか？」
2nd period : Super Pairwork #15「相思相愛ゲーム」
Picture Describing using picture cards Unit 1-1
Oral Introduction
New Words
Comprehension of the text
Reading the textbook aloud
3rd period : Introduction of **SVOC** （Unit 1-2）
Skit Presentation using Basic Dialog
Listening & Speaking Practice on p.9
4th period : Picture Describing using picture cards （Unit 1-2）
Oral Introduction
New Words
Comprehension of the text
Reading the textbook aloud
Writing practice on p.9

Super Pairwork #8「犬にどんな名前をつけるかな？」

5th period : Introduction of "tell/ask someone to..." (Unit 1-3)

Skit Presentation using Basic Dialog

Listening & Speaking Practice on p.11

→ **Today's Lesson**

6th period : Picture Describing using picture cards（Unit 1-3）

Oral Introduction

New Words

Comprehension of the text

Reading the textbook aloud

Writing practice on p.11

**Aims of this period :**

1 To introduce the new sentence pattern "tell/ask someone to..."

3 To practice listening and speaking using the grammar above.

**Teaching Aids :** a CD player, a song CD, Jaremaga（teacher's handmade）,
Yomitore 100（Hamajima Shoten）

**Evaluation :** No special evaluation concerning the academic achievement

**Teaching Procedure :**

| Items | Teachers' Guide/Help | Students' Activities | Points /Evaluation |
|---|---|---|---|
| 1. Routine<br>Work 1<br>Song 2<br>"We've Only<br>Just begun"<br><br>**Pronunciation**<br>（3 min.） | JTE plays the CD player.<br>Ts lead Ss to sing better. | Sing along. | |
| 2. Routine<br>Work 2<br>Jaremaga #10<br><br><br>**Reading**<br>（3 min.） | NT asks a question.<br>NT reads the passage<br>sentence by sentence.<br>JTE makes sure of the<br>vocabulary Ss have learned<br>so far and the important<br>phrases. | Read the passage and<br>record the time required.<br>Answer the question. Listen<br>to NT.<br><br>Take notes if neccessary. | Students should<br>take a note<br>according to their<br>levels. |

第3章

61

| 3. Routine<br>Work 3<br>"*Yomitore* 100"<br>#8<br><br>**Reading**<br>(3 min.) | NT asks a question.<br>NT reads the passage sentence by sentence.<br>JTE makes sure of the vocabulary Ss have learned so far and the important phrases. | Answer the question. Listen to NT.<br><br>Take memo if neccessary. | (Same as above) |
|---|---|---|---|
| 4. Introduction of new grammar item<br><br><br><br><br><br><br><br><br><br><br><br><br><br>**Grammar**<br>(20 min.) | JTE starts out with the review of the grammar Ss have learnt. JTE writes sentences with blanks on the board.<br><br><br>Thursday, May 9, fine<br>Unit 1-3<br>Don't tell ( a lie/that story ).<br><br>I'll tell you ( about ) the accident. (1-nen level)<br><br>Will you tell me your ( address/name/number )? (2-nen Unit 8-2)<br><br>I can't talk to him right now. Please tell him ( to ) ( call ) me back. (Unit 1-3) | Fill in the blanks. Stand up when they finish and help their neighbors. | For the slower learners, T must start with the very basic level. Also T must wait for the slowest S to finish. Be patient!<br>T can give Ss hints such as the capital letter or the last letter of the hidden words.<br>T should make Ss use their dictionaries to search the collocation of "tell someone / someting (to)...". |
| 5. Basic Dialog &<br>*sonomamma*<br>skit<br>presentation<br><br><br><br><br><br><br>**Speaking**<br>(10 min.) | Check Ss' performances with the PinBoo sounds. | Work in pairs to memorize the dialog.<br>Come to Ts if they are ready to perform.<br>Change the roles if they pass.<br>Write the dialog in their notebooks without seeing the textbook after they finish all the performance. | Ss must use gestures to show T that they understand the meaning of the dialog.<br>Also pronunciation must be perfect. |
| 6. Listenig<br>Practice (p.44)<br><br>**Listening**<br>(3 min.) | NT reads the script for listening. | Choose correct pictures to the statements 1-3. | Second year students can hear just once. |
| 7. Speaking<br>Practice (p.44)<br><br>**Speaking**<br>(7 min.) | Ts demonstrate the dialog.<br>NT reads the dialog sentence by sentence. | Repeat after NT.<br>Work in pairs to make dialogs with the given words/phrases. | Ss take turns. |

| 8. Closing (1 min.) | JTE assigns today's homework. (Filling in the Spiral Worksheet Prog. 5-1) | Take notes. | |
|---|---|---|---|

Basic Dialog（北原自作）

tell（ask）＋人＋to 動詞の原形

A: Hello. This is Tom. Is Billy there?

B: I'm afraid he is out now.

A: Can you **tell** him **to** call me back?

B: Sure.

## ２．学習指導案の書き方②Ｂパターン

# Teaching Plan of English 2022

Instructor : Nobuaki KITAHARA

English Literature Department, Sophia University

**Date**: Thursday, November 17, 2022

**Class**: 3-AB, K Junior High School, Nobeoka City, Miyazaki Prefecture

17 students（8 boys ＋ 9 girls）

全体的には男女仲が良く、授業には集中して参加します。声もよく出す方だと思います。

（以下省略）

**Room**: Room 3-A

**Textbook**: Program 6-3, Sunshine English Course, Book 3

**Allotment**: 1st period : Introduction of **the Objective Case of Relative Pronoun "which"**（Program 6-1）

*Sonomanma* Skit Presentation using **Scenes 6-1**

A: I've finally arrived. (It was a long flight.)

    * (　) can be abbreviated.

B: Welcome to Washington D.C.

A: I want to see a lot of things here.

B: Here is *a plan* which my father made (for you).

Listening (**Listen**) & Speaking (**Speak & Write**) Practices on p.77

2nd period : *Wakuwaku* Pairwork #14「単語の定義（3）」

Picture Describing using picture cards Program 6-1

Oral Introduction

New Words

Comprehension of the text

Reading the textbook aloud

Writing (**Speak & Write**) Practices on p.77

3rd period : Introduction of **the Objective Case of Relative Pronoun "that"**

(Program 6-2)

*Sonomanma* Skit Presentation using **Scenes 6-2**

A: There are many trees along the river.

B: They are *the cherry trees* that Japan gave to Washington D.C.

A: Really?

B: We enjoy the cherry blossoms here in spring.

Listening (**Listen**) & Speaking (**Speak & Write**) Practices on p.77

4th period : *Wakuwaku* Pairwork #15「単語の定義（4）」

Picture Describing using picture cards Program 6-2

Oral Introduction

New Words

Comprehension of the text

Reading the textbook aloud

Writing (**Speak & Write**) Practices on p.77

5th period : Introduction of **the Contact Clause** (Program 6-3)

*Sonomanma* Skit Presentation using **Scenes 6-3**

A: There are many museums around here.

B: *The museum* I like the best is near here.

A: I want to go there!

B: Then, let's go!

Listening (**Listen**) & Speaking (**Speak & Write**) Practices on p.77

6th period : *Wakuwaku* Pairwork #16「なんだ、そりゃ？」

Picture Describing using picture cards Program 6-3

Oral Introduction

New Words

Comprehension of the text

Reading the textbook aloud

Writing (**Speak & Write**) Practices on p.77

→ Today's Lesson

7th period : Interact（p.82）

英語のしくみ（p.83）

Steps 5 ディスカッションをしよう

Aims of this period :

1 To understand the content of the textbook containing the **Contact Clause**

2 To build vocabulary.

Teaching Aids : flash cards, picture cards, rhythm box, *Wakuwaku* Pairwork #16「なんだ、そりゃ？」（北原延晃、2022年、On and On 刊）

Productive Vocabulary : hurt　collect（２次選択語）　２語

註　教科書の New Words 欄に強調文字で書かれている単語は、教科書会社が重要語彙と見なした語であり、北原が発信語彙（Productive Vocabulary）と見なした語。

＊参考文献

A「語いと英語教育（28）　研究部推奨発表語いリスト（written）635語」（東京都中英研研究部、2006年２月）

65

B 「語いと英語教育（44）　研究部中学校推奨語い1800　研究部小学校推奨語い
　700」（東京都中英研研究部、2022年2月）

C 「中学校発信語彙リスト三種」（上智大学 北原延晃、2022年9月）

Receptive Vocabulary : Greece project cleanup system trash　　5語

Others（題材語）: Boyan Slat Ocean Cleanup　　2語

Evaluation : *Sonomanma* Skit Presentation using Scenes
　　　Our Project 8 (presentation)
　　　Term-end written tests

Teaching Procedure :

| Items | Teacher's Guide/Help | Students' Activities | Points/Evaluation |
|-------|---------------------|---------------------|-------------------|
| 1. Greeting<br>(3 min.) | Greets with Ss and introduces himself. | Greet with T. | Every S must look at T. |
| 2. *Wakuwaku* Pairwork #16<br><br>Grammar Speaking<br>(7 min.) | Sends the worksheet to Ss' tablets.<br>Reads up each definition.<br>Checks the answers.<br>Makes some comments on some of the answers. | Turn on their tablets. Read 「やりかた」aloud.<br>Choose an answer out of the four. | T needs to know Ss' results. |
| 3. Picture Describing<br><br>Speaking<br>(5 min.) | Shows Ss picture cards. | Stand up.<br>Describe the situation in the pictures. If the answer is correct, he/she can sit down. | Praise good As. |
| 4. Oral Introduction of the text<br><br>Listening<br>(3 min.) | Shows picture cards and explains the story. | Listen to T and try to get the gist.<br>Answer the questions if needed. | Aural input of the new words and the content. |
| 5. Introduction of New Words<br><br><br><br><br>Vocabulary<br>(13 min.) | 1. Shows Ss flash cards.<br>2. Shows Ss model pronunciation.<br>3. Shows the other side and makes some comments on the usage.<br>4. Shows the Japanese side to Ss. | Try to pronounce the words.<br>Repeat after T.<br><br>Understand the meaning and the usage of the words.<br><br>Say English words. Spell each word in the air. | T shows the new words in two categories; productive vocab. and receptive vocab. |

| 6. Comprehension of the text<br><br>**Reading**<br>(8 min.) | Reads up the sentences once.<br>Says Japanese translation of each sentence randomly.<br>Says Japanese translation of each sentence randomly.<br>Asks questions to deepen Ss' understanding. | Read the passage silently trying to get the gist, and stand up when they finish.<br>Listen to T.<br>Compete in pairs.<br>1. Touch the exact sentence saying hi.<br>2. Touch the exact sentence and read it up.<br>Answer T. | T sees what part seems to be difficult for Ss to understand. |
|---|---|---|---|
| 7. Reading Aloud<br><br>**Reading**<br>(6 min.) | Reads the passage aloud.<br>*Paced Reading<br><br>(*Shadowing)<br>*Only the shortened passage shown below. | Repeat after T.<br>Read at the same pace and pitch as T.<br>(Shadow T's reading.) | Ss must hold the textbook so that they concentrate on reading. |
| 8. Speak & Write p.77<br><br>**Writing**<br>(5 min.) | Checks Ss' writing. | Write what they said in the previous period.<br>Come to T to get checked. | |

## プリントにして生徒に渡す受容語彙（計５語）

Sunshine 3年 Program 6-3

ここに載せた単語は発音通りの語以外はつづりを書ける必要はありません。
□はチェック欄です。意味が言えるようになったら✓を入れましょう。

| □ Greece　ギリシャ | □ project　プロジェクト | □ cleanup　掃除 |
|---|---|---|
| □ system　システム | □ trash　ゴミ | |

### 教科書本文全文

　When Boyan Slat was 16, he went diving in Greece. He was surprised to see so much garbage there. Two years later, he started the Ocean Cleanup project to solve this problem.

　The cleanup system Boyan invented collects plastic trash in the ocean. Huge screens catch the plastic without hurting sea animals.

### 暗唱すべき部分

　When Boyan Slat was 16, he went diving in Greece. He was surprised to see so much garbage there. Two years later, he started the Ocean Cleanup project to solve this problem.

　The cleanup system Boyan invented collects plastic trash in the ocean. Huge screens catch the plastic without hurting sea animals.　52語

"Don't we all want a future that is better than the present?" Boyan said.

"We can actually make things better again, and we can do this, and we must do this, and we will do this."

88語

---

語彙と本文量が旧学習指導要領時と比べて格段に増えたので、生徒の負担を軽減するために①発信語彙と受容語彙を区別して指導する②暗唱すべき本文量を制限する、という工夫を加えました。

## 3. 参考論文

どこの教科書にも、新語の欄には太字で書かれたいわゆる「重要語」という各社が設定した語彙があります。ところがこれは「発信語彙」とイコールではありません。2021年から使われ出した教科書の制作過程から考えれば、どの出版社も新学習指導要領で規定された内容を盛り込むことで精一杯で、独自の調査で「発信語彙」「受容語彙」を選定する時間的余裕はありませんでした。そこで「発信語彙」「受容語彙」をはっきり規定する必要があります。ところが使用開始から1年を過ぎてもどの機関からも出されていません。そこで、信頼できる複数のコーパスを使って「中学校発信語彙リスト三種」を作成しました。これは、私が書いた論文のうち、中学校発信語彙リストの部分を抽出したものです。「第1次リスト」～「第3次リスト」まであるので、勤務校の実態に合わせて採用してほしいと思います。

なお、私の「中学校発信語彙リスト三種」はベネッセコーポレーションのご厚意により、ベネッセのHPに掲載しています。「簡易版」ではありますが、発信語彙はすべて掲載されていますので、ダウンロードして授業にお使いください。エクセル表になっていますので並べ替えなどができます。また、今後、ここには生徒さんの定着を見る「発言語彙リスト問題集」が加わります。

https://dictionary.benesse.ne.jp/study/chu/jirei/jirei02-04.html

# 中学校発信語彙リスト三種（簡易縮約版）

2023.7.17 上智大学文学部英文学科・愛知淑徳大学交流文化学部非常勤講師

北原延晃

## 1 次選択語彙（753語）

a able about act after afternoon again age ago air all alone along already also
always am among an and angry animal another answer any anyone anything
apple April are arm around arrive artist as ask at ate August aunt Australia
away baby back bad badminton bag ball banana baseball basketball bath be beach
bear beautiful because become bed before begin believe best better between big
bike bird birthday black blue boat body book bookstore borrow both box Brazil
bread break breakfast bring brother brown brush build burn bus business busy
buy by cake call calligraphy can cap car card care carry castle cat catch center
chair change cherry chicken child China chocolate choose church city class
classroom clean clock close clothes cloudy club coffee cold color come computer
convenience store cook cool corner could country cover cow cross cry cup cut cute
dance dark daughter day dead dear December deep delicious department store desk
did die different difficult dinner do doctor does dog door down draw dream dress
drink drive drop dry during each ear(s) earth east eat egg Egypt eight eighteen
eighty either elephant eleven end English enjoy enough enter eraser evening ever
everyone everything exciting explain eye(s) face fall family famous far fast father
favorite February feel festival few field fifteen fifty fight fill find fine finish fire
firework(s) first fish five floor flower fly food foot for forget forty four fourteen
France free Friday friend from front fruit full fun funny future game garden get
girl give glad glass glove go good grandfather grandmother grass great green
ground group grow guess guitar gym hair half hamburger happy hard has hat
have he head hear heart heavy hello help her here hers hi him his hit hold home
homework hope horse hospital hot hotel hour house how hungry hurt husband I
ice cream idea if important in India ink inside interested interesting into invite is
island it Italy its January Japan Japanese jet job join juice July jump June junior
junior high school just keep Kenya kill kind king know lake land language large
last late later lead learn leave left leg lemon lend lesson let let's letter library
life light like line lion listen little live long look lose lot love low lunch make
man many map March math May may maybe me meet memory milk mind mine
minute Monday money monkey month moral education more morning most mother
mountain mouse mouth move movie Mr. Mrs. Ms. much music must my name
near need never new news newspaper next nice night nine nineteen ninety
no north nose not notebook nothing November now number nurse October of off
office often old on once one onion only open or orange other our ours out over
panda paper parent park part party pass past pay peach pen pencil penguin
people person piano pick picture pie piece pink pizza place plan plant plastic play
player please point police officer police station polite poor popular post office potato
practice present president pretty price promise pull purple put queen question
quiet rabbit racket radio rain rainbow rainy raise reach read ready real really
reason red remember restaurant return rice rich ride right rise river road room
rule run Russia sad salad same save saw say school school trip science sea
second see send September set seven seventeen shall shape she ship shop
shopping short should shout show sick side sign sing singer sister sit six sixteen
sixty ski sleep small smell snow snowy so soccer social studies some someone

第3章

something sometimes son song soon sorry soup south space spaghetti Spain speak special spend sport spring stand star start station stay steak step still stop store story strawberry street strong student study subject such summer sun Sunday sunny supermarket sure surprised swim swimming table table tennis take talk tall teach teacher team tear telephone tell temple ten tennis test than thank that the their theirs them then there these they thing think third thirteen this those three through throw Thursday tiger time tired to today together tomato tomorrow too top touch town train travel tree trip trouble try Tuesday turn TV twelve twenty two umbrella uncle under unicycle uniform up us use useful usually vacation vegetable very vet violin visit voice volleyball wait walk wall want war warm was wash watch water way we wear Wednesday week welcome well went were what when where which white who whose why wide wife will win window winner winter with without woman wonderful word work world worry would write wrong yard year yellow yes yesterday yet you young your yours zoo

※2次選択語彙（922語）は1次選択語彙（753語）に169語加えたリストです。3次選択語彙（1009語）は2次選択語彙（922語）に87語を加えたリストです。（2次、3次選択語彙についてはp.68掲載のベネッセコーポレーションHPをご覧ください。）

## 「中学校発信語彙リスト三種」活用の仕方

1　フラッシュカードに反映する

　　発信語彙には赤丸をつけて生徒に知らせる。（現在のデジタル教科書のフラッシュカードの機能ではカードの加工はもとより順番を変えることもできない。紙のフラッシュカードの方が有利である。）

2　受容語彙は授業では深く扱わず、リストにして生徒に渡す

　　発信語彙を先に扱い、受容語彙は後で扱う。扱い方も軽重をつける。

　例　発信語彙は以下の手順1.－9.全てを行う。受容語彙は1.－5.までにとどめる。

　　　　「英語授業の『幹』をつくる本（上巻）」第5章　pp.132-133より抜粋

④提示の段階　「飽きないくり返し」

　ピクチャーカードを使って oral introduction をやって new words の音を聞かせた後

　1.黙って見せる（生徒自身に発音させてみる）

　　　→　自立した学習者をつくるためには絶対不可欠

　2.発音にスポットを当てて（フォニックスのルールに触れながら既習語を思い出させる）

　　　例「ea をイーと発音する語は？」　クラスで協力して思い出す。

3. 裏面を見せながら、意味にスポットを当てて

　和訳はあくまでも記憶を助けるため。細かなニュアンスは辞書で確認させる。

　　→　辞書指導の絶好のチャンス。

　必ず文の中で提示。(コロケーション指導)　→　これをしないと使えない。

　既習の反意語、同義語を言わせる。　→　未習語はだめ！

4. 表面と裏面をフラッシュさせてもう一度発音練習

5. 表面を素早く見せて発音させる。　→　語の形で認識

6. 語の最初の3文字を見せて発音させる。　→　実際的

7. 語の最後の3文字を見せて発音させる。　→　限られた語彙の中なら推測可能

8. 裏面を見せて発音させる。

9. 裏面を見せてつづりを書かせる。Write the spelling in the air.

## 受容語彙をリストにする例

　　(2022. 9 .22. 千代田区立麹町中学校2年生の示範授業指導案より抜粋)

使用教科書：令和3年度版 SUNSHINE ENGLISH COURSE 2 (開隆堂出版)

指導単元：PROGRAM 4-2 Think

Productive Vocabulary : **gave　give**　loud　enter　**without**　　　　　5語

註1　教科書の New Words 欄に強調文字で書かれている単語は教科書会社が重要語
　　彙と見なした語　＊どこの出版社の教科書でも発信語彙 (Productive Vocabulary)
　　となっていないことに注意

註2　下線の語はそれ以外に北原が発信語彙 (Productive Vocabulary) と見なした
　　語 (ベネッセコーポレーション HP 掲載の論文 (簡易版) に基づく)

Receptive Vocabulary : noise　tunnel　solve　dive　splash　＊model　beak　7語

　　　　　　　　　　　　　　　　　　　　　　　　　　＊教科書語彙 range 3 未満

Others (題材語) : kingfisher　　　　　　　　　　　　　　　　　　　　1語

プリントにして生徒に渡す受容語彙（計7語）　　Sunshine 2年 Program 4-2
　ここに載せた単語は発音通りの語以外はつづりを書ける必要はありません。
□はチェック欄です。意味が言えるようになったら✓を入れましょう。

| □ noise　騒音 | □ tunnel　トンネル | □ solve　解決する |
|---|---|---|
| □ dive　飛び込む | □ splash　水音 | □ model　モデルにする |
| □ beak　くちばし | | |

### 3　定期テストなどには題材語は出題しない

　題材語は教科書でそのトピックを扱うのに必要な語で、中学校段階で獲得
する語彙でない場合が多い。なので生徒には「このレッスンが終わったら、
次の定期テストが終わったら、忘れてよい。」と伝える。

### 4　発信語彙は正しいつづり字まで求める

　フラッシュカードに赤丸をつけた語は定期テストなどでつづり間違いをす
ると減点扱いとする。

### 5　受容語彙を定期テストに出題する場合にはあくまで「理解」の段階にとど
める

　発信を求めたり、つづりを求めたりしない。生徒が使った場合、つづりミ
スについては減点しない。ただし、6の語は除く。

### 6　発音とつづり字が同じ語はつづりまで求める

　発信語彙でも受容語彙でも発音とつづり字が同じ（フォニックスのルール
通り）語は正確なつづりまで求める。発音を大事にすることによってつづり
字まで書ける。

### 7　単語テストはしない

　従来の単語テスト（日英語対比による）は生徒側に語彙定着を強いる傾向
が強かった。中には教師が語彙指導をしないのに単語テストをしている場合
も多かった。語彙指導をしない単語テストは教師が仕事を放棄して生徒に辛
い学習を強いているということは過去5年間の上智大学生、愛知淑徳大学生
の声から例外なく明らかである。単語テストを経験しなかった学生の割合は
0％だった。単語を書いて覚えることは非常にコスパが悪い。使う場面を多
く設定することによって定着を求めるべきである。単語テストをしなくても
生徒の受容語彙は平均2900語（2015北原）、3100語（2020八木）に達するこ
とがわかっている。

## 3-3 最近よく見る指導案 ～第9章に収録～

東京都教育委員会認定指導教諭
（校長、副校長に次ぐ第三の職。主幹教諭と同等）
東京教師道場指導・助言者（平成18年度に始まった都教委の事業。一人の指導・助言者につき、4人の部員から構成され、2年間かけて授業力向上を目指す。ちなみに北原は第1期指導・助言者）

私は、指導案は英語で書くべきだと思っています。私が新採の頃（1970年代後半）は、英語科では英語で指導案を書くのが当たり前でした。続く1980年代には日本の黒字減らしのために ALT の大量導入がなされ、英語で指導案を書く意義は高まりました。しかし、「なんでも右に（上に）ならえ」の教育界では指導案も全教科共通の様式になってしまいました。だから指導案と言えば日本語で書くものという認識が当たり前になっています。ところが日本語の指導案は、①英語で授業を進める時に見にくい、②母語なので細かいニュアンスまで書けるため指導案の分量が多くなる、といった欠点も見受けられます。そうは言っても学生が教員になって研究授業をする時のために日本語による指導案の書き方も知っておかねばならないでしょう。そこで北研の先生（東京都では指導的立場）が書いた指導案（第9章第1節 pp.207-216）を参考に示しています。

**2021年度優秀リアクションペーパー**

⋯⋯⋯⋯ 中高時代に習った英語授業　———　北原メソッド

反転文字 のリアクションペーパーは超優秀

**外国語学部ドイツ語学科**

英語の教科書が薄いということは言われてみるまで気にしたことがなかった。確かに国語や理科、社会など他の教科には資料集などプラスの教材があり、そこからさまざまな知識が得られる。資料集のない数学でも英語の教科書の倍くらいの厚さはある（私の使っていた教科書では）。思い返せば中学校の頃、定期テストなどで教科書を家に持ち帰る際に他の教科は重たかったが、英語の教科書だけは薄くて軽かったためそこまで持ち帰るのに負担ではなかった。しかし、それは英語学習という視点から見れば先生がおっしゃっていたように教科書だけでは読む量が極端に制限されるというこ

69

とだ。幹本には教科書の英文量が増すと、説明する時間がないとの教師の声が上がると書かれている。そしてその原因を、生徒も教師も一語一句和訳しないと気が済まないのではないかと分析されている。この分析はまさにその通りだと思う。私が中学生の時には定期テスト後に提出する課題として、教科書本文を日本語訳して提出しなければならなかった。授業中に大体の翻訳を先生がやってくれるので、わからなくて困る生徒はおそらくいなかったと思う。この際の日本語訳は生徒の話しことばに近いものだったので、その点は北原メソッドと重なる点があり、中学生当時も理解がしやすくとても親しみが持てた。しかしながら、まず翻訳を先生がやってくれることで自分で考える機会が得られない。さらに授業で何度も繰り返し言われたように、日本語訳ができることと理解できることは別である。意味はわかるのにどうやって訳せばいいかわからずかなり時間をかけてその課題をやっていた覚えがある。それに対して、北原メソッドでは生徒がまずどういう意味なのかを考えてジェスチャーで示すなど自分が理解したことを発信する機会がある。この際にどうしてもわからない場合は他の生徒を見ることで理解ができる。このようにまずは自分で考えてみて、わからなかったら友人の助けを借りて、それでもわからなければ先生に聞くという学習方法が1年生の頃から指導されていれば、自立した学習を意識しなくてもできるようになる。生徒の感想からもそれは明らかである。1年生の生徒の感想に「わからない部分を友達に聞いた」と書かれている。授業外でも友人にわからない部分を聞き、理解するという環境が当たり前のようにできているのは生徒としても安心できる場でもちろん良いと思う。こういう場を提供することが教師の役目だと思う。しかし3年生になると「わからないことは辞書を引き自分で理解するように心がけた」と書かれていて、友人の協力から自立した学習に発展している様子がうかがえる。わからないことがあったら自分で辞書を引くなど、自分一人で問題を解決する多くの方法を3年間で得た結果だと考えられる。安心できる環境を提供するのに加えて、生徒の引き出しを増やしてあげる、これも教師の大切な役目だと思う。3年生までにここまで自立した学習が行えるようになっているから、北原先生の生徒は高校に行っても英語の成績がよく、学年でもトップクラスなのだろうと考えた。

　幹本の40ページに書かれていた「フォニックスはある程度語彙がたまってから」という記述に驚いた。私は今までフォニックスはアルファベットと一緒に二重母音やthの発音などすべて指導するものだと思い込んでいた。しかしそこに書かれている語彙がほとんどない初期でやってもあまり意味がないというのはもっともなことである。先週の授業で演繹的、帰納的学習について言及されていたが、まさにこれは帰納的な学習で、先週北原先生がおっしゃっていた学年によって教え方を変えるという最たる例だと思う。生徒の英語レベルではなく学習レベルに合わせて授業する、これも忘れて

70

はいけないことだと学んだ。

## 総合人間科学部教育学科

　北原メソッドにおいて、指導方法はもちろんのこと、指導教材自体が生徒の気持ちに寄り添っているものであると今回の授業で改めて感じました。生徒の中には、読む前から読めない、「無理だ」という気持ちが自然と生まれることがあると感じます。その固定観念を取り払うためには、生徒の興味を惹く教材を使用し、リーディングを面白いと思わせることが重要だと感じます。北原メソッドでは、子どもたちが英語に苦手意識があっても、一目見て面白そうだと興味を持てる教材ばかりです。The Japan Times のバレンタインデーのメッセージは、まさに中学生の心を掴み、自ら読みたくなる、気づいたら読むことに集中している状態になる教材だと感じました。私は中学時代、英語は好きだったのですが、少し難しい単語が出てくる文章を見ると、きちんと読む前から、理解できないだろうと思い込んでいました。ただ、トピックが芸能人や物語、イベントなど、自分が気になる話題だと、わからないだろうという気持ちも忘れ、スラスラ読んで内容を理解している自分に気がつきました。だからこそ、今日の授業を受けて、生徒が読まされているという感覚ではなく、読みたいという感覚になる教材を選ぶことの大切さを改めて感じました。また、リーディングの教材として生徒のライティング素材を使うことは、生徒のリーディング力、ライティング力、どちらのやる気も向上させると感じました。高校1年生の時、自分の好きな映画について紹介文を書くというものがあり、私はそれがすごく好きでした。皆が書いた紹介文を読んで、興味のある紹介文に投票し、優勝した映画を授業中に見られるというものでした。大量に紹介文があっても、友達が書いたものだと、誰が書いたのか想像することが楽しくてどんどん読み進めましたし、表現力の豊かさに刺激を受けることもありました。また、優勝した紹介文の映画を見られるので、必死になって大量の紹介文を読んだことを覚えています。また、自分が書いたものの投票数が上がると、友達が真剣に読んでくれたこと、自分の文章に興味を持ってくれたことが嬉しく、次のライティングにも気合が入りました。友達が書いたものや先生が書いたものであれば、自分にも読めるレベルかもしれないと、ポジティブな気持ちで長文読解に入ることができますし、どのような内容なのだろう、どのような表現を使っているのだろうと、リーディングに対して楽しみな気持ちが生まれます。そのため、生徒のライティングをリーディング教材に使うことは、ライティング、リーディング、どちらに対してもポジティブな気持ちを生み、やる気を生み出すことができると感じています。

　また、じゃれマガは、毎回、ジャレル先生の日記のようになっていて、私たちの生活に密着した情報であるため、非常に読みやすくなっています。毎回ユーモア溢れる

ポジティブな内容が書かれており、読むのが楽しみになる文章です。また、読むと同時に社会のニュースや世界の文化について知ることができるようになっているので、読み終わった後に生徒の知識が増えるようになっています。自ら読みたくなる内容であり、楽しく読んでいるうちにリーディングスキルが向上することに加え、英語以外の領域の知識も同時に習得できるようになっている、これがまさにCLILだと感じました。また、WPMが生徒の心に与える影響は大きいと思いました。WPMを測定するとなると、速く、正確に文章を読まなければならないという思いが生まれます。だからこそ、回数を重ねるうちに、だんだんと生徒が長文読解の要領がわかってきて、自然とrapid readingやskimmingができるようになっているのだと思います。文法解説も含めて5分程度で、英語で他領域も学ぶことができるこのじゃれマガを授業で扱うことは、生徒の英語力に大きな差が出てくるだろうと改めて感じました。また、内容理解のチェック方法も大変勉強になりました。例えば、じゃれマガのQuestionは、文字を書かせずに下線を引かせることで、余計な時間を取りませんし、生徒にはscanningの力がつき、教師は生徒が質問に対する答えや長文の内容を理解しているかどうか、正しく把握できるようになっています。また、自分の言葉で訳すことについても大変勉強になりました。私自身、長文を読む時に、自分の言葉で解釈できるように心がけていました。堅い日本語でしか訳ができない文章は、自分の中に落とし込むことができておらず、成績が悪くて、自分が普段使う言葉でスラスラ訳すことができる文章は、成績が良かった記憶があります。だからこそ、教師が一言一句の訳ではなく、自分の普段の話し方に近い言い方で大まかな意味を言わせることは、生徒が自分の言葉で解釈し、本当に意味を理解する、英文を自分のものにするために、非常に重要なことだと感じました。次回も楽しみにしております。

## 総合人間科学部教育学科

　今回の講義では北原メソッドにおけるリーディング指導に関する内容を取り扱い、さまざまな気づきや新たな考え方を知り、学ぶことができた。まず最初に英語学習におけるリーディング活動の意義についてだ。私も含めおそらく多くの教員や中高生はその本来の意義を一つひとつの単語や文を正確な訳を通して文全体をキッチリ理解することだと考えているだろう。実際私が中高生の頃に教員や塾の講師が長文読解の解説の際に1人1文ずつ日本語訳をするように求めていたことが強く印象に残っている。しかし今回の講義で、訳ができることと理解することは同じではなく、本来のリーディング指導の意義と目的は、1文ずつすべて理解できるようになることよりも、文の概要・情報など大枠を理解し、正しいイメージを持てるようになるためのスキルを磨くことだと捉えることができた。また中高時代の絶対的な一つの正解のみを強く求

めるようなやり方について再考し、それは<u>生徒から柔軟な表現を奪うことになってし</u>まう好ましくないものだと考え直した。文の概要・情報など大枠を理解し、正しいイメージを持てるようになるためのスキルを磨くためには、<u>日頃からじゃれマガをはじ</u><u>めとする短い英文教材の利用を通して Skimming や Scanning を繰り返し行い、意味</u><u>を推測する力と早く正確に情報を読み取る力を養う活動が不可欠</u>なのだと強く感じた。加えて毎回 WPM を計算し記録することは、生徒のリーディングの速さと正確度を測ることもでき、<u>記録を見返すことでリーディングスキルの上達具合が確認できる</u>ため不可欠な活動であると強く思った。つまりリーディングスキルを向上させるためには以上のように、速さと正確さを意識しながら内容を理解することを繰り返すための多読活動が不可欠だと考えた。加えて中学校３年分の教科書英語の分量で十分なリーディングスキルを習得することは保証しにくい。そのため教員にはじゃれマガなどをはじめとする教科書以外の教材の導入を積極的に行う姿勢や活動が求められるだろう。

　多読活動のために教科書以外の教材を導入することが必要だが、導入する教材のレベルが著しく高く生徒が興味関心を全く持てないものであれば学習意欲を下げ多読することに嫌悪感を抱いてしまう恐れがある。そのため教材を導入する際は、幹本の「自分の興味ある分野についてはかなり高度な英語でも読もうとする」という記述のように、<u>「生徒自身がぜひ読んでみたい！」</u>と思えそうなものを選ぶことに注意しなければならないと学んだ。そのため教員は若者のトレンドを把握することや<u>生徒たちの興</u><u>味関心を知るために日頃からコミュニケーションを取ることも同時に不可欠</u>なのだと思った。

　北原メソッドのリーディング指導を通して多くの生徒が読解力を身につけたことやスラスラと英文が読めるようになったことを報告している。この報告から<u>北原メソッ</u><u>ドのリーディング指導は、速読力、読解力に加え、音読をはじめとするスピーキング</u><u>力も養える画期的な指導法</u>なのだと改めて実感した。

## 外国語学部ロシア語学科

　今回はリーディング指導についての講義であった。まず初めにこれから行うマイクロ・ティーチングの指導案についての説明があった。私は何回か指導案を授業の課題で書いたが、書くのが難しいなと感じていた。これから教育実習に行く際には必ず書くことになるので、今のうちに書き方をマスターしておきたいと思う。英語の指導案については初めて見た。<u>日本語で書くものよりも簡潔で短い印象を受けた。</u>しかし書くべきポイントはしっかり押さえられていたと思う。<u>英語科の教員だから英語で指導</u><u>案を書けて当然</u>という考えは、全くその通りであると思う。なかなか英語で書くこと

はないので、今回のマイクロ・ティーチングの準備では指導案にも注目しておきたいと思う。

　中学生だった頃リーディングはあまり行った記憶がない。教科書の文章だけを授業で取り扱い、その他の文章はあまり読まなかった。また教科書のレッスン以外の読み物のページはレッスンと同じように細かく文構造を読み取るということをしていたと思う。高校生になってから初めてリーディングの教材を使った。しかしその教材は堅苦しい話題ばかりだったため、面白みを感じなかった。そのような話題もやらなければならないことはわかるが、たまには面白い題材や親近感を持てる文章を読みたかったと、振り返ってそう思う。

　教科書の内容理解で日本語訳をせずにジェスチャーで理解させるやり方は画期的だと感じた。日本語訳をしてそれを英文の横に書いてしまうと、英語を読むのではなく日本語を読むということに変わってしまう。実際私が中学生だった頃、日本語訳を丸暗記している同級生がいた。ジェスチャーをすることで体全体を使って考え、英語を理解するということにつながると思う。また教師が日本語を言い、その文章を生徒に当てさせるやり方もあることを知った。その日本語訳はですます調ではなく、生徒が普段使っている言葉に近いものであった。普段日本語で会話する時は、一般的な日本語訳のような言葉づかいでは会話をしない。あえて生徒の口調に近づけることで理解しやすくなるのではないかと思った。テストの時に完全な文章でないから不正解になることはよくあった。内容を理解しているのに答え方で間違いとされてしまうのでは、内容理解を確認する問題ではなくなってしまうと思う。それを解消するために答えとなる部分に下線を引かせるやり方は生徒にとってやりやすい方法であると感じた。自分の言葉で訳すというのは重要である。辞書に載っているような言葉は自分の言葉ではないものが多い。自分の言葉で訳させることでより身近に感じられ、「日本語であのように言っていたことはこのように英語で言えるのか」という気づきを引き出せるのではないのだろうか。

　多読指導であった英字新聞はとても面白いものであった。バレンタインデーの内容は生徒にとってワクワクするものである。また文章の内容は恋人に対する言葉などで、面白みがあった。「ごんぎつね」を英語で読む活動は似たようなことを「泣いた赤鬼」を使って行った。しかし読み物というよりは文法事項を学ぶ、復習するものとして文構造を意識しながら教えられた覚えがある。自力で内容理解、教師と内容理解、辞書を使って内容理解と3段階に分けていて、自分で読もうとする機会がつくられていていいなと感じた。

　Aパターンの授業映像を見て、その中で実演でもあったように最後の人に答えさせていた。誰一人取り残さないようにするには、このようにした方がいいと再確認でき

た。挙手制にして早く手を挙げた生徒に答えさせると理解していない人はおいていかれてしまう。おいていかないように忍耐力を持って指導していきたい。

## 文学部ドイツ文学科

　本日の授業では、北原メソッドにおけるリーディング指導について詳細に学んだ。「日本人中学生の苦手な技能は何か」という問いで、ライティングが圧倒的に多い。私は自信を持って正しい英語を話せないことからスピーキングが苦手だ。一方で、リーディングが苦手だと答える生徒は少ない。だが、実際は長文の読解で、本文の内容を素早く理解できない生徒は多い。このようなことが起こっているのは、教科書の英文の量が少ないことが原因だと「英語授業の『幹』をつくる本（下巻）」で述べられている。僅かな英文を教師が新語を含めて実にていねいに解説してくれることから、生徒が自分で内容理解することが少なく、理解できると勘違いしてしまうのだ。北原メソッドでは、本文を生徒が興味を持つような題材にし、英文の量を増やしていく必要があると述べている。ここで、多くの教師が、一語一句訳して解説しなければならないから負担がかかると答えるが、そのようなことをする必要はない。理解できることと訳ができることは別の能力だからだ。北原メソッドのリーディング指導では基礎的な部分を落とさないように、アルファベットの認識、単語の認識、フレーズの認識、文の認識、そしてパラグラフの認識という順に沿って指導している。文の認識という段階では、教科書本文の内容理解はすべてジェスチャーで行っている。日本語を介さなくて済み、本文内容を身体で覚えることで忘れにくくなり、楽しく学ぶことができる。そして生徒にジェスチャーを使わせることで、できていれば、その文の内容を理解できるかできないかが教師の視点からもわかる。当初、このジェスチャーを使うことに関して、意味を理解する上で Accuracy が欠けてしまうのではないかと不安に感じた。しかし、私たちが実際に曖昧なジェスチャーをすると、先生は直ぐに意味を理解できているのか必ずチェックをしてくれた。ジェスチャーをただ使わせるのではなく、単語の意味とジェスチャーはつながっているのか、本当に理解できているのかを教師はしっかりと確認していく必要がある。

　パラグラフの認識の段階では、読解の内容のチェック方法として問いの答えに下線を引かせている。私が通っていた中学校では、問いに対し、答えを自分の言葉に書き換えなければ0点だった。これは、生徒が自分の言葉で書き換えるほど内容を理解しているのかの確認のためだったのではないかと考える。しかし、このやり方では生徒により多くの負担がある。そして、本文の内容理解よりも、いかに自分自身の言葉で書き換えるのかに集中してしまう。教師もその答えに対してどのように評価するのか考えていく必要がある。問いの答えに下線を引かせる方法では、教師と生徒のどちら

も負担を減らすことができるのだ。現在、リーディング指導で「英語を読む→日本語に訳す→日本語で文意を理解する」という、日本語文章に落とし込んで理解する手順で学ぶ傾向がある。日本語を手掛かりに理解を図る方法は、確かに英語をゼロから学ぶ手始めの手法としては、十分に有意義だと考える。しかし、日本語をはさんで理解する方法では、素早く文の意味を理解することは難しい。英語学習の目標を、「英語を母語とする人の英語力」の育成という点に定めるならば、日本語のプロセスは必要ではない。北原メソッドでは、和訳は英語を理解するために不可欠な要素ではなく、あくまで英文を英文のまま理解するための補助として捉えているのではないかと考える。北原メソッドのリーディング指導は、教師と生徒のどちらも負担を減らしつつ、「英語を母語とする人の英語力」にまで上げるという目標にしっかりと沿った授業法だと思った。

## 総合人間科学部教育学科

　今回の講義では、北原メソッドにおけるリーディング指導について学んだが、まずテキスト第3章冒頭に記載されていた印象的な言葉を引用する。「圧倒的に英文の量が少ないのだ。『3年間の教科書本文を全部集めてもペーパーバックの数ページにしかならない。』」、また、「わずかな英文を教師が新語を含めて実にていねいに解説してくれるから、生徒が自分で内容理解をすることは少ない。」という2箇所を目にした時、非常に驚いた。これまで自分が受けてきた英語教育では、教科書を中心とした指導に加え、教師からのていねいな解説は当たり前のものとして存在していた。予習として授業前に最低限の単語を調べ、日本語訳を書いてくるといったことはしていたが、基本的に教師から与えられる情報が定期テストにそのまま出題されるため、受け身の姿勢で授業を聞いていたことを思い出した。また、文章の中にあるすべての単語がわからないこと＝内容理解ができない、という考えを持っていたことも思い出した。大学生になった現在では、意味を完璧に理解していない単語に出会う機会も多く、文法や単語の知識が内容理解のすべてに直結しているというわけではないことをなんとなく理解できているが、本格的な英語学習を始めたばかりの中学生には、このような感覚をすぐさま身につけるのは難しいだろう。ただこれまでの講義の中で、北原メソッドで学習してきた生徒たちが、単語の意味を推測できるようになったというコメントがあったことから、指導方法によって克服が可能なことであることがわかる。

　次に、実際に北原メソッドに基づいた模擬授業を受けて印象的だったことについて述べていく。まず、テキスト第4節にある例文を基に行われていたアクティビティを通して、教師が提示する日本語訳が口語的であったことだ。教科書にある英文を日本語に訳すとなると、どこか不自然で、普段の会話では絶対に使用しないようなものに

なった経験をした人は多くいるだろう。しかし、北原先生が示した訳は、普段の会話の中でも口にする頻度の高い表現ばかりであった。そして何より、日本語訳を生徒に板書させないのである。このパートではすべての指導が私にとっては新鮮であった。実際に授業を体験してみて感じたことは、ペアワークを通して、ここでも身近な目標と共に少しの緊張感を持ちつつも、繰り返し例文に触れさせることによって意識せずとも自然に、その文章が口語的な訳と共に頭の中に残り続けていたということだ。定期テスト前に必死に例文を暗記していた高校時代を振り返ると、このような指導は生徒の英語に対する抵抗感をかなり軽減させてくれるものであろう、という感想を抱いた。また第6節の内容チェック方法については、いくつか画期的であると感じたものがあった。【従来の内容理解チェック方法】の③Q＆Aを採用しない理由として、細かな品詞や文法の間違いは内容理解ができていないということにはならない、というお話があった。一言一句、解答例と違わない答えを出すことを何よりも重要視していた自身の価値観が崩された瞬間であった。内容を理解していても、そことは全く関係のない文法の間違いによって解答を不正解にされた経験がある私は、この話を聞き、じゃれマガでも採用しているような下線を引くだけで内容理解に関する確認は十分であるという言葉には大いに賛同したいと感じた。最後に第9節の多読指導については、実際に教材を用意する際の重要な要素がいくつも記載されていた。まず、「題材が彼らの精神年齢や興味と合致すれば食いついてくるのだ。」という部分に関しては、これまでも学んできた北原メソッドの生徒ファーストの考えが表れていたと感じた。教師が考える生徒に適した題材を扱うよりも、生徒の主体性を重要視することで、彼らの学習に対する好奇心と、その中で得られる達成感を最大限にしていることがわかった。また、テキスト53ページにある英字新聞の中で使用されているplzといった、日常の中で頻出の表記を授業の中で扱うことで、いわゆる受験英語だけではなく、英語を使ったコミュニケーションへの対応力、実践力も身についていることが考えられる。教科書で扱う題材も、日常生活の中にありふれている会話から始まり、徐々に歴史や文化、社会問題についての理解を可能にしているものが多かった。これは私の個人的な考えだが、日本人は他の国の人と比較すると、圧倒的に社会問題や自国の文化に関する知識が少ない。そのため、海外に行った時、日本はどのような国なのか、なぜそのような出来事や文化があるのかといった説明をできず、結果自己表現の機会を失うのである。教科書という日常的に使用する教材の中で、日常生活で使用可能な表現方法を学びつつも、国際的かつ、自国に関する文化への理解を深めるような題材を扱うことで、そうした事態を防いでいるように見えた。

　今回の講義でも驚くことが多く、これまで考えたこともなかったようなアイディアや指導方法、それらに関する考え方を知ることができた。生徒ファーストといったあ

第3章

る種の一貫性を持ちつつも、常に先のことを見越して柔軟に対応できるように授業を構成している先生の考えを基に、自身の指導スタイルについても考えていきたい。

## 文学部英文学科

　今回の授業では、文法の導入時に行う活動の実演、流れの把握をし、その後リーディング指導について精読、多読を含め種類別に見ていった。

　まず文法導入に関する "Basic Dialog" について、「そのまんま Scenes 発表」が上手くできなかったことが悔しかったのだが、このタスクの効果を実体験できたことも含め学びになり楽しかった。先生がおっしゃっていたように、本文の中でもコアとなる箇所を、ジェスチャーも使い場面もイメージしながら身につけられる点に魅力を感じた。教科書本文を繰り返し身につくくらい読んでもらうことも重要だと思うが、それとは別で押さえるポイントをまず新出文法に絞って理解を深められることが良いと思う。先生は発表の際に前置詞＋代名詞の言い方も含め発音にももちろん注目されていたが、私自身も人に指導できるくらい力をつけなければならない、というように発音指導の必要性、重要性も改めて感じていた。さらに、Scenes 発表では、教科書に書かれている吹き出しの文章の前後でもジェスチャー、芝居をできることが理想形とされていた。（実演で扱った２年生の教科書 p.8 の２番より、）"OK. I'll answer it." から次のコマ "Mom! Can I go to Joe's house?" までの間も連続性、自然な流れをつくることが求められており、うまくできなかったがそこまで意識できるとより場面や立場の把握ができ、よりオーセンティックさ、英語が生きたものであることを実感できると思う。インテイク、アウトプットまででき、文法が使われる場面までを自分のものにできるこの活動を将来取り入れてみたいと感じる。

　その後学んだリーディング指導の実際に関して、テキスト下巻 p.37 に書かれている内容が私の実体験、感じていたことそのものであった。特に私が中学生の頃、授業では初見の文章を読む機会がかなり少なかった。高校でもリーディングの授業で多くの時間が教科書本文を読み進めることに割かれていたが、初め各自で読む時間が設けられる前に少なくとも新出単語については意味が教えられていたように思う。リーディングにおいてこれまで、内容を理解することと訳をすることを同じことのように捉えていたが、その２つは違う能力であり、「内容理解」をできる能力を身につけてもらうための授業内容が考えられるべきだと感じた。

　（p.42 第４節）文の認識については、ジェスチャーと話し言葉が場面の映像化、理解につながる効果的な手段であることを把握できた。ジェスチャーで表せるものに限りがあることをこれまで感じてしまっていたのだが、ジェスチャー以外にも日本語訳（訳文型）を与えないように工夫できる方法があることが印象的であった。

（p.45第5節）パラグラフの認識について、これまでに学んだ指導法内では（Bパターンの授業内のタスクなど）主語動詞のあるセンテンスで必ず答えさせるが、今回のリーディングの内容理解度を測るものについては、キーワードに下線が引かれてあれば正解とする、という、同じ「質問に答える」という作業であっても、伸ばしたい能力、目的に合わせて指導の仕方を変えられている点が印象的であった。指導をする際には何を測りたいのかなど、目的を明確にして柔軟に教えられるとよいとこの節から感じた。

　（p.49第8節）速読指導について、私が中高生の頃、中学生の時は特にWPMを、名前は知っていても、計算したり数値を意識したりすることがなかった。普段の授業から速読指導をし、各生徒に自分のWPM数値を把握させる方が読む速さを客観視できると思われる。加えて、WPM100語、120語のように合格ラインを明確に設定することで形だけ計算するというようなことがなくなり、黒板に各生徒がWPMを書くことによってこのタスクでも生徒が個人作業ではなく周りを意識し、やる気を高めることにもつながると感じた。また、WPMを文章を通して読む速さを測るのではなく、セクションごとに数値の平均を出すという点も私にとって新たな視点であった。p.51の分析にあるようなセクションごとのWPM数値の推移の分析ができる点も面白く感じられる。

　（p.52第9節）多読指導に関しては、リーディング素材を教科書のみで完結させず、読むのが楽しいと思えるような素材でリーディング力をつけてもらう必要性を把握できた。特に、力をつけていくための第一歩として、教科書にはあまりない「読んで楽しい」と思える素材を集めること、そして英語力と精神年齢の問題に関し「興味ある分野については読もうとする」ことについては実体験からもそうだなと納得できるものであった。力を積極的につけてもらえるよう興味の持てる、面白さを感じられる活動を増やせると良いのだと今回も感じた。ただ、力をつけられ、かつ面白いと生徒に思ってもらえる素材を見つけることを、Principles 1の方の授業での教材作りの際にも難しく感じてしまっていた。今後「アンテナ」張りも心がけたいと思う。そして教材作りでの素材を教師が自作できることにも気づくことができ、また生徒のライティングも素材にしてクエスチョンまでつくれることを面白いと感じた。

　最後に、先輩のリアクションペーパーに関して、教科書のダイアログの特性、和訳についてなど細かく分析されているものを読むことができ今回もとても勉強になった。多読に関して「学習以外のreason to readを与えられるように」と書いておられることについて、授業を受け特に共感できる箇所であった。

　私の中学生の頃のリーディングの仕方を振り返り、昔は文章の単語の間、意味のまとまりごとにスラッシュを引きながら文章を読んだり、主語動詞にマークをつけなが

らなんでもかんでもリーディングをしたりしていた時期があったのですが、北原先生
の生徒さんたちは何も引かずにリーディングをするかなと思いました。マークをつけ
ながら内容を理解させるような指導は特に速読、多読の際には避けるべきであるか、
そのような読み方をする中高生がいることについて先生の考えを伺いたいです。また、
英検に関してなのですが、北原先生や今回いただいた指導案を書かれた先生は生徒に
定期的に英検を受けさせているということでしょうか。英検は高校入試でも活用でき
たり自分の実力を知ることができたり良いものであると思うのですが、生徒によって
は受験の費用を負担することが難しい生徒もいるように思います。英検は生徒全員に
受けさせているのでしょうか。指導法とは直接関係がないと思うのですが、少し気に
なったため書かせていただきました、、、。

## 北原の返信

　授業とテキストを適時往復しながらのこのリアクションペーパーは重厚で素晴らし
いと思いました。

　「"OK. I'll answer it." から次のコマ "Mom! Can I go to Joe's house?" までの
間も連続性、自然な流れをつくることが求められており、うまくできなかったがそこ
まで意識できるとより場面や立場の把握ができ、よりオーセンティックさ、英語が生
きたものであることを実感できると思う。」

　和訳をさせない代わりに、その文章を理解しているかを試すのがジェスチャーです。
「行間を読む」ことをジェスチャーで表すことができていれば理解は完璧だと思います。

　「ただ、力をつけられ、かつ面白いと生徒に思ってもらえる素材を見つけることを、
Principles 1の方の授業での教材作りの際にも難しく感じてしまっていた。」

　そうです。中学生の語彙力や文法力はネイティブの５、６歳児程度、よくて小学生
程度です。だから日本の中学生が「理解でき、知的な楽しみを持つ」reading 素材を
見つけることは至難の業でした。それをカバーしてくれたのがジャレル先生がシンプ
ルイングリッシュで書いたじゃれマガであり、教材になった「読みトレ」なのです。

　「今後『アンテナ』張りも心がけたいと思う。」

　私がじゃれマガを知ったのは2006年でした。今はネットを探せばたくさんの素材を
見つけることができます。仲間とそういうやりとりをするのも「アンテナを高く張る」
ことにつながります。

　「文章の単語の間、意味のまとまりごとにスラッシュを引きながら文章を読んだり、
主語動詞にマークをつけながらなんでもかんでもリーディングをしたりしていた時期
があった」

　いろんな実践発表を読んだりするといまだにそのような reading をやっている先生
がいますが、生徒目線に立っていないと思います。そんな余計な作業が読む時間を遅

くしているのです。そういう分析的 reading は意味がないのです。私はやったことが
ありません。やる価値があるとも思えません。

　「マークをつけながら内容を理解させるような指導は特に速読、多読の際には避け
るべきであるか」

　当然です。

　「北原先生や今回いただいた指導案を書かれた先生は生徒に定期的に英検を受けさ
せているということでしょうか。」

　そうです。奨励しています。もちろん費用がかかりますが、昨今は自治体が負担し
てくれたりします。

## 文学部英文学科

　本日の授業では、まず北原メソッドのAパターンの教授法について、Basic Dialog
のステップの教授法が説明された。「そのまんま Skit」を gesture つきで暗唱すると
いう段階で戸惑ってしまうという醜態を晒してしまったが、（本来の授業では、その
後に暗写が行われる）非常に意味のあるステップだと感じた。言語分野においては、
暗記はある程度必要であるが、後続の Think の本文の核となる部分を抽出したものの
みを覚えさせるという工夫には、舌を巻いた。正直、私自身の学校教育を振り返って
みると、長い本文の暗唱という少々demanding かつ非生産的暗記が多かったので、「そ
のまんま Skit」はぜひ活用したい。北原メソッドは、本当に生徒目線の温かいメソッ
ドであると改めて感じた。

　そして、今回の授業の核は、リーディングに関する指導法であった。まずは、じゃ
れマガの授業方法について改めてその効用を考えたい。北原流じゃれマガの答え方は、
「正解と思われる箇所に線を引くこと」である。例えば、T/F などは50％の確率で正
解してしまうので、本当に生徒が理解できているかは正確に把握できない。一方、線
を引かせれば、一目瞭然である。また、共通テストなどにも通じる「速読」に意識が
向けられることも特徴の一つである。平易ではあるが大量の英文を読まなければなら
ない将来を踏まえると良い練習になるし、何より英文に対してウッとならない姿勢が
育つ。加えて、じゃれマガ自体が内容の面白い authentic な教材ということも魅力の
一つである。やはり、北原メソッドは生徒の目線に立っている。

　次に、教科書の Reading セクション（今回は、ごんぎつね）について触れたい。北
原メソッドは、3つの段階から構成される。すなわち、Pre-Reading, While-Reading,
Post-Reading である。まず、Pre-Reading では、読み手に意識を向けさせる。本文
を読む前のウォーミングアップといった感じである。今回のような物語文では特に、
生徒はワクワク感を持つ。そして、While-Reading では、読み手が文章を読む上で

気になりそうなポイントを突いている。いわゆる物語の醍醐味を提示していると感じた。そして、Post-Reading では、いわゆる本文の確認テストが行われる。私の実体験では、こと中学校においては、こういった Reading セクションはほとんど無視されていたので、北原メソッドを教わっていれば、もっと洋書に手を伸ばせていたかもしれないと思った。やはり、原文で読むのは格好良いし、何より楽しい。北原メソッドはコミュニケーション英語に力点が置かれているように見えるが、それは的外れな指摘である。Reading においても効果的な指導法を持つため、ずばり英語教育の本質を突いているだけなのだ。こう言った工夫もさることながら、私自身最も印象に残ったのは、Reading 教材を音読させないということである。単語は、アウトプット用と判別用の2種類に分かれるが、Reading では主に、後者、すなわち見て単語がわかれば良いし、本文が読めれば良いのである。何でもかんでも音読させて身体に染み込ませる必要はないのである。理論に裏づけされた北原メソッドがまた明らかになった。

## **4-0　ライティング指導の実際**

### **1．教科書研究**

学生は教科書を研究して余白に必要なことを書き込む。

> 　　3学年分の教科書のライティングに関するセクションを各自が読んで、どういうライティング活動があるのか、そのバリエーションを知ります。

①どんなライティング活動があるか。
1年生……

2年生……

3年生……

②どんな内容のライティングが行われるか。またそれをどう扱うか。

### **2．** 実演

1年 Program 1-1, 2 Speak & Write

> 　　教科書のライティング活動は昨今「言ったことを書く」というタスクが多くなっています。それを体験させます。

Our Project 1　あなたの知らない私 p.48, 49, 50, 51

> 　　学期に1回ある Our Project のライティングまでの手順を確認します。自己紹介を例にとると次の通りです。
> 　1．自己紹介例を聞く
> 　2．その原稿を読む
> 　3．マインドマップ（マッピング）を使って自分の言いたいことを書き出す
> 　4．自己紹介を書く
> 　5．ペアやグループで発表し、お互いに意見を言い合う

## Our Project 1

Hello, everyone.

I'm Takeshi.

I have three best friends.

They are cute dogs.

Their names are Shiro, Pochi, and Lucky.

I like idols.

I like Ayumi very much.

I go to her concerts with my father.

Thank you.

## Our Project 2　この人を知っていますか p.90, 91, 92, 93

Daisuke: Hello, everyone. Look at this picture.

My favorite person is Kagawa Shinji. I have three reasons.

First, he is a good soccer player. I want to play like him.

He is my hero. Second, I learn a lot of things from his play.

His dribble is a good example for us. Third, he is kind to everyone.

He often teaches soccer to children. So I like him very much.

## 2年 Our Project 6　この1年で得た「宝もの」 p.114, 115, 116, 117

Takeshi: The chorus contest was my best memory. I wanted to win first prize. We practiced hard every morning and after school. At first, we couldn't sing well, and I was very nervous. However, we were able to sing better and better. On the day of the chorus contest, we sang the best. I felt our hearts became one. Though we couldn't win first prize, I learned doing our best was important. I've been thanking my classmates since then.

## 3年 Our Project 8　あなたの町を世界に PR しよう p.86, 87, 88, 89

| Sakura: It smells good. What are you eating, Gen? |
| Gen　: Hi, Sakura. I'm eating *takoyaki*. |
| Sakura: *Takoyaki*? What's that? |

| | |
|---|---|
| Gen | : *Takoyaki* is a Japanese ball-shaped snack people often eat. It has apiece of octopus in it. |
| Sakura: Let me try. Mmm, it tastes good! Where can I get this? | |
| Gen | : At Takozo. Takozo is a local *takoyaki* shop everyone loves. It served *takoyaki* to hungry people after the war. |
| Sakura: Wow. Takozo has an important history. | |
| Gen & Sakura: Everyone, please visit our town to enjoy Takozo's *takoyaki*! | |

# 4−1　さまざまなライティング指導　幹本下巻 pp.68-99

## p.68　北原の主張

　昨今、「4技能のバランス」とか「指導事項の定着」というような理由で1年生からライティングをたくさんやらせている実践を多数見聞きします。そしてそういう先生方は「誤りが多くてなぜかうまくいかない」と言います。ちょっと立ち止まって考えてください。先生方の教えている生徒は英語を学習して何年経過しているでしょうか。小学校英語活動・小学校英語が導入されてそれ以前とは環境はずいぶん違いますが、文字言語を操って英語を書くという作業は大変困難な作業です。

　かつてアメリカの小学生が書いた文章を集めた本（「正続　かみさまへのてがみ」〈谷川俊太郎訳、1977年、サンリオ〉）を授業で使ったことがあります。小学校2、3年生（8、9歳）ですら日本の中学生でもすぐわかるような語法的、文法的な誤りをしています。生まれてずっと英語を聞き続け、書き始めて何年も経つアメリカの小学生ですらそうなのです。それを読んだ当時の私の生徒たちはほっとしていました。英語が生活環境になく、中学に入って初めて本格的に学ぶ異言語である英語が1年目から書けるはずがありません。

　学力問題が世間の耳目を集めるようになってからこの「書けなければ」という傾向は強くなっているように感じます。確かに学力調査などでは文字言語が中心になります。しかし、「書くこと」は4技能の中でも一番最後に伸びていくことはどの語学教師でも知っている事実です。ところが、

生徒の伸びを「待てない」状況があるようです。その状況に先生方も振り回されていることが北研や地方の講演会の後の懇親会などからよくわかります。

　北原メソッドではライティング指導を次のように実施しています。中学前半ではライティングの比重が低く心配かもしれませんが、その時期はlistening, speaking を鍛える時期です。音声的に頭に英語の世界ができたら、後半から reading, writing の比重をぐんと増やします。これでじゅうぶん受験には間に合います。さらに生徒の負担が少ないのです。

## 1．ライティングまでの手順
　幹本下巻 pp.69-71を参照する。

## 2．ライティングの成績
### 平成28年度東京都学力調査結果（7月実施　2年生）
都平均正答率との差

|  | 国　語 | 社　会 | 数　学 | 理　科 | 英　語 |
|---|---|---|---|---|---|
| 都 | 70.7 | 57.7 | 56.4 | 54.8 | 55.4 |
| 本校 | 75.3 | 58.2 | 60.4 | 54.3 | 74.6 |
| 差 | ＋4.6 | ＋0.5 | ＋4.0 | －0.5 | ＋19.2 |

　英語以外の教科では赤坂中は都で真ん中くらいの位置ですが、英語だけは都平均点より19点上という大幅に高いスコアです。

### 観点別結果（英語）

| 関心・意欲・態度 | 表現の能力 | 理解の能力 | 言語・文化の知識・理解 |
|---|---|---|---|
| ＋10.5 | ＋24.2 | ＋16.7 | ＋19.1 |

　表現の能力（ライティング）のスコアが一番良い。それも＋24というべらぼうな数値です。

## 3．ライティングノート
1年冬休み～3年1学期までで全員2800文達成。

　　量をこなすことはライティング能力を上げるために絶対必要です。それをどう行うかが問題なのです。生徒が続けられる方法でないといけません。私は授業用ノートとは別に「ライティングノート」を用意させて各行の左端にナンバリングをさせてどんどん文を書かせました。書く文は何でもいいが、条件は一つだけ。「意味がわかること」。生徒にはペアワークやBasic Dialog などで自分や相手が言ったことを書くことを推奨しました。もちろん、定期テスト前に試験範囲の教科書本文を見ずに書くこともいいのです。（後に浜島書店から「ミキノート」というノートを発売したのでそちらを使うようになりました。）

## 4．ディクテーション

　　1年生の教科書本文を使って行います。出題範囲を示しておき、家庭学習させます。音声言語を文字言語に置き換える訓練です。2年2学期～3学期の毎時間行います。1年生の教科書本文をすべて頭に入れてしまおう、と生徒には言っていました。

## 5．段階を踏んだライティング
### ①定期テストのライティング
### 1．平成30年度3年生1学期中間テスト

**外国語表現の能力**（Picture Describing ピクチャー・ディスクライビング）

　6　別紙の絵を5文の英語で説明しなさい。ただし、The girl is Yuki. She is Japanese. のような人物紹介はだめです。難しい単語のつづり間違いは減点しません。正しい文1つにつき2点をあげます。6文以上書いてもいいです。（解答用紙の行数いっぱいまで書いていいです）ただし同じ文型は2回以上使ってはいけません。　　　　　（10点配当　点取り放題）

　3年生になって始めた Picture Describing をテストに初めて出題しました。授業ではピクチャーカードを見せて、言えることを挙手で言わせていました。言えた生徒にはそれをノートに書かせました。2学期からはスピーキングなしで1分間で提出用シートに書けるだけ書かせました。（後に評価に入れました。）

　この活動と名称は2003年に 6 -Way Street 研修会（筑波大学附属駒場中高）にて日本で初めて紹介されたものです。

　Picture Describing は定期テストにも毎回出題しました。

　学生には実際にある生徒が書いた文章の採点（添削）をさせました。「×、減点だけでなく、減点しないミスまですべての誤りを指摘して正しなさい」。あなたはいくつ誤りを指摘し、訂正することができるでしょうか。挑戦してみましょう。

　学生だけでなく、現職教員相手の研修会でも誤りを指摘してもらったことが何度もありますが、出来は良くはありませんでした。それは「誤り」の概念の幅が違うからです。

ある一人の生徒の解答

The woman on the right looks happy.
I think the man on the right is tired.
The man on the left is drinking beer.
He is enjoying.
They are eating sushi.
There are two bottles on the table.
Maybe the name of the restrant is sushisuke.
Tuna is sixty yen.
The doll on the left looks like a cat.
I can see five people in this picture.
The fish behind the man are liveing.
They will die.

　学生に実際に間違い探しをさせました。しかし、なかなか間違いには気づきませんでした。あなたはいかがだったでしょうか。①テストとして減点するもの、②誤りを指摘するが減点しないものがありますが、両方を紹介します。

The woman on the right looks happy.
　　　女性は1人しかいない（特定）なので on the right は不要。減点なし。
I think the man on the right is tired.
　　　the man on the right とはどの男性のことだか特定されない。減点なし。
The man on the left is drinking beer.
　　　これも同様。
He is enjoying.
　　　enjoy は他動詞だから目的語が必要。enjoy himself など。減点。語法のミス。
They are eating sushi.
　　　They は「直前に出た複数の人物」を指す。そうするとここでは The woman on the right, the man on the right, The man on the left になってしまう。鮨職人が自分で鮨を食べちゃだめでしょ。減点なし。
There are two bottles on the table.
　　　学生の誰も気づかなかった誤り。一緒に採点していた native の Joel

89

と私が同時に誤りを指摘した。table → counter　これは文化の差異
による誤り。日本人はよく間違える。減点なし。

Maybe the name of the restrant is sushisuke.

　　restrant → restaurant　sushisuke → Sushisuke　減点。

Tuna is sixty yen.

The doll on the left looks like a cat.

　　これも学生の誰も気づかなかった誤り。一緒に採点していた native
　　の Joel と私が同時に誤りを指摘した。doll とは英語では人の形をした
　　もの。ここでは figure とでも言わなければならない。これも文化の
　　差異による誤り。減点なし。

I can see five people in this picture.

　　これも学生の誰も気づかなかった誤り。この文は最初に来なければな
　　らない。discourse の誤り。減点なし。

The fish behind the man are liveing.

　　liveing → living　減点。

They will die.


　　というわけで誤りの類型は４つあります。①文法、②語法、③文化、
　④ディスコース。
　　ほとんどの教師は①②は指摘するでしょうが、③④については気づかな
　いか、指摘しません。しかし、私は生徒のその後の発信に影響するこうし
　た誤りはその場で指摘すべきだと思います。


=========== **3年1学期英語中間テスト　集計結果** ===========

（H30年5月14日）

　　６番は３年生になって始めたピクチャー・ディスクライビングの問題でした。
普段授業で積極的にやっていないとこの問題はできません。授業での消極性が
反映されて、このテストで点数を落とした人が多かったです。
　　初めてのテストだったので次のような問題点が残りました。ある生徒の例を
もとに学びましょう。どこがおかしいでしょうか？
①人物を指す時にいきなり代名詞 He や She を使うのはおかしいです。最初は
　The man on the right/left とか The man with a glass と言って次からは
　He/She と言いましょう。

②逆にいつまでも the man on the right というのも変です。2回目からは
She/He/They などの代名詞にかえましょう。

③絵の中に1人しかいない場合には The boy のように the を使います。特定
だからです。ところが girls のように2人以上いる場合には、最初は a girl、
2人のうちもう1人を指す時には the other girl、3人以上いる場合の2人
目は another girl と言います。残りは the other girls です。

④絵の説明には通常現在進行形を使います。現在形はおかしいです。

⑤絵の説明ですから同じ内容を能動態（普通の言い方）と受け身形の両方で言
うのはおかしいです。

⑥テストでは言えることから書いていきますから、順序がバラバラになりがち
ですが、なるべく「大きいところから小さいところへ」「全体から細部へ」
説明するように心がけてください。

⑦意味のない文や当たり前の文は採点しません。それから絵から判断がつかな
いことや絵の描写になっていない文も採点しません。例えば「～がいる・あ
る」という文ですが、原則的には不特定（a がつく、the がつかない）の名
詞の時には There is a cat in the picture. とします。特定の時は My cat is
in the picture. とします。

⑧絵から推測されないことは採点対象外です。ただし、I think, I'm sure, I don't
think, などを使ったあなた自身の考えや推測なら別です。

⑨基本的に否定形は使わないようにしましょう。特に It's sunny. と書いたら
その反対の It's not rainy. は使えません。

⑩問題文の条件にも気をつけましょう。今回は問題文に「行数いっぱいまで」
とありますので余白や裏に書いても採点されません。

⑪the と a の使い分けです。最初は a woman で始め、2回目からは the woman
となります。

⑫何人かいる中の1人なら one of the people のような言い方を使いましょう。

第4章

　定期テストを返却する時には答案用紙だけでなく、「集計結果」という
テスト結果概観のプリントも一緒に配布しています。ここでは前ページの
ピクチャー・ディスクライビングの部分を抜き出してあります。
　私は教師としては大体においてふざけた教師でしたが、誇れるものが一
つだけあります。それは、43年間定期テストは徹夜してもその日のうちに
採点して次の授業には生徒に返却してきたことです。それは一生懸命テス
ト勉強をしてきた生徒へのリスペクトだと思うからです。そしてこの「集

計結果」も同時に配布します。答案用紙を返して先生が口頭で説明しても
ほとんどの生徒は聞いていないからです。「集計結果」には前回のテスト
より点数が上がった生徒名が書かれています。（点差が大きいほど大きい
フォントで）生徒に好評でした。

## 2．平成30年度３年生１学期期末テスト

**外国語表現の能力**（即興ライティング）

**3**　　別紙の絵（２年生 Unit 3-4の挿絵）に合う <u>Taku のセリフ（独り言も</u>
<u>含む）を書きなさい</u>。どの絵のことを言っているのか、<u>各文の頭に絵の番</u>
<u>号を必ず書くこと</u>。書かれていない文は採点しません。

（10点配当　点取り放題）

参考（２年 Unit 3-3, 4本文）
＊ここには２年生の教科書該当ページを示しましたが、割愛します。

著作権の関係で絵は割愛します。書かれている情報は以下の通りです。
絵１　Taku の学校帰り。吹き出しで Tina の顔と自由の女神。
絵２　Taku の自宅。机に手をついて頭を抱えている。吹き出しで Tina の顔
　　　と自由の女神、両親の怒った顔。
絵３　Taku が決心して居間のドアを開ける。
絵４　Taku が両親を説得する。（New York に行かせてほしい）
絵５　両親が２人で話し合う。
絵６　父親から許可され、大喜びする Taku。
絵７　Tina に笑顔で電話する Taku。Tina も喜ぶ。

　　２年で使った教科書からの絵を使いました。ストーリーを忘れている生
徒もいると思われたので本文を提示しました。以下は実際にある生徒が書
いた答案です。

1の絵：Tina will go to New York. And I was invited by her. I want to go.

2の絵：But my mother is strict. What will I say? I have to think. You can't do it Taku!

3の絵：OK. I will say, Mom, Dad, please listen to me. It's important.

4の絵：I want to go to New York with Tina. Tina is my girl friend. I'd like to go.

5の絵：What do(will) they speak(say)? It takes so many hours. I'm sleepy. So I will sleep.

6の絵：Yeah! I can go there! Really? I can't believe it. Maybe this is the (a) dream.

7の絵：Tina. I can go with you Where will we meet? At my home? OK?

　いかがでしょうか。「音声から離れない」「言えるようになったことを書く」北原メソッドでは3年1学期でこんなに豊かな文章が書けるようになるのです。

**外国語表現の能力**（Speaking Test "Show & Tell" より）

4　ジョウル先生に説明した京都・奈良のお土産や思い出をここに再現して書きなさい。「説明したもの」を必ず書くこと。同じ文型は採点しません。
　採点基準
　　量も質もよく書けている→10点
　　その下は英文の量と質によって3点刻み（8点、5点、2点、0点）

　スピーキングテストを行ったら直近の定期テストで必ずライティング問題として出題していました。「話せたことを書く」という一貫した指導もありますが、それによってfluencyだけでなくaccuracyにも目が行くことになるからです。生徒もそれを知っているのでスピーキングテストを頑張るようになります。ただ話せばいいのではなく、後の定期テストのことも考え、正確さにも心を配るようになります。

**外国語表現の能力**（Picture Describing ピクチャー・ディスクライビング）

5　別紙の絵を5文の英語で説明しなさい。難しい単語のつづり間違いは減点しません。

　　正しい文1つにつき2点をあげます。6文以上書いてもいいです。（解答用紙の行数いっぱいまで書いていいです）ただし同じ文型は2回以上使ってはいけません。

（10点配当　点取り放題）

　「同じ文型」とはいわゆる英文法の「5文型」ではなく、例えば I like apples. I like oranges. のようなことを言います。「点取り放題」問題をつくり始めたのは30代半ばに文部省教育課程実施状況調査分析協力者として学力テストを作成し、その結果を分析する仕事をした時からです。パイロット校から戻される答案用紙の英作文の解答欄がほぼ全員白紙だったことに衝撃を受けたからです。「減点方式のライティング問題ではだめだ」と、書けば書くほど得点できるテストに変えました。

この問題は中間テストに出題した絵の左側です。中間テスト返却時にきちんと自分の間違いを確認して期末テストに臨んだ生徒が得点できるようになっています。

## 3年1学期英語期末テスト　集計結果

（H30年6月25日）

　3番は意表をついた出題だったでしょう。2年生 Unit 3-4の挿絵にセリフをつける問題です。授業中に Picture Describing 活動に積極的に取り組んでいないとできません。文の数は書けているのですが、ミスが多く、規定の10点以上取った人は＊＊、＊＊、＊＊、＊＊、＊＊だけでした。

　4番はスピーキングテストでやった修学旅行の土産話を書く問題でした。中間テストの時には understandable なものには○をしてもらいましたが、今回からは正確さを第一に採点しています。話し言葉では少しくらい間違いがあってもかまいませんが、ライティングではだめです。これからは文法的正確さと単語のつづりの正確さを求めましょう。これまで作文問題ではあまり書けなかった人たちがみんなたくさん書いていました。満点の10点を取った人は次の通りです。

A組……＊＊、＊＊、＊＊、＊＊、＊＊、＊＊、＊＊

　5番は中間テストで出題した絵の左部分を説明する問題でした。今回は、量は書けていました。10点以上を獲得したのは次の人たちです。

A組……＊＊、＊＊、＊＊、＊＊、＊＊

　要するに3、4、5を通して「できている人は全部できているし、できていない人は全部できていない」という結果でした。夏休みに下のアドバイスを参考にして復習をしましょう。

　3〜5番のライティング問題についてです。ジョウル先生に採点をお願いしました。1、2年で学習した文法的な小さな誤りがとても多いです。以下、例を挙げます。

①時制（現在過去未来）の間違い

　過去のこと（修学旅行）なのに現在形で書く。未来のこと（夏休みに NY に行く）なのに現在形で書く。

　It's（was） very crowded.　So it's（was） so boring.

　Kinkakuji is（was） built by Ashikaga Yoshimitsu.

②人称と数の間違い

　単数の主語なのに動詞に s がついていない。複数の主語なのに動詞に s がついている。

　people is　They have water gun(s).　Children is(are) running and speaking.　My group member(s) is(were)...

③前置詞の間違い

　go NY のように to がない。We went (to) Horyuji.　on(in) the center Please listen (to) my story.　I want to go (to) this shop.

④代名詞が使えていない

　一度前に出た名詞なのに代名詞を使わずに繰り返す。

　I went to Kinkaku-ji. Kinkaku-ji (It) was great.

⑤ -ing 形と過去分詞形の間違い

　exciting と excited　I am exciting.　It was excited.　人が主語の時は -ed, 物が主語の時には -ing

⑥未来形が使えない

　I'm go(ing) to go to NY.　My parents (will) say "You may not go."

⑦現在進行形が使えない

　The girl on the left is clean(ing) the table.　She is looked(ing) at (a) strange man.　The boy on(in) the center (is) making sushi.

⑧ a と the の区別がつかない。a を落とす

　I think he is a(the) boss of Sushisuke.　A(The) man on the left...　It's (a) big castle.　It's only (a) building.　Maybe he isn't (a) good man. This is (a) sushi shop.

⑨受身形が使えない

　It (was) damaged by the battle.

⑩ to＋動詞の原形が使えない

　I want (to) go (to) Sushisuke.

⑪なんでも be 動詞を使う

　It is(has) a cool face.

3番の生徒Ｆ解答

1の絵：Tina will go to New York. And I was invited by her. I want to go.

2の絵：But my mother is strict. What will I say? I have to think. You can't do it Taku!

3の絵：OK. I will say, Mom, Dad, please listen to me. It's important.

4の絵：I want to go to New York with Tina. Tina is my girl friend. I'd like to go.

5の絵：What do（will）they speak（say）? It takes so many hours. I'm sleepy. So I will sleep.

6の絵：Yeah! I can go there! Really? I can't believe it. Maybe this is the（a）dream.

7の絵：Tina. I can go with you Where will we meet? At my home? OK?

5番の生徒Ｈ解答（そのまま）

The people are in the sush restrant. I think the name of the restrant is Sushisuke. The cook on the right is smoking. I think he is a boss of Sushisuke. The cook on the right is cutting the fish. There are manu on the wall. The beer is four hundred yen. A man and A woman on the right is talking. They are enjoying. Two kids are running. Maybe their mother isn't happy. The staff on the left is cleaning the table. She looks happy.

## ②劇の英訳

　　赤坂中では11年間、３年生の英語劇を学芸発表会、区大会、都大会で発表した。（都大会優勝１回、審査員特別賞１回、３位１回）ところが日本の中学生に合った脚本を探すのが一苦労でした。ある時、学校の近くの六本木俳優座劇場で「ミュージカル・はだしのゲン」を見ました。その時に日本語シナリオを手に入れたので２学期最初の授業で３年生全員がペアになって分担して日本語脚本を英訳しました。９月最初の３時間をあてました。それがうまくいったので他にも「銀河鉄道の夜」「この世界の片隅に」「翼の折れた天使たち」でも行いました。

## 1．平成25年度「はだしのゲン」（都大会優勝作品）

Gen     : Hey Mum, I'm home. I'm hungry!

Shinji    : I'm starving!

Kimie    : You worked very hard. Thanks a lot Gen, Shinji.

Gen     : Mum, I'm hungry.

Shinji    : I want something to eat.

Kimie    : Oh...umm, yeah....

Gen/Shinji: (chanting) I'm so hungry! Give me something to eat!

Kimie    : Ok, Ok I hear you.

## 2．平成28年度「銀河鉄道の夜」（都大会出場作品）

| | |
|---|---|
| Student 1 | Zanelli, you're going to the river, aren't you? |
| Zanelli | Of course. Hey guys, let's get together today and go there. |
| Student 2 | Be careful, Zanelli. You can't swim. |
| Zanelli | Campanella, come with us. |
| Campanella | Oh...OK. |
| Student 3 | How about Giovanni? |
| Giovanni | Oh, can I.... |
| Student 1 | No, he can't come with us. Giovanni is so busy. |
| Student 2 | Yes, right. He delivers newspapers before school. |
| Student 3 | After that, He works at the printing office. |
| Student 1 | Go back home to your sick mother and housework. Busy Giovanni! |
| All students | Selfish Giovanni!　生徒たち，はやしたてる。そして帰っていく |

## 3．平成29年度「この世界の片隅に」

すず    : What? A military uniform?

周作    : I'm becoming a petty officer. I have military training in the marines next week. I won't be back for three months.

すず    : ...After that? Will you be able to come back?

周作    : Maybe, I'm not going to war. There's no need to worry about. But Suzu, my father and I will not be here, so you will have to take care of the whole family. Are you sure you can do that?

すずの声：No! Definitely not! There's no way I can manage.

## 4．平成30年度「翼の折れた天使たち」（都大会３位作品）

| | |
|---|---|
| おばあちゃん | So, what character have you changed into? |
| 玲子 | Changed into? |
| おばあちゃん | You have changed, haven't you? |
| 玲子 | Well..., you can say I've changed, but... I'm Myu. |
| おばあちゃん | Myu? |
| 玲子 | I'm an anime character. Myu, myu. |
| おばあちゃん | Myu myu? What language is that? |
| 玲子 | These are my own words in my own language. |
| おばあちゃん | Ok, Ok. I see.　実はわかっていない |
| | By the way, what's your name? |
| | 「もう忘れちゃったの」と寂しげな顔をして |
| 玲子 | Where did you come from? |
| | 平然とした顔で |
| おばあちゃん | I came from Roppongi Hills. |
| 玲子 | Really! You are rich! |

第**4**章

**2021年度優秀リアクションペーパー**

------------- 中高時代に習った英語授業 ──── 北原メソッド

反転文字 のリアクションペーパーは超優秀

総合人間科学部教育学科

　今回の授業で、生徒を楽しませながらライティングの力を確実に定着させる指導方法を学ぶことができました。まず、「生徒が書きたいと思うような素材を使う」ということについて、北原メソッドでは、他の技能においても、使う素材が生徒の興味を惹くものばかりですが、今回も、生徒が書きたくなるような題材、生徒の心を掴む素材ばかりで、生徒が常に積極的にライティングに取り組めるようになっていました。さらに、北原メソッドでは、ただ生徒の好きな映画や音楽を題材として扱って終わるのではなく、そこで生徒のライティング力を鍛え、さらにレベルを上げて、原爆などの社会的なテーマについても、生徒が本心で書けるようになっています。実際、生徒さんのライティングには、DVD の内容を短い文章の中でまとめつつ、それに対する生徒さんの本心が込められていました。北原メソッドで鍛えられたライティング力があるからこそ、生徒さんの本心を文字に起こすことができたのだと思いますが、教材も生徒の本心を引き出すものがあると感じました。原爆に関して、教科書の本文に加

99

えて、先生がさらに原爆の資料を見せてくださったことで、より一層生徒の心が動かされたのだと思いました。社会的なテーマを英語の授業で深く扱うということは、まさに教科横断型の授業ですし、より生徒の心に影響を与える資料を用いることで、生徒が心から感じたことを英語で表現できるようになるライティング活動になるのだと感じました。ディクテーションでは、北原メソッドにおける「教科書と一言一句同じでなければならない」という部分に、感銘を受けました。You're と You are、きっと多くの先生がどちらも○にするところを、北原メソッドでは、読んだ時の音が異なっていることや、教科書を事前に勉強していたらわかることから、○にはなりません。こうすることで、頑張って勉強した分だけ評価されるという仕組みになっています。どのレベルの生徒も頑張ることができ、どのレベルの生徒も英語力が伸びるのは、このような工夫もなされているからだと感じました。また、北原先生の生徒さんの発音が素晴らしいのは、このように細かい部分まで正確に聞き取る力が普段から鍛えられていることも一つの要因だと感じました。そして、定期テストのライティングにおける「点取り放題」も、生徒のやる気を向上させるものだと感じました。私が中学生の頃も、ライティングが加点方式だったのですが、確かに、点数を取れるところまで取りたいと、ライティングに熱が入ったことを思い出し、加点方式であった理由を理解しました。生徒の中には、もちろん自分の書いた文章を正しく直してもらいたいという思いもあるかもしれませんが、まず頑張って書いたライティングを褒めてもらいたいという気持ちがあると思います。だからこそ、「点取り放題」という仕組みは、点数がこれだけもらえて自信がついた、先生に褒めてもらえた、だから次も頑張ろうというように、次のライティングに向けてポジティブな気持ちを生む、生徒の心に寄り添った仕組みになっているなと思いました。さらに、ライティングの間違いが多かった部分の解説をまとめて書いて配るという部分も大変勉強になりました。そうすることで、褒められて満足するだけではなく、次に向けて各自でレベルアップできるようになっていました。確かに、私もテストが返された時は、解説のことより点数が気になってしまって、テストの振り返りや復習を疎かにしてしまっていました。通常は、点数に気をとられて解説を聞いていないと、怒られてしまうということがよくあると思いますが、生徒が点数に気をとられてしまうことも承知の上で、解説を書いて渡すという部分に、ここまで生徒の気持ちに寄り添っているのかと驚きました。そして、期末テストでも中間テストの続きの題材を使うことで、生徒がどのくらいレベルを上げることができたのか、測れるようになっていました。中間テストからどのくらい復習し、応用することができるのかが、そのまま点数として表れるテストになっていました。どのレベルの生徒も、頑張った分だけ点数に表れて評価されるため、ライティングに対するモチベーションを上げながら、スキルも向上する試験となっていて、非

常に勉強になりました。北原メソッドにおけるライティングは、どのレベルの生徒も必ず「書ける」ようになっていると感じます。それは、音から入っていること、まねできる表現が事前に提示されていること、そして、書きたくなる素材が使用されていること、やる気を向上させる仕組みになっていることなど、生徒の気持ちに寄り添った工夫が細かい部分までなされているからだと感じました。次回も楽しみにしております。

## 外国語学部英語学科

　ライティング指導に関して、私たち学生が模擬授業などをする時には、生徒への足場がけとして作文をさせるためのフォーマットをつくりがちでした。型があれば英文が書けるだろうと。しかし、教科書の例文から生徒自身に使えそうな表現に気づかせたり、教科書の表現を基に別の言い方について一緒に考えてみたりすることで、ライティングの指導ですら主体的な学びにすることができるのだと学びました。また、私の経験上、ライティングといえば、自分で考えたことを文字にする一人での活動のイメージが強かったのですが、同じテーマについて書きたい生徒同士で集まらせたり、前年度の生徒の作品や他のクラスメイトの作品の表現などを見て学ばせたりとアクティブな活動にする方法も学びました。

　私が中学生の時は、ライティングを授業中に行う機会はなく、話すことはできないけどスピーキングの代わりに定期テストで書かされるから練習するような感じだったと思います。しかし、言えるようになったものを書くということで、ライティングとスピーキング活動は別物ではなく、一体となっていること、しかしながらディクテーションで教科書と全く同じように聞こえてきた音を文字にしなければいけないということで、書いて練習するようになるというところに、生徒が自らライティングの練習をするようになる仕組みがあると感じました。授業中にライティングの指導はあまりないにもかかわらず、スピーキングテストの代わりのようにライティングをさせられるために、中学で英語を学習しても英語を話せる日本人が少ないのかな、とすら思いました。言えることを書くように指導することはとても大切だと思います。

　また、ピクチャー・ディスクライビングの採点の体験、集計結果も大変興味深いものでした。教員になるにあたって、知らないといけないことがたくさんあると気がつきました。中でも文法・語法の誤りなどは指摘しやすいと思います。しかし、例えばcounter のことを table、figure のことを doll と書いたことに対して、どこか違和感を覚えたけれど、根拠を持って doll は人の形をした人形のことだから、と指摘できるだけの力がないと正しいライティングの指導はできないと気づかされました。そして、未だに学生の私でさえ迷ってしまうことがあるけれど、a と the の使い分けや大きい

描写から細かい描写へとなるように文を書いていくことなど、中学生のうちに教員が曖昧なまま流してしまったら、生徒はその後も間違いや不適切な表現を含む英語を使ってしまうのだと責任を感じました。スピーキングにしても、ライティングにしても、コンテンツとともに正確性にも重きを置いて指導していく必要があるのだと学びました。

## 文学部英文学科

　今回の授業では、北原メソッドＡパターンのライティング指導を学んだ。北原メソッドのリスニングやスピーキング指導では、英語を繰り返し書いて覚える従来の方法ではなく耳から入れるということを重要視していたり、発音通りでない綴りを無理に覚えさせる必要はないとしていたり、ライティングの存在感が薄いように感じていた。しかし実際には、スピーキングしたものは書かせることによって、頭の中に入っている音韻体系を脳に落とし込む、非常に効率的な指導法だと学んだ。話せたり聞けたりできるものでないものをライティングさせることは、まるで暗号の暗記をさせるように、時間や労力がかなりかかる上に多くの人にとって苦痛を与えるものである。北原メソッドのように、まずは「話す・聞く」、その後に「読む・書く」という順序で指導をするのは、音声をベースにした非常に効率的な指導だと感じた。また私は、コミュニケーション能力を重視するあまり、スピーキングやリスニング以外の能力を軽視している指導法が、昨今は多く存在しているように思う。もちろんスピーキング力やリスニング力は不可欠な能力である。しかし、それ以外のリーディングやライティングの力も重要なはずである。長い目で見てももちろん必要だが、短期的に見ても、受験を控える学生にとって文法力、リーディング力、ライティング力は重視すべき能力である。将来的に世界で活躍することを視野に入れた英語でのコミュニケーション力と、受験で不利にならないために必要な能力のどちらも疎かにしない北原メソッドは、真に子どもたちのことを想った指導法であると感じた。

　また、良い表現を「パクらせる」というのは斬新でとても興味深く感じた。私が中学生の頃に行ったライティング活動では、間違っても良いからなるべく自分の言葉で書くように、ということがよく言われていたと記憶している。間違っても良いとは言われていても、間違えると成績が下がるだろうという懸念もあったため、間違えることへの恐怖心は大きかったように思う。堂々とまねをできるお手本もなく、良い文章を間違えずに書ける自信もなかったため、ライティング活動は私にとって非常に苦痛だった。しかし、もし北原メソッドでのライティング指導のように、教科書の文章の中で使いたい表現にアンダーラインをしたり、前の学年のライティング原稿から良い表現を抜き出したりと、パクることが推奨されていたのなら、きっともっとライティ

ングを楽しめたのではないかと思う。さらに、無理やり日本語から英語に訳したよう
な表現ではなく、もっと自然な英語表現を使いこなせるようになっていたかもしれな
いとも感じる。教科書を見ると、友達のスピーチに対してコメントを書くというライ
ティング活動もあったが、コメントを書こうとしてしっかりと発表を聞くことで気づ
くことができる良い英語表現があるであろう上に、コメントをもらう側もコメントの
中で良い表現に出合えるかもしれないことから、双方にとってとても良い学習の機会
となると感じた。北原メソッドでは人との交流を通じての学習が盛んだと感じてきた
が、ライティングのような個人作業で完結してしまいがちな学習でも、生徒同士を交
流させるというのがとても良いと感じた。

　ピクチャー・ディスクライビングでは、誤りの類型に興味を持った。文法や単語の
誤りは直されやすいものであるが、それ以外の文化的な誤りに対しては触れられない
ことが多いように思う。table ではなく counter と呼ぶ、doll ではなく figure と呼ぶ、
というような文化の違いによるニュアンスの違いをしっかりと説明されることは勉強
になるのはもちろんだが、英語をおもしろいと感じるきっかけにもなり得ると感じた。
文法の間違いを指摘されることと、文化の違いによるワードチョイスのミスを指摘さ
れることは、生徒にとってかなり意味が違うだろう。文法のように授業できっちり習っ
ているものを間違えると落ち込んでしまうような生徒でも、誤りが文化の違いによる
ものであれば、間違えてしまったショックよりも新たなことを知ることができた喜び
の方が大きくなるかもしれない。誤りはすべて直すが必ずしもすべてを減点対象にす
るわけでもない、という採点基準もとても良いと感じた。この採点基準によって、活
動は、単なるテストではなく、学びのチャンスになるのだと思う。

　さらに、ピクチャー・ディスクライビングの2枚の絵は実は1つのつながった絵で
あり、これらを中間テストと期末テストで出題することで、前回のテストの間違いの
見直しをしっかりした生徒が点数を取りやすくなっているというのがおもしろいと
思った。テスト勉強を頑張ろうと思っても、頑張り方がわからない子どもは多いだろ
う。そうした子どもたちにとってこうしたテストは、頑張り方を示すものであり、成
功体験を与えるものでもあるだろう。スピーキングテストの内容を書かせるテストも
そうだが、頑張る子が点数を取りやすいテスト、頑張る子に優しいテストは、頑張る
子を応援するテストでもあると思う。私も教師になったら、生徒の実力をただ点数化
するだけのテストではなくて、生徒を勇気づけたり応援したりできるようなあたたか
いテストをつくりたいと強く感じた。

北原の返信

　「北原メソッドのリスニングやスピーキング指導では、英語を繰り返し書いて覚え
る従来の方法ではなく耳から入れるということを重要視していたり、発音通りでない

第4章

綴りを無理に覚えさせる必要はないとしていたり、ライティングの存在感が薄いように感じていた。しかし実際には、スピーキングしたものは書かせることによって、頭の中に入っている音韻体系を脳に落とし込む、非常に効率的な指導法だと学んだ。」

　ライティング単体の活動はあまりないので、よくそう思われます。

　「話せたり聞けたりできるものでないものをライティングさせることは、まるで暗号の暗記をさせるように、時間や労力がかなりかかる上に多くの人にとって苦痛を与えるものである。」

　＼(^O^)／その通り！

　「将来的に世界で活躍することを視野に入れた英語でのコミュニケーション力と、受験で不利にならないために必要な能力のどちらも疎かにしない北原メソッドは、真に子どもたちのことを想った指導法であると感じた。」

　Be one of my followers!

　「私が中学生の頃に行ったライティング活動では、間違っても良いからなるべく自分の言葉で書くように、ということがよく言われていたと記憶している。間違っても良いとは言われていても、間違えると成績が下がるだろうという懸念もあったため、間違えることへの恐怖心は大きかったように思う。堂々とまねをできるお手本もなく、良い文章を間違えずに書ける自信もなかったため、ライティング活動は私にとって非常に苦痛だった。」

　昔、文部省で全国学力調査の委員をしていた頃、テスト校から帰ってくる答案はライティングがほぼ全員白紙でした。「書いても間違いは点を引かれるから書かなくてもいいや」と生徒が思ったのでしょう。それ以来、減点法ではなく、加点法にしました。

　「北原メソッドでは人との交流を通じての学習が盛んだと感じてきたが、ライティングのような個人作業で完結してしまいがちな学習でも、生徒同士を交流させるというのがとても良いと感じた。」

　いいところに着目しましたね。

　「英語をおもしろいと感じるきっかけにもなり得ると感じた。」

　そうです！

　「この採点基準によって、活動は、単なるテストではなく、学びのチャンスになるのだと思う。」

　ふー！この表現いただき！

　「ピクチャー・ディスクライビングの２枚の絵は実は１つのつながった絵であり、これらを中間テストと期末テストで出題することで、前回のテストの間違いの見直しをしっかりした生徒が点数を取りやすくなっているというのがおもしろいと思った。」

　中間テストの間違いをきちんと理解した子は期末テストの絵を見て、にやっと笑っ

たでしょうね。逆に英語が得意な生徒でも見直しをおろそかにした生徒は冷や汗でしょう。

「頑張る子が点数を取りやすいテスト、頑張る子に優しいテストは、頑張る子を応援するテストでもあると思う。」

そういうテストをあなたもつくりましょう。

## 総合人間科学部教育学科

今回の講義では北原メソッドにおけるライティング指導に関する内容を取り扱い、さまざまな気づきや新たな考え方を知り、学ぶことができた。私の中学時代の経験上、ライティングの活動はテスト前や英検対策期間に少し指導が行われるくらいで、他の技能に比べてやや適当に行われると感じていた。言い換えれば、ライティングをする機会が少なかったために多くの学生が上達することができず苦手意識を持っていたのではないかと思った。しかし講義内で全学年の教科書研究をすると、表現力を涵養することができるライティングの教材が数多くあることを知った。つまり教員は、その教材を用いて授業を行いライティングスキルを向上させる大きな責任があるのだと実感することができた。その意識の下、日頃から取り組みを行うことで英文を書くことに抵抗や苦手意識がなくなるのではないかと思った。北原先生の教え子たちは、ライティングノートを通じて卒業までに2800文書くことになるとおっしゃり、実際、学力調査の「表現の能力」の観点で非常に優秀な成績を出すことに成功したとの実例を知った。この実例は私にとって非常に説得力があるものだった。高校時代、英語の授業で毎日英語のダイアリーを課題として課されていた。特に分量の指定などはないが、やはりたくさん書いた生徒の成績は非常に優秀であり英検も準1級以上はみんな取得したし、もちろん他の英語スキルのレベルも高かった。つまり先生の教え子の成績を見て、ライティングスキルを向上させるには英文を借用しながらも日頃から英文を書く習慣をつけ、大量の英文に触れ、大量に書くことが最も効果的な取り組みなのだと改めて実感することができた。また先生が作成したPicture Describingを用いた即興ライティングテストも非常に効果的な教材だと感じた。英語をはじめとする言語は、自己紹介やスピーチのようにある程度定型文があるものよりも、Picture Describingのように状況に応じた即興性が求められる機会の方が圧倒的に多い。そのため即興性への対応スキルの向上と定着を確認するためにその形式のテストを出題することは非常に意味があると思う。私の中学時代のライティングテストは、例えば「自己紹介」「友人紹介」など出題される問題が予告されていたため、多くの生徒が予め用意したものを暗記し、解答用紙に写すだけのテストだったため、それはもうライティングスキルを確認することよりも暗記能力を問っているだけに過ぎなかった。もちろんそれが点

数を取れない生徒への配慮であることは理解しているが、北原メソッドのように日頃の課題や授業の中で全員が課題を克服するための過程を踏んでいれば暗記能力を問うようなテストにはしなくてもよいと考えた。言い換えれば即興性が問われるライティングテストで点を取るために、日常の授業や課題に一生懸命に取り組むことを積み重ねることが不可欠だと思った。加えて北原メソッドでは、スピーキングテストでは正確性よりも会話力を重視し、ライティングテストでは正確性を最も重視しており、このテストのプロセスを踏むことで、正確な文法や語彙表現、発音に基づいた正確なスピーキングができるようになることを可能にするのだと気づいた。つまり技能別テストは一つひとつに大きな意味があり、統合されることで英語力がより強固なものになるのだと強く感じた。

「テストの集計結果」というものを今回初めて知った。テストの成績や解説をまとめた集計結果を作成し、生徒に配った方が生徒自身が間違えた点を重点的に復習する際に参考にできるし生徒たちの学習のモチベーションも上げることができると思う。最後に、ライティングスキルを向上させる上で心がけることの一つに「生徒が書きたいと思える素材を取り上げること」との記述があり感心した。そのため、教師は生徒に嫌々書かせ、ライティングに抵抗を持たないようにするために日頃から生徒とのコミュニケーションを通して何に興味・関心があるのかを把握し続けることが重要なのだと感じた。

### 外国語学部ロシア語学科

　今日の講義では、ライティングの指導について学びました。最も印象に残ったことは、ライティングの活動自体の種類がとても多様だった点です。北原メソッドでは、スーパー・ペアワークで話したことを書いたり、ディクテーションをしたりスピーチ原稿を書いたり、Picture Describing をしたり、劇のために本や漫画を訳したりなど、本当にいろいろなタイプのライティングが行われていました。私が実際に中学生の時には、ライティングは基本的に、教科書にある問題を解く、スピーチの原稿を書く、定期テストの最後の大問の英作文というのが主なバリエーションでした。教科書の問題は今日の分析でも見たように、テーマが決められていたりとても分量が少なかったり形式が決められていたりして、退屈な活動でした。文章の構成の型を学ぶことも大切なので、例の型に当てはめていくのは練習としては必要だと思いますが、書いていて楽しくないものを書かなければならない、というのは辛いものがありました。スピーチの原稿を書く活動は、ライティングのためなのかスピーキングのためなのか、生徒からは活動の目的が見えにくいことがよくありました。スピーチ活動の中では原稿を書くライティングの力と、それを発表するスピーキングの力の両方を鍛えられると思

います。しかし、スピーチ自体が年に1度あるかないか、という活動であり、そのイベント性が目立ちすぎ、本来の学習活動としての指導がほとんど行き渡っていなかったように記憶しています。今思えば、少ない時間の中でのアクティブな活動として「とりあえずスピーチをさせよう」というような考えだったのかもしれません。北原メソッドでは、ライティングノートで自分が発言した文を記録するなど、日常的に自分が書くことを意識させる活動が行われています。こういった活動がきちんと布石として機能し、ライティングの活動が年に何回か課される大きな宿題・活動という大げさな認識にならないのではないでしょうか。だからこそ生徒さんたちは、自力で書ける量が多く、イベントではなくライティングのスキルを磨く学習活動として機能しているのではないかと感じました。

　今日見たライティングの活動の中でも特に Picture Describing や作品の翻訳は、これまであまり見たことのないものだったのでとても興味深かったです。定期テストで行われていた Picture Describing は、内容に関して生徒たちにある程度の裁量権が与えられているという意味で自由度の高い活動であり、また点を取り放題、という仕組みは生徒たちのモチベーションにとても良い影響を与えるのではないかと思いました。日頃から音読やライティングノート、語彙活動（指定されたジャンルの単語を短時間でどんどん書いていく活動）などに対して努力をしている生徒はきちんと点が取れ、そうでない生徒は取れない、ということになります。頑張って努力をした生徒が評価される、という仕組み作りは、生徒のモチベーションを高めるだけでなく、教師と生徒との信頼関係の構築にも役立つのではないでしょうか。英語劇の脚本作りのための翻訳は、中学生にもこんなことができるのかと驚かされました。私が中学生の頃は翻訳ほど高度なことはしたことがありませんでしたが、指定された何でもない文章を英訳するだけの活動より、翻訳の方が、圧倒的に楽しいだろうなと思います。自分たちなりの解釈をして自分たちの英語で訳していく作業はとても勉強になるオーセンティックなものです。それを演じることができれば、仮に難しい単語や文法だとしてもニュアンスがつかめているため、英語力は格段に上がると考えられます。

　「教科書を読み、発音と綴りの練習をして新出単語を暗記し、本文を日本語訳する」という単調な授業ばかりだったので、本当に北原メソッドの授業は活動のバリエーションが多くて楽しそうで羨ましいと感じます。北原先生の今日のお話の中で、書きたいと思ったことを書かせる、ということがありましたが、それができていないのがこれまでの主流の授業だったと思います。英語は言葉であり他人に何かを伝えるためのツールです。北原メソッドの授業では、その本質から逸れずに教えられているのではないかと気づきました。

授業前に自分が中学校で受けてきたライティング指導について思い出してみようとしたが、指導を受けた覚えがほとんどなかった。全く何も書いたことがないわけではなく、思い出せるものと言えば、課題を渡され、書いたものを提出し、添削されて返ってくるというだけだったと思う。しかし今回教科書を読み、講義を受けたことで自分がライティングの基準を高く考えすぎていたことに気づいた。幹本の第4章前書きの部分に「英語が生活環境になく、中学に入って初めて学ぶ異言語である英語が1年目から書けるはずがない。」と書かれている。その通りだと思う。私たちも日本語の文を書くまでに6年間ほとんど音だけを使い、その後で文字を使いこなすようになった。初めにやったのはひらがなやカタカナ、漢字を書き写すという作業で、文を突然書けという指導はされなかった。だから同じように、英語の最初の書き写す作業もライティング指導に含めてよいということは当然と言えば当然だが、私は今回この点に非常に驚いた。そして自分の受けてきた授業を今一度思い出してみると、教科書からの書き写し、黒板からの書き写し、リスニングで聞こえたことを書き出すなど最初に思ったよりも多くのライティング活動をしていた。ただ、北原メソッドと比較すると圧倒的に量が少ないと感じる。そして音を無視して書き写すことにだけ集中していたことも大きな違いだと感じる。大抵の場合、先生が黒板に書いたことを書き写すだけでそれを発音するのは先生のみだった。またある友人と隣の席になった際に、同じ文（例えばI am a student.）を何度か書かなければならない時に縦にIを10回、amを10回、aを10回、studentを10回のように書いているのを見たことがある。これはストラテジーとしてはよく考えたなと思うが、英文をただの文字の塊としか認識していない証拠だと思う。これに対して北原メソッドではまず発音できることが第一で、それができてから書く。発音できるということはつまり意味もわかっているということで、ただ書き写すのとは異なり文字に意味を持たせることができる。これをライティングノートのようなものに書き溜めることで、生徒は、話せることは書けるようになる。さらに、ディクテーションノートに書く活動では、一度見たことがある文章とはいえ、聞けることが書けるようになる。話せること、聞けることが書ければ、決して難しい文章が書けなくても十分である。書けるのに読めない、聞けないという日本人にありがちな現象も避けられる。そしてライティング活動をやることでスピーキング力やリスニング力も同時に鍛えられているのも北原メソッドならではではないかと考える。例えばディクテーションノートには最後の一文だけを書けばいいが、どこで止まるかがわからないため、しっかり聞かなければならない。もちろん練習してくる生徒もいるが、やはりしっかり音がわかっていないとできないことだと思う。ライティング指導は何か文章を書かせるだけだと思っていたが、ただただ書くだけの活動だけではな

いということを今回学んだ。

　中学３年生で塾に通い始めてから、点数を取るためにライティングは後回しにして時間があればやればいいと言われた覚えがある（私より前から通っていた友人はもっと前からこの指導をされていて実践していたようだ）。これは北原先生がおっしゃるように、採点方法が減点法なために、選択問題よりも時間を使ったのにもかかわらず点数が入りづらいという理由だった。点数を取るためにはこの方法はとても良かった。時間が余ってゆっくりライティングの問題を解けたし、そのおかげかケアレスミスも減ったように思う。ただ、周りにはやっても点が入らないからやらないという友人もいた。それをやるくらいなら見直しをしたいという言い分だった。どうしてもテストや入試があるため、点数を取るためにはどうしたらよいかという点が重視されてしまうが、このテストで点だけ取れるが本当に英語ができるかどうかわからないのはいかがなものかと感じる。ただ、生徒が悪いわけではなくこの教育システムが良くないのだと思う。例えばテストだって問題の出し方さえ変えれば、生徒は書こうと必死になる。その良い例が北原先生のおっしゃっていた加点方式で問題を出すことだ。やはり書いて減点されると初めからわかっていると書きたくなくなる。誰でもミスすることは嬉しいことではないし、さらに点数が引かれるとなるとダメージが２倍あるいはそれ以上になる。それが加点方式ならば点数が減ることは一切なく、ダメージが少なくすむばかりか、一度挑戦してみたことで「次書く時は絶対に点を取ってやる」と生徒をやる気にさせると考えられる。人はミスをした方が記憶に残りやすいと聞いたことがある。恥ずかしい、あるいは悔しいという感情があるからその感情とともに記憶に残るそうだ。このような気持ちはミスをして初めて出てくる感情で、学習する際に重要な感情だと思う。その環境を北原メソッドでは提供できているが、授業から試験まですべてが生徒のために意図されているこのメソッドでは当たり前なのかもしれない。「生徒のため」というのは本来すべての教師が考えていなければならないことで、この環境を提供できていなければならない。しかし現実はそうではない。私の中でもそれが当たり前になってしまっていた。少しの違いで生徒をやる気にさせる、簡単なようで難しいことではあるがその視点の変換にいつもながら驚かされ、北原メソッドから学ぶことは本当に多いと感じる。

### 総合人間科学部教育学科

　今回は、学校におけるライティング指導について学んだ。正直なことを言うと、私はこれまでの学校生活で、ライティングに重点を置いた指導を受けた経験がなかったため、具体的にどのような指導が求められているのか理解しないままでいた。近年では英検をはじめとする外部検定試験や学校入試等にも導入されており、その重要性は

第4章

さまざまな場面で感じていたが、実際に指導をしようと考えると意外にも難しいと感じる場面が多かった。これまでの講義で、一貫して北原メソッドの「生徒を第一に考えた指導」の重要性と有用性については学んできたが、今回の講義でもこれを軸に、これまで私が受けてこなかったような授業が行われていることがわかった。

　まず、板書の際の生徒の目線に関する指摘は衝撃的であった。いくら小学校で英語を学んできたとは言え、英語を使用した本格的な「書く」という作業に慣れていない生徒たちにとって、縦と横の視点移動が負担になっていることは間違いないだろう。私自身の中学1年生の頃の英語のノートを見返してみたところ、スペルミスや何度も消しゴムで消した跡が残っており、後から見直して復習するため、というよりは、とにかく板書を写す作業だけに精一杯になっていたことがわかる。また、発音しながらノートを書くという指示は私が中学生の時にもあったと記憶しているが、正直視線の移動だけで精一杯なのにこれに発音もしなくてはいけないのか、という気分だったことを思い出した。この北原先生の指摘から、授業＝板書という固定概念が崩れ、本当の「生徒を第一に考えた指導」について考えるきっかけができたと感じた。

　次にモデルをまねて書く、ということを手順に入れていることにも驚いた。同時に人の文をまねして書いてはいけない、という考えに私自身が縛られていたということを自覚した。学ぶということはまねるということだ、というように先人の知恵をまねし、取り入れ、そこから新たに自分のアイディアを創造していくことが学習の基本である、という話があるが、この「まねる」という作業が私の中からすっかり抜け落ちてしまっていた。このお手本が単に辞書や教科書だけでなく、同じクラスの友人でもあるということが北原メソッドの特徴だろう。またテキストの中に英語が苦手な子も書きやすい、といったことが記述してあったことにも驚いた。補講といったことを最初から前提にするのではなく、できない子が自信をなくし、更に学習のモチベーションが下がることを事前に防ぐことに対して意識が向いていなかったため、是非参考にしたいと感じた。今回の講義以外にも、身近な目標、またはライバルを見つけることが生徒たちのモチベーションに大きく関わっていることはすでに学んでいたが、今回は書いた文に対してお互いに評価をつけ合うという方式をとっていた。自らの目標を発見すること以上に、自分が他人からも「見られている」意識というのは何よりも学習の質を上げるものだろう。印象的だったのは、テキストに記載してあった生徒からのメッセージである。これはライティングノートに関するものであったが、彼女はライバルがいたことによって学習を続けたい！ という気持ちを、教師にわざわざ伝えるまでに大きくしていたのである。お互いに書いた作品を見ることによって、他の生徒がどのような表現を使い、何について記述しているのか、といったことを知れると同時に、普段とは異なったクラスメイトの一面を発見し、尊敬できるきっかけになるか

もしれない。ライティングの能力を伸ばすことに加えて、人間性においても成長が見込めることがわかった。

　最後に試験における、点取り放題の形式、解説の配布、心がこもった感想文を書かせるということも「生徒を第一に考えた指導」の象徴であると感じた。私自身の経験を振り返ると、ライティングを求められる場面と言えば冒頭で挙げた試験のみであった。そこには私自身の考えは求められておらず、質問に対する理想的な答えをただ並べていくだけであった。また、文章を書いても減点方式で採点をされるため、文章の内容よりも文法的な間違いを探すあまり、本当に書きたい文章であったとは到底言えないようなものばかりができ上がっていったことを覚えている。そして解答用紙が返却される時も、なぜこの記述が間違いなのか、ということよりも点数がどうだったかということについて友人と騒いでいた記憶がある。ライティングは生徒自身の個性を発揮しやすい活動の一つであるにもかかわらず、試験のための対策が多く取られている。そのため毎回書く内容もパターン化されていきやすいため、最も生徒の楽しさを重要視するにもかかわらず、その点がおざなりになりやすいところでもあるだろう。これを解決する有効な指導として、点取り放題の形式、解説の配布、心がこもった感想文を書かせる指導があると感じた。それぞれ、生徒のモチベーションの最大化、問題解決能力の獲得、ライティング指導における個性の表現を可能としているだろう。特に解説の配布は教師の負担こそ大きいものの、間違いや問題に対して、その理由を知り解決のための行動を考える姿勢を生徒が身につけることが大いに望める。学校生活を送る中で、何度も壁にぶつかることはあるだろうが、このように間違いの理由を言語化された形で知ることでより冷静かつ正確に分析を行うことが可能であろう。最も身近な定期試験でこの活動を行うことによって、ライティング以外にも、生きていく上で重要な能力の獲得が望めるのは、北原メソッドの重要なポイントであると感じた。

## 文学部ドイツ文学科

　「日本人中学生の苦手な英語の技能は何か」という問いに対し、北原延晃先生はリーディングであると述べている。一方で、英語を不得意とする生徒の多くは、ライティングと答えている。しかし、生徒が英語の作文を書く時に感じる苦労や困難は、指導方法を工夫することで変わるのではないかと考える。北原メソッドにおけるライティング指導はまさに、生徒がなぜライティングで苦労するのかを理解し、オリジナルの文章が書けるように指導方法が工夫されている授業法だ。

　北原メソッドで生徒が英語で書けるように工夫されているものとして、最初はテーマが挙げられる。私が中学の頃、自分に関するものなどの日常的なテーマだけでなく、「生徒は制服を着るべきか」あるいは「死刑は廃止すべきか」等の生徒に考えさせる

社会的なテーマが多かった。この問いに対し、1時間以内に500文字書くことが、中学3年の英語の学期末試験の一つだった。その1時間以内の間にどちらに賛成かを考え、理由も考えて書かなければならなかった。この試験は、英語の文法や構成を見られたが、私は内容をしっかりと書けているかばかりを考えていた。一方で、北原メソッドで使用する Sunshine の教科書に載っている英作文のテーマの多くは、身の回り等の生徒自身の経験に沿って書けるようなものだ。そして日常的なテーマではなくても、社会的なテーマでもしっかりと工夫されている。「英語授業の『幹』をつくる本（下巻）」で、生徒に素晴らしい英文を書かせるには、「生徒が書きたいと思うような素材を使う」と述べている。具体的には、感動的な映画や音楽を見せたり聞かせたりして生徒の魂を揺すぶるものが良いと述べている。例えば、「アンネ・フランクの日記」や「広島原爆の出来事」等のテーマは、歴史の勉強にもなり、感情を揺すぶるもので、感想が書きやすいものだ。生徒自身の経験に沿ったテーマや感情を揺すぶる社会的なテーマを使うことで、生徒が書きやすいようにしているのである。

　ライティングの実際の指導方法に関しても、オリジナルの文章が書けるように1年の頃から段階を踏んで活動をしている。ライティングが最も学習に取り組むことを敬遠する活動だと考える。私も、最初に序論、本論そして結論という順に、読む人が読みやすいように書くことしか学んだ覚えがない。しかし、実際にはどのような文章を書き始めればよいのかがわからなかったことから、ライティングの試験の時はとても大変な思いをしたのを覚えている。そして、教材に書かれている文をそのまま使って書いてはいけないと言われていた。もし、教材に書かれているものをすべて覚えて、丸写ししていると判断された場合、点数を減点された。確かに、自身で考えて書いていないことから試験において丸写しはいけない。しかし、英語の文章を書くことに慣れていない生徒にとって、いきなりオリジナルの文章を書くのは難しい。一方で、北原メソッドでは、オリジナルの文章を書かせるようにするために、段階を踏んで、指導している。例えば、文章を書かせる前に、最初は文章を丸写しさせ、次は先生が言ったことを書き取らせ、最後に文のモデルをまねて書かせる等の活動を積み重ねている。他にも、先輩の感想文の山から使える感情表現をたくさんメモさせている。そして北原メソッドでは、口で言えるようになった英語は文字で書き取るというライティングノートを使っている。ライティングノートを使わせることで、英語の文章を書く自信がつき、結果が見えることから達成感を感じるため、より英語の勉強に意欲的に臨むようになる。このように段階を踏ませていることから、生徒はオリジナルの文章が書けるようになるのだ。

　「優秀リアクションペーパー」を書いた＊＊＊＊さんは、ライティングは他の技能とは異なりはっきりと正解・不正解がなく、各々の個性が十分に発揮される技能だと

述べている。だからこそ生徒一人ひとりが頑張るようになるという＊＊さんの主張に賛同する。その頑張りを持続的に継続させるために、ライティング指導で、テーマを工夫し、オリジナルの文章を書けるように段階を踏みながら練習させる必要があると改めて感じた。

## 文学部英文学科

　今回の授業では、私の中でWriting指導の概念が大きく変化しました。今までは、Writingはひたすら書くことで伸びるものだと勘違いをしていました。しかし、今回の授業で、いきなり書くということは難しく、非効果的な学習方法であると気づかされました。北原メソッドでは、Speaking/Listening/ReadingをしてからWritingを行うという自然な流れを大切にしていることを学びました。塾のアルバイト先で、小学5年生の生徒に英検準2級のWriting指導をしておりますが、彼女はまだ小学生ということもあり、準2級レベルの単語を多く知らない、発音ができない、具体例を英語で書くことが難しい等、課題があります。Writingにおいて具体例がうまく英語で表現できないことに対する指導に悩んでおりましたが、まずは、同レベルのSpeaking/Listening/Readingができるようにし、Writingの土台作りをする必要があると学びました。指導面で印象的だったことは、お手本や友人の書いたものから新しい表現をどんどん吸収するスタイルです。1年生では、いきなり書くことは難しいため、教科書の例を見て、自分がまねしたいと思う箇所に下線を引き、まねして書くという作業はとても有効的であると感じました。例えば、He is my hero. に下線を引いたならば、hero＝influencer/inspirationというように類義語も伝え、生徒の語彙のバリエーションを増やしてあげるという点が印象的でした。また、北原メソッドでは、もちろん先生から学ぶことも多いですが、仲間から学ぶという視点が大切にされていると感じました。例えば、早く書き終えた生徒は教室を巡回し仲間のWritingを読み、まねしたいと思うものにはニコちゃんマークをつけてあげることや、前年度のWritingを見せ、良い表現を吸収するように促す点が印象的でした。そして、同じ話題を選んだ人同士を集め、小さなグループをつくり、互いにさまざまなアイディアを共有できるような工夫を施すことの重要さも学びました。このグループでまずはプレゼンを行い、次にクラスで行うという流れは、生徒の不安解消にもつながり、学習意欲の維持にもつながると考えました。このように、教師はscaffoldingを常に意識して授業をすることが大切であると学びました。そして、英作文は「英借文」であるという考え方が印象的であり、また、英作文は日本語から英語に訳すことではなく、頭の中にある知識＋想像力を駆使して英語を書くことであると改めて学びました。私を含め、この考え方は誰かに言われないとなかなか気づけないと感じます。よって、教師が生徒にこのよ

うに英作文とは何なのか、明確に目的を伝える必要があると考えます。そして、中間、期末テストにおける Writing がとても新鮮でした。なぜなら、私が今まで経験してきたのは、絵を見て作文を書くというテストではなく、英検のように質問文だけ与えられてそれに答えるというテストスタイルだったからです。正直、それを日常生活で応用できるかどうかは難しいところでした。北原メソッドでは、絵を用いることで、実際の日常生活にも使える表現が復習でき、特に想像力を鍛えることができると体感しました。また、教師は「1、文法　2、語法　3、文化　4、discourse」の4つの視点から採点をする必要があると学び、table → counter の例より、Writing で文化が学べるとは驚きました。このような目的が明確で内容が充実した指導を行うことで、生徒自身も英語を使える楽しさを感じ、実際に学校の外で使ってみたい、と学習意欲を高めることが可能であると授業を体験して感じました。ライティングノートの導入で、自分が言えるようになった英語をどんどん記入していくことで、生徒の日常生活と英語をより近い存在にすることができると考えます。

### 北原の返信

「指導面で印象的だったことは、お手本や友人の書いたものから新しい表現をどんどん吸収するスタイルです。1年生では、いきなり書くことは難しいため、教科書の例を見て、自分がまねしたいと思う箇所に下線を引き、まねして書くという作業はとても有効的であると感じました。」

授業でも言ったけど、英作文は英借文です。モデルをパクってなんぼです。

「また、北原メソッドでは、もちろん先生から学ぶことも多いですが、仲間から学ぶという視点が大切にされていると感じました。例えば、早く書き終えた生徒は教室を巡回し仲間の Writing を読み、まねしたいと思うものにはニコちゃんマークをつけてあげることや、前年度の Writing を見せ、良い表現を吸収するように促す点が印象的でした。」

これってクラスがあたたかくないとできないんですよ。北原メソッドではクラスが居心地良くなりますから、これが可能になるんです。ギスギスしたクラスでは「こんなこと書いてみんなは何と言ってくるだろう？」のような恐れを持った生徒がいたらできません。

「このように、教師は scaffolding を常に意識して授業をすることが大切であると学びました。」

そうね。誰でもできるようになるような足場掛けが大事ですね。

「英作文は日本語から英語に訳すことではなく、頭の中にある知識＋想像力を駆使して英語を書くことであると改めて学びました。私を含め、この考え方は誰かに言われないとなかなか気づけないと感じます。」

これってネイティブの子どもの発想と同じですよね。外国語学習でもネイティブの発想は大事です。

「北原メソッドでは、絵を用いることで、実際の日常生活にも使える表現が復習でき、特に想像力を鍛えることができると体感しました。」

びっくりしたでしょう？

「ライティングノートの導入で、自分が言えるようになった英語をどんどん記入していくことで、生徒の日常生活と英語をより近い存在にすることができると考えます。」

いい視点です。

## 文学部英文学科

本日の授業では、北原メソッドによる「ライティング指導」が教授された。まず、その特徴は、ライティング指導は「言えること（音声）を文字化する」という一点に集約されることにある。Speaking の脳（身体）への落とし込み作業だと北原先生はおっしゃった。比較対象として、私のこれまでの学習経験を振り返ってみたいが、そのほとんどはいわゆる「和文英訳」であったように思われる。それも、何やら機械的な無機質な日本語が提示されるので、まずは日本語を噛み砕く作業から行い、それを英作文していた。日本人が自分の言葉で英語を話せないのは、もちろん指導が足りなかったということもあるが、あまりにも機械的な和文英訳を与えられていたことにもあるのではないかと、ふと思った。

話を北原メソッドに戻そう。何度も言うようであるが、北原メソッドは生徒の目線に立てた、生徒に温かく、かつ意味のある指導法である。もちろん、ライティングにおいてもその姿勢は一貫している。先ほど、「言えることを書けるようになる」と端的にまとめたが、細かいステップを順に追っていきたいと思う。まずは、「コピー」から始まる。すなわち、インプットである。インプットがなければ、アウトプットもあるわけはないというのは当たり前であるが、インプットを無視したライティング指導も少なくはない。北原メソッドでは、何かモデルを提示され、そこから自分が吸収したいと思う表現を取り入れていく。生徒への負荷が少ない上に、インプットの質も高い。そして、生徒たちは積み重ねた欠片を集めて、各々で想像力豊かにジグソーパズルを完成させていくのである。このパズルのピースを集めさせるという段階は至って重要なのである。補足にはなるが、北原メソッドは更に生徒に優しいポイントを持つ。それは、「コピーは、黒板からではなく教科書から」という考えである。これは、縦方向よりも横方向の方が目への負担が少なく、正しく写しやすいというメリットがある。脱帽である。scaffolding である。

そして、この土台をある程度固めつつ、「ライティングノート」を進行させる。個

人的にライティング能力はリーディングやリスニングに比べると劣っていることが多かった。その理由として大きいのは、圧倒的に訓練の差であると感じる。シンプルに、書いていなかったのである。北原メソッドでは、圧倒的に書く量が担保されている。それも校長室の廊下に張り出すという工夫を凝らし、ゲーム性を高めているし、何よりやったという事実がそこに表れるため生徒も達成感を覚えるだろう。

　総括すると、北原先生はライティングにおいては、英語力よりもむしろ「想像力」を養うことを目的としているとおっしゃった。まさにそれを体現したのが、北原メソッドである。0から1をつくり出すのは相当しんどいが、1を10や100に変えられる可能性は随分と広がる。きっかけ（インプット）を適度に与え、個性の土台を固めて、そこから一気に個性が解放され、そこに命が宿った英作文を北原チルドレンは書いていくのだと思うと、将来が楽しみである。早く教壇に立ちたいと思わされた。

## 北原の返信

　「その特徴は、ライティング指導は『言えること（音声）を文字化する』という一点に集約されることにある。Speakingの脳（身体）への落とし込み作業だと北原先生はおっしゃった。」

　後者のことを言う大学の先生はいますが、前者を強調する人はあまりいません。

　「日本人が自分の言葉で英語を話せないのは、もちろん指導が足りなかったということもあるが、あまりにも機械的な和文英訳を与えられていたことにもあるのではないかと、ふと思った。」

　私が高校の頃には「オーラル・コンポジション」と言っていました。それはスピーキングじゃないよね。大学に入ってESSの仲間たちと英語で話す時に「口頭作文」では全く太刀打ちできなかった。頭の中で作文し終わったら次の話題に話が飛んでいたことがしばしばだった。

　「縦方向よりも横方向の方が目への負担が少なく、正しく写しやすいというメリットがある。」

　これは特別支援教育から学びました。これからも特別支援教育から学ぶべきことはたくさんあると思います。それがそういった生徒たちや境界児の生徒目線となります。

　「個人的にライティング能力はリーディングやリスニングに比べると劣っていることが多かった。その理由として大きいのは、圧倒的に訓練の差であると感じる。シンプルに、書いていなかったのである。」

　いいところに気がつきましたね。

　「早く教壇に立ちたいと思わされた。」

　これが一番の授業評価です。

　本日の授業では、主にライティングについて学びました。この中で、一番印象に残った点として、教科書のアクティビティに従って生徒にライティングをさせる際に、いきなり「さあ、書いてみよう！」とするのではなく、前のページのサンプルライティングの中にある使えそうな所に線を引かせるという部分が挙げられます。こうすることで徐々に生徒の理解を促し、足場掛け、いわゆる scaffolding になります。自分自身、教科書で学んだ表現を使い、Writing をするアクティビティをする際、急に「はい、書いてみましょう」と言われ、少し戸惑ってしまったり、急に「書け！」と突き放されても「いきなり一人では難しいな……」と感じたことがあったり、困ってしまった経験が多々あります。しかし、先生のやり方では、教科書の使えそうな所に線を引かせ、そこは確実に使えるということが生徒の中でも保証されているため、英語が苦手な子にとっても、anxiety level が確実に下がるし、得意な子は、また新たに教科書の表現を自分の頭の中にインプットすることができ、次回からはそれを自分の言葉として使えるようになります。メリットしかないと感じました。これらを踏まえて考えてみても、先生が授業内でおっしゃっていた「英作文は英借文」というのがまさにその通りであって、これらのおかげで生徒の「できる！」が増えていくのだと感じました。

　タイムリーな話なのですが、今、他の授業で模擬授業をしていて、その中で他の学生が作成した学習指導案をたくさん見るのですが、「本時のねらい」の部分によく「生徒の〜の理解の足場掛けをする」と書かれています。私は、その模擬授業を聞いていて「足場掛けって具体的にどこの部分がどのように足場掛けになっているのだろう」と少し疑問を抱いていました。しかし、本日の授業を聞いて、上に書いたような北原先生のやり方こそ本当の意味での「足場掛け」になっているのだと強く感じました。先生がいくら言葉で「足場掛けするんだ！」と言っても、実際に足場掛けになっているかどうかは、生徒次第、また、生徒が実際に「段々と・少しずつ」できるようになっているかどうかです。「言うは易く行うは難し」であって、実際に実行できているかを見る必要があると痛感しました。

　ライティングノートも画期的な存在だと思いました。またこの中でも、「ディクテーションをやり、間違えた部分があったら、必然的に、その文章をひたすらライティングノートに書き練習する」という一連の流れは、メリットの２乗だと感じました。もうその文章を間違えることは絶対にないです。自分が中学生の頃は、そもそもWriting をする機会自体少なく、「書くこと」をあまりしてこなかったため、当然得意にはなれません。同じ中学生として、このライティングノートに2800文書いている生徒に敵うはずもないし、同じ土俵にも立てないレベルでした（当然です）。毎回思うこととして、せっかく同じ中学生として同じ「３年間」英語の授業を学んでいるのに、

中学卒業時の英語のレベル（もっと言えば、各学期終了時の英語のレベル）が私たちと、北原先生に教わった生徒とでは、天と地の差がついてしまいます。その上、私たちの英語の授業は「つまらないから英語好きじゃない」という気持ちになるのに対して、北原先生の授業を受けてきた生徒たちには「英語の授業楽しい！ もっと学びたい」という気持ちが、もれなくついてきます。誰だって楽しい上に力がついていく授業を受けたいし、そんな授業をしたいです。北原メソッドは、英語が苦手な子も、得意な子も、もっと言えば勉強自体が苦手な子も、得意な子も、例外なく楽しいし力がつくところが強みであり、全国の中学校でこのやり方をすれば、日本における「英語」というものの存在が変わるのではないかと感じました。（日本の学生は世界の他の国の学生に比べると、英語の学力が低いとか言われているけど、北原メソッドを日本中で取り入れたら、この事実は変わると思います。）

### 北原の返信

「scaffolding」

この用語はこれからの英語教育を語るにあたって欠かせない言葉になるでしょう。学齢が低い生徒ほどそれを必要としています。やはり「生徒目線」は大事です。

「ライティングノートも画期的な存在だと思いました。」

これまで生徒が進んで書くようなタスクがなかったのです。そういう意味では画期的です。

「同じ中学生として、このライティングノートに2800文書いている生徒に敵うはずもないし、同じ土俵にも立てないレベルでした（当然です）。」

赤坂中の英語が種々のテストでライティングが一番得点力が高いのはライティングノートのおかげです。逆に言うと他の学校では「生徒の好きな方法で」ライティングをやらなさすぎるのです。

「私たちと、北原先生に教わった生徒とでは、天と地の差がついてしまいます。その上、私たちの英語の授業は『つまらないから英語好きじゃない』という気持ちになるのに対して、北原先生の授業を受けてきた生徒たちには『英語の授業楽しい！ もっと学びたい』という気持ちが、もれなくついてきます。誰だって楽しい上に力がついていく授業を受けたいし、そんな授業をしたいです。北原メソッドは、英語が苦手な子も、得意な子も、もっと言えば勉強自体が苦手な子も、得意な子も、例外なく楽しいし力がつくところが強みであり、全国の中学校でこのやり方をすれば、日本における『英語』というものの存在が変わるのではないかと感じました。（日本の学生は世界の他の国の学生に比べると、英語の学力が低いとか言われているけど、北原メソッドを日本中で取り入れたら、この事実は変わると思います。）」

よく言ってくれました。その通りです。他国に英語力で追いつくためには北原メソッ

118

ドしかありません。ぜひあなたもやってください。

## 文学部英文学科

　今日は、ライティングの指導法について学習した。Sunshine の教科書は、自己紹介や食べ物、夏の思い出や好きな歌手や本、地域の話題など、とてもオーセンティックな内容で、飽きることがないさまざまなトピックの豊富さが、生徒のやる気を起こさせるものであると感じた。また、今日の一番衝撃的だったことは、ライティング活動がリスニングやリーディングなど、他の技能と結びついて学習されていた点である。私の中学校のライティング活動と言うと、ライティングはライティングだけで独立しており、単元の終わりにちょこっとやる程度だったので、英検を受ける時に苦労しながら自分で勉強していたのをよく覚えている。しかし、北原メソッドでは、「耳から聞いたものを書く」や、「読んだものについて書く」などの統合した活動が授業中にふんだんに用意されており、他の技能と同時に学ぶことができるため、音と文字がバラバラになることなく結びついて、記憶の深い定着につながる、まさに統合的な学習と言えると思った。言えるもの、聞けるものが存在する状態から書くというプロセスに移行することで、その言えるもの、聞けるものが一切無駄になることがなく、むしろ生かされて、総合的な英語力を向上することのできるすごい方法であると思った。私は中学校の時に教科書の本文をまだ何も理解していない状態でそのまま写したり、単語を何回も書いてみたりとしていたが、いかに効率の悪い勉強法だったかを今回思い知らされた。

　また、3年生の1学期のピクチャー・ディスクライビングの中間テストの問題を見て、お寿司屋さんの様子や絵に合うセリフを書かせるという想像力無限大なテストの作りがとても面白いと思った。ライティングのテストは、作成から採点までどうやってやればよいのだろうと疑問に思っていたが、北原先生のテストは受けている側も解いていて楽しいテストであると思った。また、ライティングは決まった答えがなく想像力を無限大に働かせることのできる活動だからこそ、生徒一人ひとり個性のある解答が予想されるが、教師はそれら一つひとつの解答にしっかりと向き合わなければならないとも感じた。それが集約されたものがまさに「集計結果」だが、時制や人称の間違いなど、全体的にどのようなミスが多いのかを分析することで、定着しづらい事項がはっきりとしてくるので、次の指導の橋渡しのような役割を果たすものとなる大切なものだと思った。

## 北原の返信

　「ライティング活動がリスニングやリーディングなど、他の技能と結びついて学習されていた点である。」

近年、「技能統合」の必要性が叫ばれています。

「音と文字がバラバラになることなく結びついて、記憶の深い定着につながる、まさに統合的な学習と言えると思った。」

この表現いいね。

「私は中学校の時に教科書の本文をまだ何も理解していない状態でそのまま写したり、単語を何回も書いてみたりとしていたが、いかに効率の悪い勉強法だったかを今回思い知らされた。」

それを私は「悪のノート」と呼びます。無駄の極地です。私の目標はこの悪のノートと単語テストを英語教育界から追放することです。

「北原先生のテストは受けている側も解いていて楽しいテストであると思った。」

採点していても楽しいよ。

## 文学部英文学科

今回の授業では、ライティング指導について、ライティング活動を親しみの持てる活動にするために、また、一つのテストなどのその場限りのものとならないように、個人作業のものとならないように教師がどのように工夫して指導を行うことができるかについて学ぶことができたように思う。また、今回の授業では私がじゃれマガを担当した。

まずじゃれマガについて振り返りたい。北原先生も指摘してくださったが「声の小ささ」についてまず反省した。前に立っても声を出せるようにボイトレなどしたい。教室の生徒の声に簡単に負けてしまうというのも考えればすぐわかるものであったはずであるし、これから意識していきたい。声を大きくすると英語らしくなる、とおっしゃっていたことについてはとても興味深く感じ、その点も意識して発音の練習をしていき自信をつけられればと思った。私は今回のじゃれマガのプリントを作成する際に下線を引き、取り扱う単語や熟語について、3年生教科書の巻末にあるページに記載されている学年を参考にしたのだが、先生の指摘してくださった取り上げるべき単語や熟語の説明方法などから、単語や熟語に関して生徒の習う時期に限らず、ちょっと考えればみんな把握できるもの、苦手とされがちであるもの、があることが理解できた。それらに関しては教師としての経験や環境に身を置くことでわかるものも多いと思うのだが、教える生徒に応じて、傾向などデータをとって柔軟に教えられるようになりたいと感じた。今回の経験をもとに発声、教えるべきコロケーションなどを把握したいと気づくことができたため、これからの学び、直近でいえばマイクロ・ティーチングの機会に活かしたいと思う。

ここからはライティング指導について感じたことを書きたい。冒頭にも書いたよう

に今回のライティング指導の学習から、私はライティング指導を「親しみの持てる活動」「その場限りのものとならないように学習につながりを持たせられる活動」「個人作業にならないように工夫できる活動」にできる、というように大きく分けて3点に魅力を感じることができた。

　まず「親しみの持てる活動」にできる点について、scaffolding足場掛け、の工夫について挙げられると感じた。例えば教科書のライティングタスクの構成が配慮されていることについて、いきなり完成形を書かせるのではなくモデルとなるスピーチの要点をつかませることで、書くべき内容を把握させられるようになっていた。また先生は、使いたい表現にアンダーラインを引いてもらったり、他の表現を挙げて生徒それぞれのライティングにバリエーションを持たせられるようにしたりできることを紹介していた。発表の際にも本番をする前にまずは小さいグループで練習し自信をつけてもらうことができるとわかった。特に先生が紹介されていたような足場掛けについては私はこれまで中高で経験せず、ライティングをとっつきにくい苦手なものと感じていたように思う。足場掛けを要所要所で行い、生徒たちにどんどんチャレンジしてもらえるようなタスクを実施してみたい。また、ライティングノートについても親しみの持てる活動として魅力的であると感じた。私は中高生の頃、何らかの文章を書く量よりも新出単語を覚えるために書く量の方が圧倒的に多かった。そのため単語の綴りはまずまず身につき、外国の方にスペリングを褒められたりしたこともあった（その時は嬉しかった）のだが、単語ばかり練習していてもつまらないし、何より単語が集まり文として意味を成すことで初めて使えるようになるのであって、文章を自信を持ってつくり出せないことを煩わしく、悲しく感じさせてしまうことは英語を教える立場になるなら避けたい。ライティングノートで、話したり聞いたりするようになった教科書本文などの文章を文字に落とし込むことでスペルや文法、オリジナルで書ける表現の分量が増えることを実感させられることはライティングに積極的になれることに直結するように思う。そして、幹本下巻 p.92からの「キャラクター紹介」の箇所で、教科書の登場人物についての情報を一覧にした教材を配布しライティングノートの補助教材とするといったものも面白そうだと感じた。私の中学生の頃使っていた教科書の登場人物もそれぞれ違う国籍、趣味などを持ち、章を追っていくごとにストーリーや人物間の関係性が変化していて当時教わった先生と展開に注目していたのを覚えている。心理的に近い存在のもの、よく知っているものをライティングに活用できるとライティング自体も近い存在のものになりやすいだろうと思う。

　次に「学習につながりを持たせられる活動」ということについて。定期テストの集計結果を公開したり、スピーキングで問うた内容をテストで次はライティングさせる、というように、学習やテストの準備や対策などを1回きりのためのものとしていない

点が今回の授業で印象的であった。中高生の頃、テストが返却されて見直し、解き直しをすることをあまりせず、テストを受けっぱなしになることが多かった。中学では間違えた箇所を解き直す用のプリントが配られて取り組んだこともあったが、テストを受けた生徒全体に共通する間違いや改善点などをまとめたものが配布されることはなかった。また、複数のテストを横断して似たような問題が出ることもなかった。次の機会、学びに活かせる情報を生徒に共有すること、振り返っていれば（次回の定期テストなど）後で自分のためになるという環境を用意すること、というような工夫ができることを素晴らしいと感じた。ライティングに限らず、なんとなくのミスの傾向を口頭で伝えられるよりも、データをまとめてわかりやすく文章に起こすことの方が、教師側は明確にミスされやすい点を意識して指導に活かすことができるし、生徒にも伝わりやすくその後のライティングノートなどの活動に活かしてミスをつぶしていくことにつなげてもらいやすいと思う。北原先生がデータを重要視し分析をされていることを改めて凄いと感じた。今回の授業内で学んだライティングの誤りの類型に関しても、文化、ディスコースなど減点のレベルは考慮しながら、誤りを適切に直し分析できるようになりたいと思った。

　最後に「個人作業にならないように工夫できる活動」について、先輩もリアクションペーパーで触れられていたように、教員の工夫次第でライティングが個人学習とならないように、また生徒の成長度を高められるようにできることを、特にライティングノート活動の例から感じることができた。ライティングノートでは、自分の努力した量が文の数で記録できるだけでなく、進度表でクラスメイトの頑張りと併せて可視化されることで、前回までに学んだ活動のように取り組みに対する頑張りを、クラスメイトの存在を意識できることでより持続させられるような仕組みがあるように思う。幹本下巻 p.76「ライティングノートがもたらしたもの」の生徒さんが書いた文章を読み、ライティングノートの活動がライバルのクラスメイトに負けないように頑張って取り組めるように工夫された素晴らしいタスクであることを感じた。この生徒さんが書かれた文章からは、私が要素の１つ目として挙げた「親しみの持てる活動」に関するようなライティングへの積極性も見て取ることができ、工夫次第でそれぞれの生徒のためになる授業を展開できることを今回の授業でも感じ、私もこの先頑張ってみたいと思った。

**北原の返信**

　声の大きさは現場に立てばある程度、改善します。３年前に声が小さい、と指導した学生は一昨日の勤務校の授業参観では十分な音量と発音に変わっていました。ただ、日頃からボイストレーニングをするといいでしょうね。

　「『学習につながりを持たせられる活動』ということについて。定期テストの集計結

果を公開したり、スピーキングで問うた内容をテストで次はライティングさせる、というように、学習やテストの準備や対策などを1回きりのためのものとしていない点が今回の授業で印象的であった。」

「授業とテストの一体化」が叫ばれています。具体的に言うとあなたが書いたことなのです。

「北原先生がデータを重要視し分析をされていることを改めて凄いと感じた。」

データ収集で無駄な授業の部分を避けることができます。

## 文学部英文学科

　今回の授業では、最初に1、2、3年生の教科書の Writing の部分に注目して、どのようなライティング活動があるかを見てみた。私が中学生の時はそもそも教科書を使っていなかったため、自分の時とは比較することはできないのだが、ユニットの最後に必ずライティングがあり、生徒たちにとって良い復習になるなと思った。また、1年生の時のライティングは短めで、比較的、定型文に沿っていたり、具体的なワードボックスがあったりしたが、3年生になるともっと生徒にオリジナリティを問うようなライティングが増え、どんどん力が試されるようなものになっていて、書きがいがあるように感じた。

　北原先生の教育方法として、「まずは聞く話す、言えてから書く」というようにおっしゃっていたと思うのですが、本当にその通りだと思った。実際に私もそのような教育を受けて、文法は完璧とは言えないけれど、英語は話せるし、どんな訛りも聞き取れるようになった。まずは話す聞くから始めて、「話せないものは書けない」という言葉を忘れないようにしようと思った。そのため、授業で積極的にディクテーションを行うのは効果的だと思う。私も第二外国語の授業で行ったのだが、思った以上にできなくていつも苦戦している。それは私に書くほどの実力がなく、存分に言語も理解していないからだと思う。北原先生のメソッドでは、ディクテーションを行って、生徒たちの答えは punctuation 含めて完璧でなくてはならないというものだった。幹本下巻の p.80 のノートを学期末に集めて成績に加算するとやる気につながるというのも効果的だなと思ったので行ってみようと思う。

　Picture Describing では生徒によって書く文はだいぶ変わってくると思うし、オリジナリティ溢れていて、解いている生徒も楽しいのではないかと感じた。よくある定型文で答えるテストよりも、自分で一から考えた文章を添削された方が、具体的にどこが間違っていたか理解しやすいと思った。文法や語法の間違いはもちろんだが、doll じゃなくて figure、table じゃなくて counter、などの文化の違いによる表現や、文章の順序などの discourse も指摘することでよりネイティブに近い英語を使えるよ

うになる、実践的な教育法であると感じた。しかし、これには生徒の解答を添削する教師にそれ相応の英語力が求められる。生徒をネイティブに近づけたいのならば、まずは自分の勉強も欠かさないようにしなければならないなと改めて実感した。


## For Further Reading
## ALTs' comments on Kitaken Sessions
## Topic: Teaching Writing

0. How much of the textbook should we use in lessons?

In comparison with past course books, the ones we use today are bulkier: they attempt to cover an ever-increasing amount of material in the same limited amount of time. What are teachers to do? Should they feel compelled to teach all the contents of a new textbook?

Professor Wakabayashi of the Tokyo University of Foreign Studies didn't seem to think so, and neither does Kitahara-sensei. And I heartily agree. Western educators often promote a selective use of the textbook, choosing those parts which will be of greatest relevance and use for particular classes. This may be an approach that Japanese teachers may want to consider adopting. A word of caution, though, concerning those students who go home to inform their astonished parents that Mr. So-and-so has decided to toss chapters such-and-such of their English book by the wayside! Teachers should be prepared to explain their rationale for
基本原則
selecting some parts of the textbook while discarding others.

1. What kinds of writing tasks are there in the latest textbooks (in this case, the "Sunshine" series)?

A short group discussion of this question led to many interesting observations. My own was that there are more tasks applicable to our modern digital age such as typing emails and creating website homepages. Kitahara-sensei wondered if students really do end up posting things on real webpages. Doing such things in real life gives all-important purpose to writing. Writing activities become more meaningful and authentic if students know someone else is going to read what they wrote. As one example, Kitahara-sensei assigned a diary-writing task to his second graders as summer homework, and after the holidays, he had them display and read each other's diaries. But to heighten students' motivation and sense of purpose even further, Kitahara-sensei gave them objectives like, "Find someone who (e.g., did some activity)."

Another observation, by Mr. Kitahara himself, is the coupling of writing with speaking in the "Speak & Write" tasks of the Sunshine books (also to be found, incidentally, in the New Crown series). This linking of both skills is significant. (One may be surprised at the link at first glance, but on further consideration, it makes sense: although the two skills can be distinguished as aural/oral on the one hand, visual on the other, respectively, they are similar in the fact that they are both productive skills.) But one should notice the sequence in particular: speaking before writing. Kitahara-sensei strongly advocates the theory that speaking (or the oral/aural skill) is a prerequisite to successful writing. He goes further in this theory by asserting that insufficient oral practice may account for some students' persistent writing errors and consequent lower exam scores.

2. How shall we teach writing?

   * Kitahara-sensei demonstrated his procedure for teaching the sections titled "Our Project" in all three books of the Sunshine series. The themes of these sections include:

1st grade: Self-introduction speech and "My favorite person"
2nd grade: "My best memory"
3rd grade: Introducing your town

   * The steps of the writing pre-tasks were typically as follows:
1. Students read the topic and instructions in Japanese.
2. The teacher reads the model text once and students listen (and take notes).
3. The teacher asks questions in Japanese to confirm comprehension.
4. Students read the text silently to themselves and stand up to show they have finished.
5. Students generate ideas for their own writing via pre-tasks like "Mind-mapping."

第4章

## 3. Other ways to teach writing

These include:

 * Dictation activities (good training for linking the oral/aural language to written language)

 * Copying models

 * Having the ALT read student writing and provide feedback (another excellent way to foster motivation!)

 * Picture describing

Kitahara-sensei uses this one on midterm and final term examinations. It is essentially a way of practicing spontaneous and creative writing. Midterm exams feature a more basic, restrictive task in which students write descriptions of a scene such as of a sushi restaurant. Kitahara-sensei had the Kitaken members read sentences written by actual students and correct the errors. We were then told to classify the "kinds" of errors we noticed. In the end, they were classified according to

1. Grammar
2. Usage
3. Culture
4. Discourse

A more creative writing exercise appears on the final exam. Students look at a series of picture panels and have to write appropriate sentences for the characters in each one. This invites critical and creative thinking. The Kitaken members all had a go at it (I was quite slow on the uptake, but Mr. K helped get me started) and then we all had the privilege of sharing our ideas with each other. Another purpose of this task is to see how much students have remedied their mistakes on the midterm exam.

In closing, there are some key points I wish to make about how Kitahara-sensei guides students through the process of writing:

 * He carefully scaffolds the process prior to actual writing. I may even quote from a chapter in a book by the famed writer and language teacher, David Nunan, and apply it to Kithara-sensei's students: "Prior to the writing class, the learners have taken part in [listening and reading] as

well as receiving instruction on a key grammar point. These provide the learners with key content, grammar, and vocabulary as well as a model of the kind of text that they are expected to produce. When it comes to producing their own text, the learners have been well-prepared to complete the task" (from "Teaching English to Speakers of Other Languages, 2015).

 * He supports "collaborative peer teaching and learning."

 * He helps students "build bridges": one between oral/aural skills and writing; another between "what students know" and what we as teachers "want them to learn."

We only have to look at the test results of Kitahara-sensei's students to get a sense of the undisputed success of his method. The numbers speak
意義のない
for themselves!


Once more, many thanks to you, Mr. Kitahara, for yet another informative session of Kitaken, and to all the fellow Kitaken members for your kindness and enthusiasm. Until next time,

# 第5章 評価① ～定期テストとパフォーマンステスト～

## 5-1 観点別評価

**①旧学習指導要領（～2021年3月）4観点**
- <u>コミュニケーションへの関心・意欲・態度</u>（下線部分は英語科に特有。他教科はすべてその教科への関心・意欲・態度）　＊（間違いを恐れずにコミュニケーションに取り組む姿勢）
- 表現の能力　＊（Speaking、Writing）
- 理解の能力　＊（Listening、Reading）
- 言語や文化の知識と理解　＊（語彙と文法）

**②新学習指導要領（2021年4月～）3観点**　＊全観点全教科共通
- 知識・技能
- 思考・判断・表現
- 主体的に学習に取り組む態度

＊旧学習指導要領は4技能だったが、新学習指導要領では4技能5領域となっている。（「話すこと」が「やり取り」と「発表」の2つに分かれた）
　＊<u>観点別評価をつけてから、評定をつける</u>ことになっている。

## 5-2 評価① ～定期テスト、パフォーマンステストの実際～

**1．テストの目的**
1. 英語力の進展を測定する
2. 学習を促進する
3. 教え方の反省材料を得る（教師サイド）
4. 今後の学習の指針を与える（生徒サイド）

**2．「英語授業の『幹』をつくる本（テスト編）」** 第3、4、5、7、8章
**①第3章　1年生の定期テスト** pp.25-70
1．「外国語理解の能力」の listening 問題（付属CD）
p.40　1年2学期中間テスト大問1

＊ここでは実際に問題を解いて北原の解説を聞くことによってテスト作成について学びます。学生は□の中に気づいた点を書き入れます。質問は随時受け付けます。以下は私のコメントです。

　リスニング問題です。その月に関係のある学校行事などを聞かせて月を当てさせる問題です。ユーモアのある英文で、楽しい聞き取り内容となっています。

## ２．「外国語理解の能力」の reading 問題

p.33　１年１学期期末テスト大問２

　小学校と中学校が大きく違う点として、定期テストがあるかないかが挙げられます。１年生の学級担任は定期テストに向けてどんな勉強をすればいいのかを指導する必要があります。学級活動の時間を使って期末テスト対策として、ペアで予想問題を考えさせました。生徒が予想した問題の一つを必ず５教科のテストで出題してくれるように、各教科担当の先生にお願いしました。生徒が頑張って予想問題をつくったことに報いる問題です。

p.41　１年２学期中間テスト大問３

　教科書本文そのまんまです。ところどころ抜けている語を書かせる問題です。文法の知識があれば解けますが、音読をしっかりしていれば何も考えなくても答えはわかります。音読を奨励するための問題です。テストは「英語力を測る」だけでなく、「勉強を促進させる」ためにもあるのです。

p.58　１年３学期期末テスト大問２

　この教科書ページは教師の指導はほとんどなく、生徒が学校の授業時間の中で自力で読んだだけなので、重箱の隅をつつく問題は出しません。このように「教師が教えないページ」も存在するのです。そのような場合はこの問題のように、文整序（並べ替え）でストーリーの内容理解ができて

いるかどうかを測る程度です。

## 3.「外国語表現の能力」の writing 問題
p.50　1年2学期期末テスト大問6

> 問題
> 「例にならって教科書の登場人物を英語で紹介しなさい。何人取り上げ
> ても、いくつ文を書いてもいいですが同じ文型の文は1つだけです。正
> しい文1つにつき2点あげます。」（無制限取り放題）
>
> （無制限取り放題）となっているのはたくさん書かせようという思いか
> らです。私のテストではこのような「無制限取り放題」の形式が多いです。
> 　1学期から picture cards を使って Q & A をやっていましたが、登場
> 人物については Tell me about ～. と問うて生徒に答えさせる活動を頻繁
> に行っていました。生徒は素早く答えることに慣れてきたので、この期末
> テストから出題してみました。この形式は2年生になっても使われました。
> ちなみに生徒が手元に持っているプリントの抜粋は以下です。（幹本上巻
> 第8章第3節「ピクチャーカードを使った Q & A」pp.186-190 参照）

p.60　1年3学期期末テスト大問5

> 問題
> 「教科書 Lesson 6-1の本文を書きなさい。正しい文1つにつき2点あげ
> ます。（つづりが難しい単語は下に書いてありますので使ってくださ
> い。）」
>
> 　1月29日で教科書が終わってしまったので、それ以降は Lesson 5に戻っ
> て「そのまんまスキット」と「教科書本文の暗写」を行いました。この問
> 題はその暗写がどれだけできているか、を測る問題です。語彙は、書ける
> べき語と意味がわかればよい語を区別して教えてきたので、書けなくても
> よい語（Ms Matsumoto, touches, door, deaf）は最初から与えてあります。

## 4. 「言語や文化の知識と理解」の問題

p.43　1年2学期中間テスト大問8

> 　左の疑問文（A群）に合う答えの文（B群）をマッチさせる問題です。北原メソッドの定期テストで最も象徴的なのがこの問題です。1年生の英語がマスターできているかどうかは、疑問文とその答え方をマスターしているか、にかかっていると思うからです。この形式の問題はほぼ全員の生徒ができるまで、2年生になっても繰り返し出題されます。ここでも教科書の音読を頑張った生徒が有利になるように、例文は教科書本文から取っています。

## ②第4章　2年生の定期テスト　pp.71-132

## 1. 「外国語理解の能力」の listening 問題（付属CD）

p.83　2年1学期期末テスト大問1

> 　試験範囲の新語の定義を聞いてその語を選ぶ問題です。この種類の問題はよく出題しました。Oxford Elementary Dictionary などの初級英英辞典を使うこともありますが、ALT に依頼するとすぐにつくってくれます。リーディング問題としても出題することがあります。日本語訳を書いて、それに相当する英単語を書かせるような問題は絶対に出題しません。単語を日本語訳と1対1対応で覚えてしまう弊害を避けるためです。

## 2. 「外国語理解の能力」の reading 問題

p.72　2年1学期中間テスト大問3

> 　理解の能力を測る問題で何を素材にするか。教科書本文を使った場合には、すでに授業で内容理解をしているので単なる記憶力を測るだけで、英語の読み取りを測ることはできません。かと言って未習語や未習文型を含む初見の英文を1年生や2年生1学期に使うことも適当ではありません。そこで考えたのが、教科書本文を書き換えた内容の文章を読ませ、理解度を測るという方法です。教科書本文が会話体なら narrative に、教科書本文がモノローグなら会話体に書き換えて問題をつくります。こうすれば生

第5章

徒の負担が少ないのです。この問題は narrative の文章を読んで会話体の教科書本文を復活させるというものです。ふだん音読をたくさんして教科書を暗記してしまっている生徒には、ごく簡単な問題です。テストは「英語力を測る」という目的の他に、「勉強を促進する」という役割があります。このタイプの問題は後者であり、音読を奨励する形になっています。

p.84　2年1学期期末テスト大問3

> 試験範囲の新語の定義を読んで、その語を選ぶ問題です。1番のリスニング問題のリーディング版です。語彙を、日本語訳を介さずにそのままイメージで覚えているかどうかを問うています。私自作の英文です。日本人教師が自作すると、生徒の未習語や未習文法の使用をなるべく避けることができる利点があります。

## 3.「外国語表現の能力」の writing 問題
p.100　2年2学期中間テスト大問4

> 問題
> 「次の語が本文から抜けています。もともとはどこにあったのか、その直前の語を書きなさい。」
>
> 次の5つの語、ア kind　イ going　ウ to　エ care　オ spend がもとあった位置を答えさせる問題です。ふだんから音読を一生懸命やっている生徒にとっては簡単なものです。この問題も「学習の促進」を狙っています。

## 4.「言語や文化の知識と理解」の問題
p.77　2年1学期中間テスト大問9

> 問題
> 「次に指示されたカテゴリーの語を書きなさい。正しく4つ書けたら2点をあげます。（2点×5＝10)」

1．meet のように ee を「イー」と発音する語
2．classroom のように oo を「ウー」と長く発音する語
など、授業中によく取り上げた5つの発音とつづり字（フォニックス）を
出題しました。授業中積極的な生徒は高得点が期待できます。

### ③第5章　3年生の定期テスト　pp.133-197
### 1．「外国語理解の能力」の listening 問題（付属 CD）
p.172　3年2学期期末テスト大問1

Animals, Fish, Sickness, Vehicles, Musical Instruments, Teachers, Sports, TV Programs, Famous People の9つのカテゴリーにそれぞれ3つの選択肢があり、英文を聞いて①どのカテゴリーなのかを判断し、②詳しい説明を聞いて3つの選択肢の中から正しいものを選ぶ問題です。関係代名詞を頭から聞いて理解できているかを問うています。例えば Animals のカテゴリーには次の3つの選択肢があります。

ア penguin　イ cat　ウ horse
"5．An animal that likes the countryside. And people like to ride on it."
という文が聞こえたら先行詞の animal を聞き取ってその欄の3つの選択肢を見ながら次の文をヒントにウ horse を選ぶという形式です。後置修飾の導入をする度に同じ形式のリスニング練習を行いました。

### 2．「外国語理解の能力」の reading 問題
p.146　3年1学期期末テスト大問2

広島平和記念資料館に行って佐々木禎子さんのことを調べて書いた英文です。試験範囲の文法項目である現在完了形を3カ所で使い、教科書本文の要素も入れて書きました。全く初見の文章では schema が活性化されず理解は困難になりますが、同じ題材を教科書で扱った後ではハードルがぐっと下がります。

問1　上の文章を読んで、佐々木禎子さんが生まれてから亡くなるまでの様子をその時代ごとに日本語で簡潔に書きなさい。
　　1．生まれた年
　　2．被爆した時の年齢
　　3．小学校時代
　　4．中学校時代
　問2　禎子さんが世界中の人々の心に残っているのはどうしてかを日本語で簡潔に書きなさい。

p.161　3年2学期中間テスト大問3

　Martin Luther King, Jr. の生涯を扱ったレッスン本文全部そのままです。3年生2学期なので本文の量は多く、暗唱は不可能です。問1は適語補充、問2では関係代名詞が必ず必要な箇所を探させました。問3は英問英答（short answer 許容）です。

## 3．「外国語表現の能力」の writing 問題
p.138　3年1学期中間テスト大問7

**表現の能力**（Picture Describing ピクチャー・ディスクライビング）

　7　別紙の絵を5文の英語で説明しなさい。難しい単語のつづり間違いは減点しません。正しい文1つにつき2点をあげます。6文以上書いてもいいです。
（解答用紙の行数いっぱいまで書いていいです）ただし同じ文型は2回以上使ってはいけません。（2点×5＝10）

　1、2年の時の picture cards を使用した Q & A に代わり、3年生になって Picture Describing を始めました。1、2年の時は教師の問いに答える形だったものが、3年生では自ら絵を説明するわけです。1学期は口頭で言わせて正しい文であれば書かせましたが、2学期からは Speaking はせずに1枚当たり1分間で、できるだけたくさんの文を書かせました。そして ALT が理解可能な文1つにつき2点を「表現の能力」に算入しました。

**表現の能力**（日本文化の説明）

5　次の日本文化を英語で説明しなさい。選んだ日本文化の名称を必ず解答用紙に書くこと。選べるのは最大3つまでです。何文書いてもいいですが、同じ文型はカウントしません。正しい文1つにつき2点をあげます。ただし上限は14点です。（2点×7＝14）

2学期のスピーキングテストは「日本文化紹介」でした。授業でやった14のアイテムと温泉、花見、神輿など、授業でやらなかったもの5つを加えてスピーキングテストを実施しました。キーワードを3つ以上使って文で説明しなければなりません。ここでは14のアイテムのうちから3つを選んで説明します。

上智大学の学生には最初の授業でそのテスト映像を見せました。中学校スピーキングのゴールであるその映像を見て何人かの学生が「間違いなく今の自分のスピーキング力より上」というリアクションペーパーを書いてきました。

第5章

**表現の能力**（言い換え）

6　次の対話の下線の部分を別の表現で言い換えなさい。いくつ選んでもかまいません。正しい文1つにつき2点をあげます。ただし1つの文につき言い換えは1つだけです。（2点×5＝10点 取り放題）

例えば① Why don't we watch a video Saturday afternoon? と同じ内容の英語に書き換えるわけです。実際の生徒の解答は以下のようになります。3年生になると、1つの言語機能を複数の言語形式で表すことができるようになります。以下は実際の答案用紙からです。

S1: I will watch a video Saturday afternoon. Shall we?

S2: Shall we watch a video on Saturday afternoon?

S3: Let's watch a video Saturday afternoon?

S4: How about watching a video Saturday afternoon (?)

p.190　3年3学期期末テスト

**表現の能力**（自由英作文）（50点）

　「北原先生への手紙」をテーマに3年間の思い出を織り交ぜながら作文を書きなさい。英文タイトルは自分で考えてつけること。すべての文に通し番号を振ること。（1行に何文書いてもかまいません。）用紙が足りない場合は裏に書くこと。辞書を使用してもよい。

評価項目は次の通りです。

①英文の量　20点

②英文の質　20点

③全体の流れ（順序は正しいか、話があちこちに飛んでないか、まとまりはあるか）10点

④先生を笑わせたり、泣かせたらプラス 10点！

　50分間英和・和英辞典を使って私に手紙を書く、という問題です。上智大学の学生には最初の授業でその作文を読ませ、彼らはその分量とレベルの高さに言葉を失っていました。

④**第7章　パフォーマンステスト**　pp.222-268

（1・2・3）年（1・2・3）学期

　＊第7章「パフォーマンステスト」の中から1つ選んで研究します。

⑤**第8章　音読テストとその他のテスト**　pp.269-279

（1・2・3）年（1・2・3）学期

　＊第8章「音読テストとその他のテスト」の中から1つ選んで研究します。

---------- 中高時代に習った英語授業 ——— 北原メソッド

反転文字 のリアクションペーパーは超優秀

総合人間科学部教育学科

　今回の講義では北原メソッドにおける定期テストに関する内容を取り扱い、さまざまな気づきや新たな考え方を知り、学ぶことができた。北原メソッドにおいてテストする意義と目的が、単に生徒の学習到達度を測定するためだけでのものではなく、生徒の学習を促進させるためであるという考え方は全く考えたこともなかったため非常に驚き、また説得力がある考え方だと強く感じた。私も含め中高生のほとんどは、テストで高得点を取り、テストが返却されて以降は勉強することに積極的にはなれないと思う。しかし、与えられる宿題や集中して授業に取り組むこと、時には生徒に予想問題を作成させ、それを実際に出題するようなテストを作成することで、生徒の学習意欲を掻き立てることが可能だし、日頃の授業中の取り組みや宿題により懸命に取り組む様子が期待できると思う。またテスト返却時に一緒に配られるテストの講評も非常に効果的な教材の一つだと感じた。講評は、主にテストの解説や出来具合について書かれてあるものというだけではなく、特定の問題について誰が良い出来だったのかということ、自分以外の生徒の素晴らしい解答と点数の伸びしろが多かった生徒の名前を記載しているため、生徒同士切磋琢磨するきっかけになるだけでなく、他の仲間の良い解答を新たに吸収できること、そして何より自信を持たせることができるものなので生徒の益々の学習意欲の向上を図るための教材の一つだと捉えることができた。教科書に記載されていた「手練手管を使って勉強させる」ために、解答用紙を張り出したエピソードは衝撃的だった。普通ではありえないようなことだが、できない生徒が何もせずにテストの点を取れずにずっと勉強しなくなることよりも、こうしたきっかけを与え「少しでも点数を取る」という成功経験をさせ、学習意欲を引き出すことの方が、落ちこぼれをつくり、無関心になってしまうことよりも大切なことだと考えた。つまり、教師は時には、場合によって生徒目線に立ち、生徒思いの行動をしてあげることを忘れてはならないということを感じた。

　北原メソッドにおけるテストの大きな特徴は、重要な問題であればしつこく出題し、理解を促すことに加え、授業中の取り組みや活動がテストに出題されることである。つまり、授業中に一生懸命に取り組み、多読などの与えられた課題をキッチリこなしていれば点数が取れるようにできていると感じた。よって生徒が学習に意欲的になり、北原メソッドに基づいた授業を通して英語力がさらに向上する好循環を生み出し、厚みを増すことができるのだと考えた。繰り返しにはなるが、テストのやり方次第では、

第5章

テストは教師が生徒の学力を把握するような一方的なものではなく教師・生徒の両者にとって学習を活性化するための良い機会となるのだと学んだ。

## 総合人間科学部教育学科

　今回、北原先生のテストを見せていただき、どのレベルの生徒も英語の勉強に対して一生懸命になれるテストの構成の仕方を学ぶことができました。まず、やってはいけないテストとして、単語テストが挙げられていたことに驚きました。中高６年間、毎回授業の最初に10個の単語テストがあったので、単語テストは英語の授業において当たり前に必要なものだと思っていたからです。しかし、単語帳を一人ひとり自分で覚えるのですが、思い返せば２週間かけても単語10個を覚えられないという子もいました。正直、私もその単語を覚えているのはその日限りで、授業で扱った単語は長期的に覚えていられるのに、どうしてだろうと疑問に思ったこともありました。クラスの中にはさまざまなレベルの生徒がいるからこそ、生徒の自主学習ばかりに頼ってひたすら日本語に訳させるのではなく、教師が授業の中で何度も単語を扱い、その単語の意味を根底から理解させることが重要だと感じました。北原先生の授業では、一言一句の日本語訳をさせず、意味を捉えるようになっていますが、これがテストにも大きくつながっていると思います。月を答えさせる問題（「テスト編」p.40）や試験範囲の新語の定義の問題（p.83）では、ただ、April が「４月」、cage が「かご」と答えられるだけでは、この問題には答えられませんし、問題文を一言一句訳していては解答が間に合いません。問題文の意味を素早く捉えられることに加え、新語を深く理解していて、やっと解答することができる問題になっているからこそ、本当の英語力が身につくようになっているのだと感じました。また、英語力の伸展の「測定」だけでなく、生徒の学習の「促進」としての問題が出されていることに驚きました。まず、生徒が考えた予想問題を出題すること（p.33）についてです。出題される問題を考えるということは、授業を振り返り、何を学んだのか、どこが重要だったのか、という点を分析していかなければなりません。つまり、自然と一通り復習しなければならないことになります。さらには、これを先生が問題として実際に出してくださることで、生徒は授業を真剣に復習し、さらに次のテストに向けて「どこがテストに出るのだろう」とワクワクしながら積極的に授業を受けることにもつながると思いました。北原メソッドでは、「逆転現象」が起こる場面がよくありますが、テストにおいてもそれが可能であると感じました。例えば、p.41やp.72の問題では、音読をすればするほど時間をかけずに解けて、必ず正解することができます。もちろん、暗記の問題ではないので、教科書を覚えていなくても解けるようになっていますが、音読を頑張った子が有利になるようになる問題がテストに含まれています。まさに、生徒の学習を「促進」

するものだと思いました。私も、中学生の頃は帰国子女や小さい頃から英語を習っている子には勝てないという思いがありましたが、教科書から出される定期テストだけは、頑張ったら勝てるという思いから、勉強に励んだことを覚えています。生徒に身についている英語スキルだけで評価するのではなく、頑張った分、努力の分も評価されることで、英語が苦手だと感じている子も自分も頑張れば得意な子よりも点数が取れるかもしれないと、より一層熱を入れることができるようになると感じました。音読だけでなく、ピクチャー・ディスクライビング（p.138）や後置修飾のリスニング問題（p.172）も、授業で何度も扱うものであり、それを授業中にきちんと取り組んでいれば、簡単に解けるようになっていました。授業で真面目に取り組んでいればテストが解けるようになっていた、テストに出るから積極的に授業を受けていた、などの良い循環を生むテストとなっていました。このように、北原メソッドにおいて、どのレベルの生徒も頑張ることができるようになっているのは、テストの構成の仕方も要因であると感じました。さらに、「北原先生への手紙」を読んで、私まで胸が熱くなり、鳥肌が立ちました。評定が２、英検取得級なしの生徒さんの文章もそう言われて驚くほど、「伝わる」文章を書いていて、北原メソッドがどれだけ英語力を定着させるものなのかを改めて実感しました。文章の構成や文法、心から感じたことを英語に書き起こす力など、どのレベルの生徒にも確実に身につけることができるということを、「北原先生への手紙」のライティングが表していました。どの生徒も英語が好きであること、北原先生へ心から感謝していることが文章に表れていましたが、北原メソッドの授業を受けていれば、このようなハイレベルな文章が書けること、英語が大好きで、北原先生への感謝の気持ちがいっぱいになることも納得です。次回も楽しみにしております！

## 外国語学部ロシア語学科

　今回の授業では、定期試験について分析しました。これまでの３年間で受けてきた他の教職の授業では、評価について話題になることはあっても実際の定期テストを見たり、そのテストをもとにどのようにして評価が行われているのかというリアルな現場の先生方の様子を学ぶことはほとんどなかったので、とても貴重なお話だったと思います。前回も少しお話に出てきていましたが、「集計結果シート」という取り組みは、本当にていねいなフィードバックだと感じます。自分の経験上、テスト返しでは自分の答案の他には何も配られず、その時間は先生が言う模範解答や解説を必死にメモしていた記憶があります。そしてどんな学校でもこの方式を取っているのだろうと思っていました。そのため、このようにきちんと先生が毎度テストを分析し、ていねいなフィードバックをくれる、というのは羨ましいことだなと思いました。この集計結果

シートをつくることによって、生徒は、自分が次のテストまでに強化しなければならないポイントを見つけることができます。また時間がたってからも自分の解答を見返し復習することができる材料ともなります。教師にとっても、このシートをつくるために生徒たちの答案をていねいに分析する機会をつくることができ、それは生徒たちの現在のレベルや学習効果を十分に把握することにも大きく役立つのではないかと思います。

　テストの形式に関しても、私が経験してきたものと北原先生のものでは全く異なり、とても興味深いものでした。特に、「2年1学期期末テストの大問1」や「3年3学期期末テスト」に関しては、日頃の北原メソッドの授業で徹底しているジェスチャーが生きてくる問題になっていて、とても感動しました。授業でジェスチャーを使って言葉の意味や定義だけではなく、ニュアンスやイメージを理解することを徹底しているのが北原メソッドの大きな特徴の一つですが、そのことが、辞書通りの定義ではない文で説明された時に正しく単語を選べることや、語順を間違えずに書くことができる、ということにつながるとは思っていませんでした。単に日本語には訳出できない独特なニュアンスや似た意味を持つ言葉との区別を正しくするためにジェスチャーを使っていると思ったので、語順のところは本当に感心しました。私は中学でも高校でも嫌というぐらいに単語テストを経験してきました。その単語を覚える時には、私は該当の単語帳の例文ごと単語を覚えるようにしていました。このようにして語順を覚えた単語や用法も多くあります。しかしとても効率が悪く、暗記できたものしか語順や用法はわかりませんでした。しかしジェスチャーを使えば、目や口の他に体という部分からもアプローチできるため、定着もしやすいのではないかなと考えます。これらの問題や、いかに音読を頑張っているかが肝となる問題には、日頃の学習活動や授業との一貫性が見られます。この一貫性があることで、生徒たちのモチベーションを高めることもできると考えます。評価の方法に関して、教師自身が経験してきたことがすべて最善な方法だと思って使ってはいけない、とおっしゃっていましたが、このように考えてしまっている先生方は実際多いのではないでしょうか。授業では教科書を読んで新語を暗記して単語テストを行って定期試験をする、などという英語教育の"伝統"のようなものは根強くあると思います。しかしその先生方も、現在の日本の英語力が上がらない原因がその教育方法にあるということをご存知のはずです。そう知りながらアプローチを変えなかったことは頭の固い選択だったのではないかと思います。その点、北原メソッドではこれまでの"伝統"とは異なる形の試験や学習活動、評価方法を行っており、生徒たちの英語力を伸ばすことに主軸を置いて考え抜かれたものだと思います。実習や実際に教員になった時には、この方法を参考にしながら、自分でも、自分の受け持つ生徒たちに本当に必要な活動はどんなことなのかを考えて

授業を行えるようになりたいなと強く思いました。

## 外国語学部ドイツ語学科

　テストや試験と聞くと成績や評価のために頑張るというイメージがあり、一夜漬けで勉強し、テストが終わったらすぐ忘れてしまうことが多いが、北原メソッドではそれは起こらない。それは幹本「テスト編」12-14ページの３年生の自己分析を見れば一目瞭然である。多くの生徒が、「普段の授業のおかげ」「３年生の勉強だけではなく１年生からの積み重ね」と述べている。「家で勉強しないから、授業が唯一の勉強」という生徒もいる。確かにこれまで学んでいく中でも何度も感じたが、北原メソッドは繰り返しが多い上に、私が受けてきた英語の授業よりも、「読む・書く・聞く・話す」のどの技能も圧倒的に量が多く、自然な習得（まずは耳から）が徹底されている。「テスト勉強の一夜漬けは良くない、普段の勉強で身につけるべきだ」と頭でわかっていても、どうしても授業内で理解できない部分や聞き逃してしまう部分はある。部活動などで忙しい生徒は結局それを放置し、試験期間前の部活動が休みになるタイミングで詰め込むしかなくなってしまう。これらは自分たちの、つまり生徒自身の問題だと考えていたが、教師側の問題でもあるのではないかと今回の講義を受けて感じた。なぜなら授業内で（授業内にできなかった生徒は授業外に持ち越すこともあるが）全員が理解し、定着するような授業をすれば、わざわざ生徒が授業外に勉強するための時間を取る必要はないからである。北原メソッドについて学ぶ前だったら、「言うのは簡単だけどそんなことできるわけがない」と思っただろう。しかし、今なら教師側が忍耐強く生徒を信じて、学びの場を提供していればできると言い切れる。さらに、生徒の分析を見ると個人個人が自分の弱いところや自分に合う勉強法（教科書に書いた他の生徒の表現、ライティングノート、ワークブック、じゃれマガの見直しなど）を見極めて、それぞれに必要な勉強をしていることもわかる。これはテスト返却の方法が関係していると考えられる。私が受けていた授業を思い出すと、テスト返却はまず生徒に採点済みの答案用紙が返却され、全員がそれを受け取ったら教師の解説が始まるという流れだった。受け取ってすぐは結果を見て喜んだり落ち込んだりと気持ちが落ち着かなかったのをよく覚えている。そんな状況で解説を聞いても、聞いているつもりでもあまり聞けていなかった。そのため、注目するポイントは採点ミスがないかになってしまいがちだった。後日、間違えた部分をなぜ間違えたか、どうすれば間違えないかなどの自己反省を提出しなければならなかったが、教師の言っていたことをそのまま書き写すなど、とにかくその反省レポートを仕上げることにだけ集中していて、分析などあまりできていなかったと思う。返却後の順番が北原メソッドでは反対なことに驚いた。北原メソッドでは、まず生徒に自己反省の時間を与える。そこで間

違えた部分を目で見るだけではなく、紙に書き確認する。こうすることで、点数を見て一喜一憂していた生徒の関心が誤りの分析に移る。それから解説に移るため、生徒は自分の分析と照らし合わせながら（話を右から左に流すのではなく）本当の意味で聞くことができるのだと思う。ここでしっかり自分の苦手や間違えやすいポイントをわかっているから次のテストでその点を重点的に勉強でき、結果高得点につながるのだろう。そして、その勉強法も北原メソッドではかなりの選択肢がある。私がテスト勉強をする上で選べるのは教科書、ワーク、授業プリントと最大でも３つだった。選択肢が多いとどれをやればいいかわからなくなってしまうという現象が懸念されるが、北原先生の生徒たちはしっかりと自分に合ったものを選択している。これもテスト返却や普段の授業で、すべてを教師が与えてしまうのではなく、まずは生徒が考える、ということが徹底されているからだと思う。そうしなければ生徒の考える力を教師が奪ってしまうことになる、といった以前にも出てきた考え方がテスト返却にまでも反映されていることが素晴らしいと感じる。さまざまな方法を知り、その中から自分に合うものを選択する力をつけるというのはどの教科にも共通して必要なことだと考える。これが当たり前のようになされているのも北原メソッドならではと感じた。

　授業で初めにテストの結果を張り出すと聞いた時はとても驚いた。「テスト結果を張り出す」と聞いて、点数による順位表のようなものを想像したからだ。しかし、よく聞いてみると私の誤解であることがわかった。結果と言っても、この生徒が何点とって何位だったかというものではなく、この生徒は前回から何点アップしたかを示すものだった。これならば、他人との比較ではなく自分との比較ができ、誰も嫌な思いをすることなく結果を見られるだけではなく、たとえその時のテストで失敗してしまっても、次頑張ればそこに自分の名前が載るかもしれないと考えたら生徒のモチベーションも上がると思う。大きく点数が上がったら名前も大きく書くという工夫も、単純なことではあるが生徒はやはり嬉しいと思う。こうした小さな工夫など一つひとつに北原先生の生徒に対する愛情が垣間見え、素敵だと感じる。

### 文学部英文学科

　本日の授業では、北原メソッドのテストの内容に関してとても詳しく学ぶことができました。テストの目的である「測定」と「促進」をとてもバランスよく達成しており、どれも生徒の真の力を測るものであると感じました。また、英語のテストにおいて、ただの記憶力テストに過ぎないものがなく、すべてオーセンティックな内容であると感じました。まず、テスト用紙の上部にこのテストは「何を見るのか」と、目的が明確化されている点が私が今まで受けてきたテストと大きく違う点であると感じました。１年生では、指導の重きが「発音」であり、テストにおいても音の認識が問われ

ることを学び、とても驚きました。1年生のテストから「促進」を意味するテストが行われ、かなりの比率で音読を推奨するためのテストが行われていることに気がつきました。これは、音読を毎日生徒が心がけて行えるよう、つまり、常に英語と触れ合いながら生活をするよう促していることのように感じました。1年生の3学期期末テストでは、集大成として今まで音読してきた内容を文字として書けるかどうかを測る点が印象的でした。以前、Speaking/Reading/Listening を行ってから Writing を行うという北原メソッドを学びましたが、テストにおいてもこの方法が実施されることに驚きました。また、疑問文に対する答え方を問うテストは、1～3年のどの学年でも実施され、特に大事なテスト内容は継続して行うことに意味があると学びました。私自身、英会話スクールでこのような練習を何年も続けてきたため、この疑問文に対してはこの答え方だ、と文法を意識することなく自然と定着させることができました。このような練習方法は学校では行われなかったため、英会話スクール等でしかできないアクティビティなのだと今までは考えておりましたが、北原メソッドで重要視されていることを学び、学校でもこのように実践できると、知ることができました。特に印象的だったことは、2年1学期期末テストで実施される単語の定義に関するリスニングテストです。単語テストといえば、必ずと言っても良いほど、英語→日本語、日本語→英語の書き換え問題であると思います。しかし、北原メソッドでは日本語訳に対して英語を書かせる問題は絶対出さないということを学びました。Listening 力、単語の知識力のみならず、スキーマを活用してテストに取り組めることはとても実生活と結びついていると感じました。また、表現の能力を問うテストでは、実際の英検の二次試験で使用されている方法を用いて、より実践的な内容で能力を測れる工夫に驚きました。そして、テストを生徒にとってプラスのイメージに変えることができることもとても印象的でした。「テスト編」p.176の英作テストでは、減点法ではなく、書けば書くほど加点されていくシステムは、生徒の学習意欲を大いに促進させ、「どうせ書いても×だから」というネガティブな心情から、英語を書く楽しさへと気持ちを変えることが可能であると学びました。英語学習においては、一語一句完璧に正しく書かないといけない、ということよりも、生徒がいかに楽しんで自発的に学ぼうとする姿勢を育てることができるかが大切であると考えるため、それに対応する指導法やテストを教師は工夫して作成するべきであると改めて感じました。

**北原の返信**

　先週に続き、今週も一番早い提出でした。家に帰ってきて、その日の授業のリアクションが読めるというのは疲れを吹き飛ばしてくれます。ありがとう。記憶が新しいうちだから今日の授業を網羅するような内容でした。

　「1年生では、指導の重きが『発音』であり、テストにおいても音の認識が問われ

ることを学び、とても驚きました。」

「授業とテストの一体化」ということが現場ではよく言われます。それほど<u>授業と
テストが乖離している</u>ケースが多いということです。北原メソッドでは１年生は発音
に重きを置いていますからテストも当然、音声重視です。

「１年生のテストから『促進』を意味するテストが行われ、かなりの比率で音読を
推奨するためのテストが行われていることに気がつきました。これは、音読を毎日生
徒が心がけて行えるよう、つまり、常に英語と触れ合いながら生活をするよう促して
いることのように感じました。」

全くその通り！ 正しい発音で音読をたくさんして頭に英語の音を入れることによっ
て英語の回路ができます。それをつくらなければ何をやってもむだです。

「疑問文に対する答え方を問うテストは、１～３年のどの学年でも実施され、特に
大事なテスト内容は継続して行うことに意味があると学びました。」

大事なことはしつこく、しつこく。何度でも。

「単語テストといえば、必ずと言っても良いほど、英語→日本語、日本語→英語の
書き換え問題であると思います。しかし、北原メソッドでは日本語訳に対して英語を
書かせる問題は絶対出さないということを学びました。」

そうです！ そんな使えない語彙指導・語彙テストはしないのです。

「表現の能力を問うテストでは、実際の英検の二次試験で使用されている方法を用
いて、より実践的な内容で能力を測れる工夫に驚きました。」

英検対策を授業外で一切しないのに英検準２級取得率日本一の秘密の一つがわかり
ましたね。

「減点法ではなく、書けば書くほど加点されていくシステムは、生徒の学習意欲を
大いに促進させ」

なんで他の先生はそうしないんだろう？ さて、私がしゃべる授業も来週で最後です。
みなさんと過ごすことができるのもあと４回。なんだかさみしいなあ。もっと話した
い。もっと笑い合いたい。

## 文学部英文学科

今回の講義では、定期テストの実際について解説していただいた。定期テストは中
学・高校で何度も受けてきているにもかかわらず、<u>初めて見る形式のものが多く、目
から鱗の講義であった</u>。

まず、いわゆる「<u>総合問題</u>」は学校のテストではあまり良くないということが衝撃
的だった。総合問題は特によく高校の定期テストで出題されていたため、特に悪いと
思ったことがなかった。しかし、総合問題で出題される問いとして、英文和訳や和文

英訳、並べ替え問題があると思うが、これらはすべて、本文の内容を理解していなくても一部だけ読めば解けてしまう問題である。別の講義で、「著者がこめているメッセージを受け取ることが長文問題だ」ということを教わったが、総合問題ではそれを阻害してしまう。私が教えている塾の生徒たちにどのように長文問題を解いているのかと聞くと、下線部の周辺だけ読んで解くという答えが多くの子から返ってきた。また、長文問題の解き方の解説方法がわからず先輩に相談したところ、同じ答えが返ってきた。たしかに、その解き方は中学生にとっては効率的なのかもしれない。しかし、本当にそれで良いのだろうか。私は、長文問題には面白いパッセージも多くあるため、内容を味わい理解した上で問題を解いてほしいと考えている。そのため、下線部の周辺だけを読むというような解き方を教えることには抵抗がある。北原先生はどのように長文問題の解き方を教えているのでしょうか。

　また、教科書や授業プリント以外にも、英検に出題されるようなピクチャー・ディスクライビングの問題が出題されていることが面白いと感じ、私も中学生の時にそのような問題を解きたかったと思った。私が今まで受けてきた定期テストで、できるだけ多くの文を書かせるという問題を見たことはない。中には点数取り放題の問題もあり、テストは100点満点という、常識だと思っていた概念が覆されるようなテストであった。北原先生がおっしゃっていた、「テスト＝減点法という意識が、『どうせ書いても点数をもらえないから初めから書かない』ということにつながる」ということが、本当にその通りだと感じている。塾で教える生徒たちもライティングに対する苦手意識が特に高く、宿題を出しても、並べ替え問題は解いてくるにもかかわらず、和文英訳のような問題は、最初から解くことを諦め、そもそも書いてこなかったり、答えを赤で写してきたりする子もいる。また、塾内のテストでも、書いても点数はどうせもらえないからという理由で英作文の問題は最初から解かない生徒もいる。ライティングの部分がほとんど白紙の状態という現実を目にすると、とても悲しくなる。言語は使ってこそ身についていくものであると考えているため、最初から諦めるのではなく、書いてみようと思えるように、授業やテストを工夫する必要性を強く感じた。

　そして、前回の講義でも感じたことだが、授業で取り組んだことがそのままテストに出るということは、頑張った生徒たちが報われることになる。また、授業への意欲も増すだろう。それ以外にも、生徒たちに予想問題をつくらせ、それを実際のテストの問題に採用するという取り組みが面白いと思った。自分がつくった問題がテストに出題されれば「ラッキー！」と思えるし、そもそも問題をつくるためには授業をしっかり受けていないといけない。テストが授業に一生懸命取り組むきっかけとなるような問題をつくる必要があると感じた。しかし、いくらテストが授業で学んだことが身についているかを確認するものであったとしても、教科書の本文をそのまま出すのは、

それは単に記憶力の問題であり、出題する意味があるのだろうかと疑問に思っていた。また、当時は教科書の本文がそのまま出題されるとラッキーというふうにしか思っていなかった。音読をしていればテストで簡単に点が取れたからである。英語のテスト勉強はそれ以外していなかった。それでは良くないとは思うが、そもそもそれが勉強のきっかけになっていたし、少なくとも「音読をしてほしい」という先生方の願いは実現されていたのだなと思った。英語を専門に勉強し、英語を学ぶことの楽しさに気づきつつある自分にとっては、テストで点数を取るためだけに勉強するのはもったいないという気持ちがある。しかし、テストが勉強のきっかけになるということには納得できた。私自身も受験勉強がきっかけとなり英語に興味を持つようになった。テストがなければ英語を勉強することはなかったし、興味を持つこともなかっただろう。テストが授業に一生懸命取り組むきっかけだけではなく、英語学習のきっかけともなるようなものであると良いなと思っている。

### 北原の返信

「初めて見る形式のものが多く、目から鱗の講義であった。」

北原メソッドは従来ふつうにやられてきた指導法を全部洗い直してでき上がったメソッドです。

「下線部の周辺だけを読むというような解き方を教えることには抵抗がある。北原先生はどのように長文問題の解き方を教えているのでしょうか。」

私もその考え方には大賛成です。これまでの（特に高校）Reading 指導というと入試に出るから、と言いながら点の取れるような読み取りしかしない例が多すぎました。私の長文対策はじゃれマガを使った指導のように、速読・多読です。また和訳を排除することです。受験期になって授業で長文問題の解き方を解説することは全くありません。授業中のじゃれマガなどで十分間に合います。

「中には点数取り放題の問題もあり、テストは100点満点という常識だと思っていた概念が覆されるようなテストであった。」

「話せるようになったことを書く」、このことをずっとやっていれば大丈夫です。他の学校は話せるようにならないうちに書かせているから失敗しているのです。私が教えた生徒たちのライティングの学力テスト成績はプラス19点とか平均点より大幅に上なのはこの基本を守っているからです。

「問題をつくるためには授業をしっかり受けていないといけない。」

そういうことですね。全体的に非常によく伝わってくるレポートでした。

## 6－1　評価②　～評価と評定の実際～　幹本「テスト編」第2章

### 1．評価

#### ①第1節　総論　p.11

1．指導効果測定
2．学習促進
3．次の学習の指針のために

#### ②第2節　各論

1．「個人カルテ」p.17

「医師が書く患者のカルテのようなものをつくりたい」30代後半の頃にそう思いました。理由はPCの表計算ソフトの欠点に気づいたからです。当時は「三四郎」という表計算ソフトで生徒の成績を管理していました。全体の成績を出すには便利でしたが、ある時、ある生徒個人の成績を見ようとして戸惑いました。生徒個人の成績を全部見ようとすると右へ右へとスクロールしなければならないのです。PCは上下のスクロールは速いですが、横方向の動きが遅いのです。「PCは全体の様子を見るにはいいが、個人を見るには適していない」と思いました。そこで翌年から医師のカルテのように生徒一人ひとりのカルテをつくりました。ある学期の生徒の活動結果がすべてそれに記載されています。それを生徒に見せて学期末にはコンサルテーション（個人面談）を行うことができました。これは生徒から好評でした。後にPCから個人カルテへ自動的に成績を流せる方法を同僚が編み出して、時短になりました。

成績以外の情意面などの生徒の学習状況などを全員分把握することは不可能です。そこで生徒の「自己評価カード」をつくって毎学期末に振り返りをさせ、それを手がかりに個人個人の生徒の学習状況を思い出すことにしました。自己評価がoverestimatedな生徒ならポイントを下げ、underestimatedな生徒ならポイントを上げます。具体的にはこのカードの「積極性」を観点の1つであった「コミュニケーションへの関心・意欲・態度」の評価につなげるのです。

令和元年度　　1学期　　英語　自己評価カード

3年（　）組（　）番（　　　　　　　　　　　）

☆　1学期の授業を振り返って自分の学習状況を採点してみよう。

| | 項　目 | 評　価　基　準 | 得　点 | 反　省 |
|---|---|---|---|---|
| 宿題・家庭学習 | ワークブック | 毎回必ずやってきた　　　　　　→5点<br>ほとんど忘れたことがない　　　→4点<br>たまに忘れたことがある　　　　→3点<br>よく忘れた　　　　　　　　　　→2点<br>ほとんど毎回忘れた　　　　　　→1点 | | |
| | スパイラル・ワークシート | | | |
| 忘れ物 | 教科書 | 毎回必ず持ってきた　　　　　　→5点<br>ほとんど忘れたことがない　　　→4点<br>たまに忘れたことがある　　　　→3点<br>よく忘れた　　　　　　　　　　→2点<br>ほとんど毎回忘れた　　　　　　→1点 | | |
| | ノート | | | |
| | ワークブック | | | |
| | ファイル | | | |
| | プリント | | | |
| | スパイラル・ワークシート | | | |
| | 英和辞典 | | | |
| | 読みトレ | | | |
| | お助け本 | | | |
| 宿題と忘れ物の合計点数 | | | | |
| 積極性 | 音読・発表・ペアワークなど声の大きさ | 大きくはっきり　　　　　　　　→5点<br>普通　　　　　　　　　　　　　→3点<br>大きくない、はっきりしない　　→0点 | | |
| | 先生の質問に手を挙げて答えたか | よく挙げた　　　　　　　　　　→5点<br>まあまあ挙げた　　　　　　　　→3点<br>たまに挙げた、ほとんど挙げなかった<br>　　　　　　　　　　　　　　　→0点 | | |
| | 自分から進んで発言したか | よく発言した　　　　　　　　　→5点<br>まあまあ発言した　　　　　　　→3点<br>たまに発言した、ほとんど発言しなかった<br>　　　　　　　　　　　　　　　→0点 | | |
| | 習った表現や単語を使う | 積極的に使っている　　　　　　→5点<br>まあまあ使った　　　　　　　　→3点<br>ほとんど使っていない　　　　　→0点 | | |
| | ペアワークなどを積極的にやる | 多くの友達と話す　　　　　　　→5点<br>まあまあやっている　　　　　　→3点<br>消極的である　　　　　　　　　→0点 | | |
| | ペアワークなど顔を上げて話している。ジェスチャーを使っている | 顔を上げ相手の口や目を見ながら話している、ジェスチャーを使っている　→5点<br>まあまあやっている　　　　　　→3点<br>プリントを見ている、ジェスチャーを使っていない　　　　　　　　　　→0点 | | |
| 積極性の合計点数 | | | | |

148

**英検取得級**

（　　　）級　　　平成（　　　）年度　第（1回　2回　3回）で取得

＊現在取得している級で最も高い級だけを書いてください。

**新学期の目標**

・英検（　　　）級合格　　　　　＊令和元年度英検第2回は10月です。

・定期テスト（　　　）点以上

・その他（　　　　　　　　　　　　　　　　　　　　　　　　　　）

---

　私は「反省文」が大嫌いです。反省を書いたからといって次回に良くなるとは思えないからです。その場しのぎで書いている生徒も多いのではないでしょうか。人はマイナスを悔いるよりもプラスを見つめた方が自信を持ち、その後、伸びるものだと思うのです。そこで「反省文」をやめて「できるようになったこと」を書かせることにしました。前の学期ではできなかったけれどこの学期でできるようになったことをできるだけたくさん思い出して書かせます。それから「先生や友達から褒められたこと」もです。次の学習へと向かうドライビングフォースだからです。学期最後の授業でコンサルテーションをしている間、待っている生徒は50分かけて以下の振り返りをします。「1行も余してはだめ。全部の行を埋めなさい」と言っていました。生徒は紙いっぱいに書いてくれました。

## 2.「できるようになったこと」p.21

### 1学期の英語学習を振り返って

3年（　）組（　　）番（　　　　　　　　）

1　できるようになったこと

--------------------------------------------------

--------------------------------------------------

--------------------------------------------------

--------------------------------------------------

--------------------------------------------------

--------------------------------------------------

--------------------------------------------------

--------------------------------------------------

2　反省、これからやるべきこと

--------------------------------------------------

--------------------------------------------------

--------------------------------------------------

3　頑張ったこと、成功した勉強例など

--------------------------------------------------

--------------------------------------------------

--------------------------------------------------

4　先生や友達に褒められたこと

--------------------------------------------------

--------------------------------------------------

5　希望受験先高校（授業の時の指名の参考にします）
　　難関校　中堅校　私立高校　都立高校　その他（　　　　　　　）

## ２．評価から評定へ

### ①評価

**旧学習指導要領（〜2021年３月）**

◆４観点
- ・コミュニケーションへの関心・意欲・態度
- ・外国語表現の能力
- ・外国語理解の能力
- ・言語や文化の知識と理解

◆現在は絶対評価

◆評価項目と評価規準が大事

◆評価基準（ABC）
A…全得点の８割以上
B…全得点の５割以上、８割未満
C…全得点の５割未満

◆評定（５４３２１）
5…全得点の９割以上
4…全得点の８割以上、９割未満
3…全得点の５割以上、８割未満
2…全得点の５割以下
1…全得点の２割未満

◆評価から評定へ

---

　　観点別評価から評定への総括は自治体によって違います。上の例は東京都の例です。他の県では「Aの数がいくつあるか」などの指標で評定を出していました。それは今でも変わっていないようです。

---

**新学習指導要領（2021年４月〜）**

◆３観点　＊全観点全教科共通
- ・知識・技能
- ・思考・判断・表現
- ・主体的に学習に取り組む態度

　　＊旧学習指導要領は４技能だったが、新学習指導要領では４技能５領域となっている。（「話すこと」が「やり取り」と「発表」の２つに分かれた）

以上の３観点を、ABCをつけて評価する。それらを総括する場合の指針は以下。

---

『「指導と評価の一体化」のための学習評価に関する参考資料　【中学校】』
（文部科学省　国立教育政策研究所教育課程研究センター）

『「指導と評価の一体化」のための学習評価に関する参考資料【中学校外国語】』（国立教育政策研究所教育課程研究センター）

https://www.nier.go.jp/kaihatsu/pdf/hyouka/r020326_mid_gaikokg.pdf

> 観点別学習状況の評価結果は,「十分満足できる」状況と判断されるものをA,「おおむね満足できる」状況と判断されるものをB,「努力を要する」状況と判断されるものをCのように表される。 (p.17)

（5）観点別学習状況の評価に係る記録の総括

・評価結果のA，B，Cの数を基に総括する場合

　何回か行った評価結果のA，B，Cの数が多いものが，その観点の学習の実施状況を最もよく表現しているとする考え方に立つ総括の方法である。例えば，3回評価を行った結果が「ABB」ならばBと総括することが考えられる。なお，「AABB」の総括結果をAとするかBとするかなど，同数の場合や三つの記号が混在する場合の総括の仕方をあらかじめ各学校において決めておく必要がある。

・評価結果のA，B，Cを数値に置き換えて総括する場合

　何回か行った評価結果A，B，Cを，例えばA＝3，B＝2，C＝1のように数値によって表し，合計したり平均したりする総括の方法である。例えば，総括の結果をBとする範囲を［2.5≧平均値≧1.5］とすると，「ABB」の平均値は，約2.3［（3＋2＋2）÷3］で総括の結果はBとなる。 （p.16、下線は北原）

（6）観点別学習状況の評価の評定への総括

（中略）

　A，B，Cの組合せから評定に総括する場合，各観点とも同じ評価がそろう場合は，小学校については，「BBB」であれば2を基本としつつ，「AAA」であれば3，「CCC」であれば1とするのが適当であると考えられる。中学校については，「BBB」であれば3を基本としつつ，「AAA」であれば5又は4，「CCC」であれば2又は1とするのが適当であると考えられる。それ以外の場合は，各観点のA，B，Cの数の組合せから適切に評定することができるようあらかじめ各学校において決めておく必要がある。 （pp.16-17、下線は北原）

②評価から評定へ

> 　学生に実際に成績処理したプリントアウトを見せました。PCで３年生
> ２学期のすべての活動を評価したものから総合点を算出して評定まで導き
> 出す手法を教えました。（名前はマスキングしていますが詳細なデータの
> ため、配布ではなく、授業後に回収しました。同様の理由でここでは掲載
> ができません。）

## ３．その他のテスト
### １．ディクテーションテスト p.277

> 　２年生２学期から３学期まで授業の冒頭で行いました。１年生の教科書
> から出題しました。目的は１年生教科書の本文は全部暗唱させたかったか
> らです。結果は成績に反映させました。

### ２．教科書マスターテスト p.279

> 　２年生３学期に実施しました。上と同様の理由で１年生の教科書から出
> 題。文中の空所を埋める形式です。空所は発信語彙に限定しました。結果
> は成績に反映させました。

## ４．北原メソッド授業の流れ
p.280を参照する。

## ６−２ 「英語授業の『幹』をつくる本（授業映像編）」から

①Aパターンの授業（視聴終了）

②Bパターンの授業（視聴終了）

「英語授業の『幹』をつくる本（授業映像編）」には、北研会員を生徒に見立てた模擬授業 AB パターンそれぞれ一つずつを収録してあります。ポイントや解説はテロップで表示されるので授業を理解しやすいです。

## 北原メソッド授業のコンポーネンツ
### 北原メソッド授業Aパターン
1. 帯活動（学年や学期によってさまざま）教師の指示なし
2. 新出語句の復習
3. 宿題の答え合わせ（ワークブック）
4. 音読箱読みチェック（家庭学習）
5. 教科書本文の復習読み
6. （閉本で）教師のジェスチャーを見て本文を言う
7. 必ず1年生 Lesson 1に戻る文法の導入
8. Basic Dialog そのまんまスキット（10分）
   ペアで暗唱し、教師の前で「発音完璧、ジェスチャーをつけて」プレゼン　→　合格したら役割交代してもう一度　→　合格したら暗写
9. 教科書にある練習（リスニング）
10. 教科書にある練習（スピーキング）
11. 教科書にある練習（疑似コミュニケーション活動）

### 北原メソッド授業Bパターン
1. 帯活動（学年や学期によってさまざま）教師の指示なし
2. 前時に導入した新出文法を使ったペアワーク（正進社「スーパー・ペアワーク」を使用）
3. ピクチャーカードを使ったQ&A（1、2年）
4. Picture Describing（3年）
5. Oral Introduction
6. 新出語導入（辞書指導含む）
7. 教師による範読
8. Repeating（1回のみ）教師がデータを取るために行う
9. 内容理解（ジェスチャーをさせる）
10. 音読（Repeating 1～3回、Paced Reading 1～3回、Shadowing 2～4回、Individual reading 5回）
11. Writing（書けたら教師のところに持ってきてチェックを受ける）

## 2021年度優秀リアクションペーパー

---------- 中高時代に習った英語授業 ──── 北原メソッド

反転文字 のリアクションペーパーは超優秀

### 外国語学部ドイツ語学科

　前回の授業と幹本を読んだことで自己評価カードや個人カルテなどについては何となく理解していたが、今回の講義で実際の個人カルテを見たり、手順を北原先生に伺ったりしたことで、この一連の流れの中に前回わかったよりも多くの工夫がなされていることに気づいた。授業中には思い出せなかったが、私の受けてきた英語教育でもテスト直しレポートの他に振り返りシートのようなものを書かされていた。ただ、英語の授業内に書くのではなく、学活などの時間にテストのあった教科（それぞれ5行ほど）がまとめて書かれた1枚の紙に反省を書いていたと記憶している。成績にも関係ない上に、確か6限目の一番疲れた時間に行っていたためやっつけ仕事のように書いていたことを思い出す。しかし、北原メソッドではそうなることはない。生徒が本当の意味で振り返りをできる場が提供されているからだ。例えば、自己評価カードの反省欄がかなり小さい。人間、ダラダラと長い文章を書くことはそんなに難しくないが、短い文章に要点をまとめて書くことは意外と難しいと聞いたことがある。さらに要点をまとめて書けばその内容は本当に必要なことしか書かれていないため頭にも残りやすいと思う。私が中学生の頃にやっていたようにわざわざ書くことを絞り出して書く必要もない。そして項目がかなり細かく設定してあるのも良い。例えば忘れ物であったら、一般的には1つの項目にまとめてしまうところをここでは教科書、ノート、辞書……など細かく分けて自己評価する。こうすることで生徒はきちんと一つひとつの教材について思い出さなければならないため、具体的な事柄を思い出しやすいだろう。それは忘れ物をしないという意識を高めることにも効果的だと思う。また、英検の取得級を書く欄が用意されていることで、特に意識していなかった生徒も挑戦してみようという気持ちになるのではないかと考えた。私の学校では受験のために持っている資格を進路指導などで記載することはあっても、学期の振り返りで書く機会はなかった。人間、何度も目にすると、無意識にそのことに関心が湧いてしまうし、空白を埋めたいという意識もやはり湧くと思う。細かいところではあるが、それも北原先生の生徒の英検取得率の高さに関係しているのかもしれないと感じた。「○学期の英語学習を振り返って」の4の項目は、生徒の振り返りだけではなく教師の振り返りになると幹本「テスト編」（授業中に先生もおっしゃっていたが）に書かれていて驚いた。確かに、その欄が空白である生徒は本人の頑張りが足りなかったわけではなく、何も声をかけられなかった、あるいは印象に残る声かけをできなかった教師の責任でもある。

生徒の反省の場で教師も反省し、共に次の学期に向けて進めるのは理想的であるし、北原メソッドならではだと思った。

　さらに私の受けてきた授業では、北原メソッドとは違って、テストの振り返りはあっても授業の振り返りはなかった。それは結局のところ、成績は提出物とテストの結果でしかなかったからだと思う。テストの採点、提出物のチェック、学校のその他の事務作業、部活動の顧問などをしていると時間が限られてしまい、それ以上時間が取れなかったため仕方ないのかもしれない。しかしそうなると、北原先生はどれだけの時間を生徒のために使っていたのかという疑問が生まれてくる。普段の授業に関しても本当に多くの時間を割いていると感じていたが、学期ごとに生徒に自己評価カードを書かせ、それに目を通し（普段の生徒の様子をきちんと観察していないとできることではない）、個人カルテを作成し、一人ひとりにコメントしながら返す。生徒がその間に書いた振り返りにも目を通さなければならない。確かに生徒としてはここまでやってもらえたら嬉しいし、ここまでやってもらえるなら自分も頑張ろうと思える。しかし、自分が教師になってここまでできるかは少し自信がない。合唱祭のビデオ視聴後（北原註：「なりきり We Are the World」）、先生が「こういう時に教師をやっていて良かったと思うんだよ」とおっしゃっていたが、それは、北原先生が生徒に自分の持てる時間と力を使い真摯に向き合った結果、生徒がそれに答えたのだと思う。とても素敵な関係だと感じたので、自信がないながらも私もこのような関係を築くことのできるように、教師になったら生徒に精一杯向き合っていこうと思った。

### 総合人間科学部教育学科

　今回、具体的な資料を見せていただいたことで、実際に評価をどのようにしていけばよいのかということを理解することができましたし、生徒へのフォローの仕方まで教えていただき、大変勉強になりました。まず、一人ひとりにカルテをつくるなど、今まで聞いたことがなかったので、個人カルテについて非常に驚きました。初めに、生徒に自分を評価させることで、生徒も1学期間の自分の取り組み方を振り返ることができますし、教師も自分の主観だけで判断するということがなくなります。また、このカルテがあることで、一目で自分の強みと弱みがわかるので、自分がどの分野を重点的に勉強すればよいのかが明確にわかるようになります。正直、生徒の得意、不得意を見ると言っても、模試で出る結果を見て説明する先生が多いと思います。しかし、たった1回の模試の点数からパソコンで算出された分析と、いつも教えてくださり、毎回のテストを見てくださっている先生が出すカルテでは、当たり前ですが、生徒や保護者の信頼度が圧倒的に違うと思います。それに加えて、生徒は教科の先生となかなか2人で話すことができないので、面談してくださることで、生徒にとっては

本心が言える貴重な機会であり、褒められることで自己肯定感を高められる、もっと頑張るべき部分を知ることで今後の目標にもつなげることができるようになっていると感じ、個人カルテをつくること、面談の機会を設けることの重要性を実感しました。こんなにも手厚く、一人ひとりを見てくださることに驚きましたし、生徒に絶対にカルテをつくりたいと思いました。また、「○学期の英語学習を振り返って」のシートの「できるようになったこと」も、本当に生徒の自己肯定感を高めるものだと感じます。生徒は、間違った部分ばかりに焦点を当てますし、教師もどうしてそこを間違えたのか、どうしてこんなに点数が低いのか、と、どうしても間違えた部分ばかりに焦点を当て、怒ることが多いと感じます。忘れがちですが、どんなに点数が悪くても、誰しも頑張った部分、できた部分が必ずあります。そこを十分に褒めることで、自ら間違えた部分を次に向けて反省し、次に活かそうと勉強する意欲が向上すると感じました。私の中高時代は、Reflection Note というものがあって、定期テストの間違えた部分を正しく書き、どうして間違えたのかという理由や反省を1問ずつ細かく書かなければなりませんでした。もちろんそれを書くことで、定期テストを完璧に振り返ることができたのですが、たとえ90点を超えても、細かく反省を書くことに疑問を感じていました。また、間違えた数が多いほど、1問ずつ理由や反省を書かなければならないため、点数が低ければ低いほど、時間がかかり、提出しない子が増える、提出しないことで怒られる、苦手意識が芽生えるという悪循環が生まれてしまっていました。反省点ばかりを細かく書くことには重点を置かず、できた部分を再確認することで、ここができたから間違えた部分も次は直せると、前向きに捉えさせることが重要だと感じました。また、自己肯定感を高めた上で、きちんと次のステップに向けて反省し、英語のスキルも上げることができる仕組みになっていて大変勉強になりました。反省点という項目がありましたが、できたことをたくさん書いた上なので、ここには本心で書けると感じますし、その反省から次に向けてどうするべきかという目標を明確にすることができます。また、成功した勉強例を共有することで、新たな勉強法を取り入れられるようになっていました。さらに、「先生や友達に褒められたこと」は、非常に興味深かったです。この項目について振り返ることで、自分では考えたこともなかったようないい部分も思い出すことができ、自分を客観視できると共に、ここでも、より自己肯定感が高まると感じました。北原先生は、普段の授業から褒める場面がすごく多いと感じています。だからこそ、生徒は嬉しくなり、自信がつく、そして、英語をもっと楽しむことができ、さらにやる気が起きるのだと思います。普段から褒めていらっしゃるにもかかわらず、この項目を設けて、次はこの生徒を褒めようなどと、さらに生徒を褒めようと意識されていらっしゃるところに感銘を受けましたし、教師が「褒めよう」という意識を常に持つことの重要さを感じました。また、やはりテストにおいて、

「表現の能力」、パフォーマンステストに重きが置かれていました。もちろん生徒さんも英語が好き、楽しいという感情から気合が入るというのもあると思いますが、比重が大きいことも関係していると思います。例えば、スピーキングテストが定期テスト100点満点の中の10点分だと言われると、どんなに頑張っても点数が高くつかない、頑張っても頑張らなくてもあまり差が出ないと思い、生徒はやっぱり手を抜いてしまうと思います。点数に顕著に表れる、そして、パフォーマンステストが定期テストにつながっていると生徒もわかっているからこそ、どの技能も伸びますし、生徒も一生懸命になれるのだと思いました。北原先生の授業を受けてから、テストや評価は100点満点でなければならないという固定観念を覆され、驚きましたが、そこも生徒にやる気を起こさせる、生徒の本当の英語力を測定することにつながっているのだと感じました。"We Are the World" は、映像に加え、エピソードを教えていただき、本当に感動しました。それだけ生徒さんたちは、英語の歌が好きで、英語に熱意があるのだと感じましたし、北原メソッドの授業を受けていれば、英語が好きになることはもちろん、皆で協力して何かに一生懸命になれる生徒さんが育つということがわかります。授業外でも、英語の歌に一生懸命だった生徒さんのエピソードを聞き、そして楽しそうに歌う生徒さんたちを見た瞬間に、感動がこみ上げてきましたし、教師という仕事の素晴らしさを改めて感じました。

## 7−1　通常授業の参観

　12年間在籍した赤坂中には延べ1000名の先生方が全国から授業参観に訪れました。（60歳の時には体育館の授業に612名。）ここでは、参観された先生方から寄せられた北研メーリングリストへのレポートや生徒へのメッセージをご紹介します。どれもレポートやメッセージを通して授業の様子が透けて見えます。

★北研宮崎の先生方、こんにちは。今日は１年生の授業参観報告をします。
1　歌　Top of the World
2　アクションカード3、4（２枚並べて…教科書からはずしています）
　①　ALT が発音するのを聞いて、絵にタッチする。最初は動詞だけ。次にコロケーションで。タッチする時は「はい」と言いながら、タッチしていない方の手を挙げる。
　②　裏返して、ALT が言う英語を聞いて、英語にタッチする。最初は動詞だけ。次にコロケーションで。
　③　北原先生が、英文で言う。英文が正しかったら英語にタッチするが、合っていなかったら、タッチしてはいけない。
　　　I visit Kyoto. ○　　She visits Kyoto. ○　　She visit Kyoto. ×
　　　Does he/she まで、アクションカードで練習しました。
3　Program 6-2の復習
　①　単語の練習（フラッシュカードを使って。前の時間にやっているので、あまり時間はかけませんでした）
　②　ワークの答え。（順番に音読していました。言った英語が正しかったら、全体で繰り返して言います。違っていたら言いません。その時は、次の人が言います。その次の問題は、さっき間違えた人がまたやります。）
　③　教科書の□読みチェック。教科書を閉じて、ジェスチャーをしながら言っていました。
4　Program 6-3の新文型導入 （doesn't）
　　ノートに基本文の復習をさせながら導入します。（　）埋めをさせながら書かせます。

159

I (am) Yuki.

I (am) (not) Yuki.

You (are) Mike.

You (are) (not) Mike.

He (is) Takeshi.

He (is) (not) Takeshi.

I (play) soccer.

I (don't) (play) soccer.

He (plays) soccer.

　ここまでは、順番にノートに書かせます。1文書くごとに立って友達と確認して
いました。早い生徒は、先生が黒板に書く前に予測して書いていました。また、綴
りを気にしないで、書くように指導されていました。音で確認しなさいと。音が出
てくるかどうか、つまり、I am Yuki. が言えているかどうかです。I are 〜. とは言
わないでしょう？ と言われていました。音声を大事にされていて、今回、質疑の時
に、「音声では差がつかないでしょう」と言われていて、納得しました。

　最後はHe（　）（　）soccer. と書きますが、新文型なので、そこは先生が書きこ
んで、説明されました。でも、たくさんの説明はなく、ちょっと大事なことを言う
だけでした。

5　Basic Dialog を使ってスキット練習。

　10分間でペアで暗唱して先生のところで発表します。北原先生のところで OK を
もらったら、ALT のところにも行って、役割を交代して言います。発音とイントネー
ションとジェスチャーをきちんとすることが、合格のポイントです。5分で終わら
なかったペアは放課後に先生のところに行っていました。

　1年生も、すでにテンポの良い北原先生の授業についていっていて、大いに刺激
を受けました。また、He のところをするのに、I / You / We / They を確認され
るなど、細かいところでも復習がしてありました。


　これで、赤坂中学校学校訪問の報告を終わります。北原先生が言われたのは、この
中の何か所かだけまねしようとするから、うまくいかない、全部やらないとだめだと
言われました。

　帰りの飛行機の中で、月曜日からやることを挙げてみました。

○　英語で授業する。

○　大声を出さない。

○　2年生のディクテーション

○　スキットはジェスチャー入り。（しばらくサボっていました）

○　本文の Picture Q & A から単語、本文の口頭導入への流れの確認。

　まだまだ、学ぶこと、改善することはたくさんあると思いました。9月27日の研修会でお話しします。

＊北研宮崎支部長、宮崎県スーパーティーチャー　2014年9月

★赤坂中学校の生徒のみなさんへ

　授業を見せていただき、ありがとうございました。赤坂中学校を訪問させていただくのは、私にとって今回で5回目でした。いつ来ても、生徒のみなさんや北原先生からいただくエネルギーはすごいです。これもまた毎回思うことなのですが、妥協のない北原先生の授業、そのもとで1年生⇒2年生⇒3年生と積み上げられていく英語力とその進化の過程の素晴らしさ。この度もまた、着実にそして確実に「使える英語」を「楽しく」、「みんなで」身につけていっている姿を見せていただきました。

　3年生のみなさんからは、先輩たちが積み上げてきた歴史を超えていこうというパワフルさを感じました。授業の合間に見せていただいた英語劇の様子からもそのように思いました。じゃれマガを読むスピードや、卒業文集作りで自分史を編集している様子、英検準2級取得者の数。赤坂中でしっかりと学んできた3年間の成果の一部を、たった2日の間にも感じさせてもらいました。高校受験を控え、大変な時だと思いますが、自信を持って頑張ってください。

　2年生の授業では、授業の合間にみなさんのスピーキングテストの結果を見せてもらって驚きました。発音はほぼ全員○、原稿を書いた人もほぼいないという状況。授業でも、さらには見せていただいた動画の中でも、発音のナチュラルな美しさに感動しました。この先もまだまだ力をつけて進化していかれるのだろうと想像すると、来年もまたみなさんの姿を見せてもらいに来たいなと思いました。

　1年生の北原先生クラスの授業は、授業後半の即興ロールプレイが楽しすぎました。教科書の一場面を生き生きと臨場感いっぱいに再生できる、しかも全員ができる。これこそが今の赤坂中学校1年生の英語力なのだと思いました。そこには英語を使う場面があり、感情がありました。英語をちゃんと生きた言語として操って。そんなみなさんの姿は、私の受け持っている1年生にもぜひ達成してほしい姿でありました。普段の授業で行われる本気のショートスキットやロールプレイが、あの3年生が見せてくれた大舞台につながっていることも実感できました。

　これからもみんなで楽しく元気に英語を学び、どんどん力をつけていってください。私も北原先生や赤坂中学校のみなさんに負けないよう頑張ります。本当にたくさんのエネルギーをいただき、ありがとうございました。赤坂中バンザイ！

＊北研鳥取支部会員　2018年2月

第7章

★赤坂中学校　３年生のみなさんへ

　２月16日（金）の卒業文集書きの際、「苦手な食べ物」をどのように英訳するのか、生徒のみなさんでホワイトボードに考えを書きに行かれていましたね。（書かれていた英文は① the food I dislike、② the food I don't like、③ the food I hate、④ the food which I can't eat well でした。）その後のジョウル先生と北原先生から①〜④のイメージのちがいをジェスチャーや顔の表情で解説されていましたが、みなさん笑顔がこぼれていましたね。私もつい笑ってしまいました。みなさんが考えを出し合うことで、考えが深まり、あたたかい雰囲気をつくっていると感じました。　（後略）

◆赤坂中学校　２年生のみなさんへ

　２月16日（金）、17日（土）に授業を見させてもらいました。授業がはじまる前から教科書を読み、ディクテーションの準備をされていて、授業がはじまる前から、みなさんの英語への意欲をひしひしと感じました。ディクテーション後の、１分間単語書きのテーマは、"have a 名"、２回目とは聞きましたが、have a nap, have a look など多くの用語が出てくることに驚きました。フォニックス単語書きでも、"certain"、"labor"、"urban" など下線部の音と文字も一致していることに、この発音も文字として書けるというみなさんの学びの深さにハッとさせられました。その後の、そのまんまスキットや教科書暗唱でも、みなさん生き生きと英語を話し、北原先生の「ブー」という音が鳴っても何度も挑戦する姿、ジェスチャーで教え合う姿が今でもはっきりと頭に残っています。　（後略）

◆赤坂中学校　１年生のみなさんへ

　２月16日（金）、17日（土）に授業を見させてもらいました。印象的だったのが、みなさんの反応の速さです。クイックQ＆A、Unit 8-2の文法復習、Basic Dialog スキット、スキット暗写まで、流れるように進んでいくのに、みなさんが全員理解してついていっていることに驚きを感じました。北原先生が "Next, そのまんま Skit" と言われたら、「やったー」と歓声が上がっていました。その後の、みなさんの発音とジェスチャーを合わせて発音している姿と発音の良さにも感心しました。

　教科書の暗唱発表会では、発表を聞いた後に友達の発表のいいところと、課題・改善点を言い合っていました。あの雰囲気がとってもいいと思いました。相手の頑張っているところ、そして相手が意識しないといけない必要な情報を伝えることで、みなさんがもっと伸びるからです。　（後略）

＊北研鳥取支部会員　2018年２月

## 7−2　赤坂中最後の北研レポート

　全国の学校で新型コロナウイルス感染症による臨時休業の措置が取られ、生徒の姿が学校から消えて半月たった2020年3月14日に、赤坂中での最後の北研が開催された。参加者のレポートを掲載する。

### 1．当日の内容　〜レジュメから〜

　　０−１　北原メソッドの神髄のひとつ　北研京都支部 ML から
　　０−２　３年生のさよならメッセージ　３学期学年末テストから
　　０−３　卒業生から後輩へのアドバイス
　　１　英語教師北原の足跡（じじいの繰り言）
　　　　１　師匠との出会い（25歳）
　　　　２　修業時代（20代後半）
　　　　３　出版社に目をつけられる（20代後半）
　　　　４　日本初中学生海外短期留学引率者に選ばれる（30歳）
　　　　５　都開発委員に選ばれる（33歳）
　　　　６　文部省海外研修（長期）に選ばれる（34歳）
　　　　７　仕事がやってくる（35-45歳）
　　　　８　もっと仕事がやってくる（46-52歳）
　　　　９　赤坂中時代（53-65歳）
　　２　ジョニー・イングリッシュ　アナログの逆襲②

### 2．参加者のレポート

★赤坂中学校での最後の北研に参加することができ大変嬉しく思います。赤坂中の玄関に入ると受付のところに消毒液が置かれていました。また、いつもの教室に入る手前のところには、「まずはお清めください」と張り紙があり、トイレの方向へ。手を洗ってから今度は入室の前に消毒液で消毒。マスクのない人のためにマスクまで置いてくださっていました。教室では始終、窓と廊下側のドアが開けられて厳重態勢での開催となりました。細部にわたり準備をしてくださった北原先生、菅先生、ありがとうございました。また、教室前の廊下には長野の萩先生や京都の森岡先生の北原先生へのカードも飾ってありました。私は開始15分くらい前に到着したのですが、すでに教室は満員で、最後列のベネッセの山田さんの隣の席を確保できましたが、その後に来られた先生方は机のない椅子だけの席となりました。東京都の先生方や近県の先生方の顔が見られましたが、いつも見える遠方からの先生方のお顔が拝見できなかったのは

163

ちょっと寂しくもありました。飛行機や新幹線を使って来られていた先生方がコロナのせいで断念されたこと、そのお気持ちを察するとせめてこのレポートをしっかり送らねばと思います。

　開始前にはこれまで開催された夏の合宿（熱海、高知、宮崎、長崎、茨城）の写真、北原先生のあの600人以上が体育館で参観された最後の都中英研究授業の映像、そして北研の先生たちで演じた英語劇 Friends の映像など懐かしい映像が映し出され、北原先生とあれこれ皆で話しながら振り返ることができました。

◆資料は以下の３種類

1　例会レジュメ「さよなら！赤坂中」

2　後輩に伝える役に立った授業と自分の勉強法「これやるといいよ！」令和元年度
　　卒業生

3　３年生学年末テスト生徒の答案用紙（名前は消して）（これは読んだ後回収）

まずは、レジュメ記載事項を。

0－1　北原メソッドの神髄のひとつ　北研京都支部 ML から

　　（レジュメから一部抜粋します…幹本下巻第３章リーディング指導　これまでの自らの授業スタイルでは確実に到達できないところに生徒を連れていける方法が凝縮されている。実際に授業の中で生徒たちが力をつけていく姿を生徒自身が感じているような変容が見られた。「能動的な授業」へ変わっていった。北原メソッドでじゃれマガ、読みトレに出会えたことに感謝。この出会いがなければ使い方はおろか使用教材ですらなかったでしょう。）

0－2　３年生のさよならメッセージ　３学期学年末テストから

0－3　「卒業生から後輩へのアドバイス」　別紙

1　英語教師北原の足跡（じじいの繰り言）

2　ジョニー・イングリッシュ　アナログの逆襲②　…これは、時間の関係で見られませんでした。

来年度以降の北研の変更点について（重要）

北研本家および全国19支部にご参加の皆さま、北研未体験の皆さまへ

会　場：ジャパンライムセミナースタジオ

内　容：北研会員から希望の多かった上智大学の授業とほぼ同じ内容を14回シリーズ
　　　　で。北原メソッドの最後の習得チャンス。

参加費：500円（学生100円）（ジャパンライムスタジオは１時間当たり4000円かかる
　　　　そうです）

0－2　３年生のさよならメッセージ

　いつもこの時期の例会で３年生の学年末テストで実施される英作文「先生へのお礼

の手紙」を見せていただきます。今回の作文は、英語力の低い生徒から高い生徒まで
その英文量がすごい。北原先生が「君たちは赤坂中で教えた最低の学年だったけれど、
一番たくさん書いた学年だ。どうしてこんなにたくさん書いたの？」と尋ねると、生
徒は、「書きたいことがたくさんあったから」という回答。書きたいことがある→言
いたいことも含めて、これを発信したいと思わせる→この英文量を書けるまでに北原
メソッドで育てた結果だと。生徒の英作文と採点結果を見ながら、一つひとつ北原先
生が解説してくださいました。（　）があるところは先生の補足。

◆英作文のタイトル：「About 北原先生」…この子の兄は中学生の時にすでに英検1
級を取得していた。「北原先生はこんな学校で教えるような人じゃない」と言ったこ
ともあるそうです。一部抜粋

～～But as time went by, I noticed, I was wrong. He isn't a(n) old grumpy
teacher, but a great old teacher. …… I know he cared about the class. He
never gave up on my class. (according to the record the worst class he
ever met) By the way stop with the dad jokes.　　　　　（17文、英検なし）
中3でこの英文、そしてジョークまで。日頃からユーモアが大切だと、先生を笑わせ
ること、ほろりと泣かせることを要求していた指導がここに表れている。そして北原
先生のコメントも素敵です。

I've never thought you respect me. On the contrary you seemed to dislike
me as you chose Mr. Suga's class every time. You never know how much
I was pleased to read this. Thank you!

◆次の生徒：「the trash can」…～～I am happy when I have a class. Especially
Mr. Kitahara's class was very interesting. It has become a good memory
for me. For example I was too loud to start studying English. Mr. Kitahara
got angry with me, but I didn't reflect at all. I was scolded by him again
and again. I went (to) Mr. Suga's class because I was too loud. (In) the
third term I came back to Mr. Kitahara's class. I had a class on the trash
can. I was laughed at by everyone. Mr. Kitahara called me "kugakusei"
because I looked like kugakusei. I(t) was not comfortable to study on the
trash can at first, but I got to used to (study on) it at last. Now I enjoy
studying English on it. Mr. Kitahara's class is the last year to teach English
in Akasaka j(J)unior h(H)igh s(S)chool(.) We are lucky because we have
had Mr. Kitahara's class for three years. Thanks to Mr. Kitahara's class, I
like English very much.～～　　　　　　　　　（32文　英検3級）
なぜこのタイトルになったかというと教室の後ろにあるゴミ箱、この上に板を載せて、

ここで勉強しろと先生に言われたから。「苦学生」と言われていたこの生徒がこれだけの英文を書いてしまうとは驚きです。これで英検3級ですか。

北原先生のコメント：You made me laugh a lot!! Ha, ha! I liked your smile and humor. Don't be a "kugakusei" anymore.

目に浮かぶようです。微笑ましいです。

◆「Courage is the most important」～～There are many experiences in my mind. Let's talk about them. Actually I thought you are kind when I entered this school. Because you smiled then. But you were scary. You were always angry and said "Tako!". I can't remember how many times you were angry with me. But you were not scary. You let us laugh. That was important for me to come to like English. I want to say "Thank you". By the way what is the most impressive thing for me? It is easy to say. It's skit. ～～～～Do you remember what you said to us? You said "the stupidest class of my life!" Oh, you always said to us such a thing. But I am sure you like the stupid class. I like it too. ～～ 　　　　（43文　英検2級）

But I am sure you like the stupid class. の下が気に入りました。この英文から本当に授業の1コマの様子が手に取るようにわかります。先生が語られたすべて、叱られたすべてが生き生きと書かれていて、読んでいて目頭が熱くなりました。

北原先生のコメント：Super writing! I'm proud I have been your teacher. We've had funny moments every time, haven't we?

◆「My memory with Mr. Kitahara」First contact is（was）two years ago. My sister said Mr. Kitahara is kind, but sometimes be（was）a strict teacher. ～～～When we had a first skit, we were very nervous and performed. At the（end）of the skit, Kitahara said "konnnagakunennhajimete". We were very disappointed. ～～～Then Mr. Kitahara said "You have（a）big energy and power. So you have to use them（in a）good way."（When）we heard this word, we were very happy. We thought Mr. Kitahara is a teacher who knows us very much. ～～～ Thanks to Mr. Kitahara, we will be a person who speak English very well. 　　　　（42文　英検準2級）

北原先生のコメント：Wow! You wrote 42 sentences, the top of everyone I'm glad you developed your skills in English.

「こんな学年初めて」のところいいですね。本当に書きたいこと、伝えたいことがたくさんあったのだなあと。そしてもう一人のは、プリントには掲載されていませんでしたが、タイトルは Thank you Mr. Kitahara で、1年の時には学校に来られなかっ

た生徒の作文でしたが、一生懸命に書かれていました。

　北原メソッドで授業を行っていくと一つひとつの活動に、またパフォーマンステストに生徒の意欲を掻き立てる要素が散りばめられていて、また定期テストの英作文問題と採点方法（減点法にしない）を考えるとこんな訓練、活動を１年の時から着実に実施していれば、これだけ書ける、書きたくなるのだと感じました。とにかくじっくり読んでみると本当に英文が生き生きとしていて情景が浮かび、北原先生と、生徒たちの心温まる日々をうかがい知ることができました。もちろん、「なんで教員人生最後の学年がこんなんだ！」と嘆いていらっしゃったのを知っているだけに英語力のその伸びに驚きを覚えます。北原メソッドの「音を大切に」を諦めずに続けてこられたからなのだと実感します。

０－３　「卒業生から後輩へのアドバイス」

　「新１〜３年生へ　下の記述はすべて参考になるものですが、下線は菅も特におすすめの勉強法です」

…いつもの、後輩へのアドバイスが書かれたプリントですが、今回のものは菅先生のお名前になっていて改めて北原先生の引退を実感させられる文字でした。さて、いつものように辞書、英語の歌、発音、音読、文法、宿題、テスト、パフォーマンステスト（スキット・スピーキングテスト）、長文、積極性、授業態度、リーディング、リスニング、スピーキング、ライティング、語彙、ベーシック・ダイアログ、その他、にカテゴライズされています。分類がより細かくなっていると思います。生徒が書いたものを先生が分類されていると以前伺ったことがあります。菅先生も昨日の北研で言及されていましたが、「その他」のところに１年生の頃、不登校で学校に来られなかった生徒のコメントが掲載されています。不登校の頃は勉強なんてしていなかった。この１年間の勉強だけでも入試で80点取れる。単語を覚え、長文を読む。発声すれば伸びる。英語の歌を歌う、英語の教科書を音読する。今英語ができなくても諦めない。頑張れ、と。自分が不登校だったことを臆せずに公表し、後輩を励ます言葉。英語の授業を通して自分を開示することを学び、自信を持ったのでしょうね。

１　英語教師北原の足跡（じじいの繰り言）

　北原先生の教師年表とともにお話を伺いました。教師第１日目については以前、教育新聞の記事のコピーで読ませていただきましたが、その時の様子をまるでビデオの再生映像さながらに伺いました。同僚のH先生と飲みながらどうしたらもっと学校が良くなるかを話し合った（同僚のH先生はのちに全日本中学校校長会会長になる）。当時、若い男性教員は、ほとんど研究授業の出張には行かせてもらえずに学校にとどまってツッパリ君たちの指導をするのが常だったそうですが、ある日他校の研究授業の案内を見て、「こんなのがあるのか」と知った。それを分捕って行ってみたのが、長先生

167

の授業だったそうです。今でこそ「授業こそ命」と言われるが、当時は誰も教えてくれなかった。ある時、長先生が隣の学校に異動してこられた。北原先生による長先生の追っかけが始まる。幹本にもありますが、いわゆる、長先生の「雪の日の授業」で英語教師としての北原先生の目を開かせてくれたわけです。理論の勉強と実践の積み上げに励んだ修行時代。

三省堂のCROWNの教科書は若林俊輔先生（あの「英語は『教わったように教えるな』」の著者）が書かれていた。ある時、CROWNの教科書のミスに気づいた。ルイス・キャロルの原作を読んでいたので、教科書の挿絵にあるテーブルの足が4本だったことに疑問を感じ三省堂に電話して指摘した。原作では "three legged table" と書かれていたから。こんなことをやっていると出版社に目をつけられる。→都研究員をスキップしていきなり開発委員に抜擢される。→34歳で文部省海外研修（長期）に選ばれる。次女の方が生まれて間もない頃にイギリスへ出発。エクセター大学での理論漬けの日々…印象に残ったエピソードを報告します。大学からロンドンまでは電車で1時間半くらい。そのロンドンにある本屋（例えば英語教育に関する本なら1フロアいっぱいにある）に毎週末通った。本棚の端から端まで見た。ある時、客が自分のことを店員だと思って本を尋ねてきた。北原先生はその本ならあそこですよ、と場所まで教えることができるほど知り尽くしていた。このエピソードは中学生の頃、町にある3軒のレコード屋さんで買えないレコードの歌詞を覚えるべく立ち読みをしていたという幹本の場面を思い出させました。

イギリスに派遣される前に全国の研修生が集まって合宿があったそうです。そこで出された課題が「研修に行くにあたっての自分のテーマを述べよ」というもの。皆翌日に大きなバッテンをもらっていたが、北原先生はマルだった。なぜか？ 他の人たちのテーマは抽象的なものばかりだった。先生は、「生徒が主体的にコミュニケーション活動できるようになるためのペアワーク」というように具体的なものであり、また日頃の実践から生まれる疑問を学びたいという意志があった。日頃から定期試験の分析をするなど研究していないと、ゼロからのスタートでは難しい。

エクセター大学で特に大きな学びになったのは、あの "Practical English Usage" の著者 Michael Swan さんの4番目の奥さん（笑）が教えるコースに入れてもらったこと。Methodology が大変ためになった。

北原先生の英語教師年表はまだまだ続きます。とりあえず、この3月で再任用満了につき赤坂中学校を退職されること、本当にお疲れさまでした。私も「北研の魅力」をお伝えできるのであるならと考えてみました。これは、生徒たちにも同じだと思いますが、厳しくも深い愛情で真剣に私たちに応えてくださる、英語教育についてとことん、具体的にご自分の後ろ姿を常に示してくださる点、現役を貫いて現在の生徒の

実際を見せてくださる点、どこの研修へ行っても生徒の成長を数値で示してくれる講師はいないです。そして何と言っても全国から集う先生方との学びだと思います。

　北研では、このように例会に参加したら１週間以内にレポートを発信することになっています。それは、全国の参加できなかった仲間へ伝えることと同時に自分の振り返りとなること、これがとても自分のためになっていると実感します。参加しっぱなしでは、忘れるのは早いです。参加者が同じ例会に出席しても感じ方受け取り方は違います。だから、これは～先生が書かれていたから自分はいいだろうというのは、ダメだと以前おっしゃっていましたよね。さまざまな人たちのさまざまなレポートを読むことで参加できた人も参加できなかった人も学ぶことが多いのです。

　以前、田尻先生がこの北研のことを（レポートについて）「北研てすごい」と褒めてくださいましたよね。また、埼玉の川村先生も北研の第１回夏合宿に講師として参加してくださり、おっしゃっていました。それから赤坂中の国語科の甲斐先生（教科書の執筆者でもある）も、おっしゃっていました。このメンバーとしてここに居られること自体に感謝したいです。皆で写真を撮っている頃、外は雨から雪に変わっていました。長先生の「雪の日の授業」を話題にしていたところだったので、なんとも感慨深い赤坂中での最後の北研でした。　　　　　　　　　　　　　（埼玉県　ＭＣさん）


★北原メソッドについて思うこと

　最近、あるテレビ番組でデジタル教科書・教材が学力向上に一役買っているという番組だったか、ニュースだったかを見た時に、不思議に思った。点数が劇的に伸びたという教科が４教科だけで、英語だけが抜け落ちていたからである。いくら便利なものができたとしても、使い方を誤れば全く意味をなさないのだとその時に思った。

　３年生の答案用紙は、「最も英語力が劣る生徒」であっても、最初に挨拶、本論、最後に結びの挨拶、というような流れができているばかりか、一つひとつの英文を読んでも、文構造がおかしくて意味がわからない文は一つもない。そればかりか、内容が良い。北原先生「君たちは、英語力は最低だったが、一番たくさん書いてくれた。」生徒「だって、書くことがたくさんあったから。」授業で他のクラスメイトに迷惑をかけた生徒が、忘れ物をして掃除したり、自分で悪いことをしたと振り返ったり、課題をやらなかったのでスパイラル・ワークシートを扱ってもらえなくなったことは良いと思っていないなどを綴っていた。中３で習う現在完了や後置修飾を自然に使いながら。北原先生との人としてのつながりが強く感じられる、人間味溢れる内容には心を動かされるものがあった。

　今回の研修でのお宝の１つは、「新１～３年生へ」である。後輩に向けて、役に立った授業と自分の勉強法「これやるといいよ！」を、３年生が心を込めて書いたもので

あり、多分、そのままコピーして使う目的でつくられた一覧である。ここにも学年を超えた温かいつながりがある。

　研修の後半では、北原先生のキャリア紹介を通して、海外研修や論文発表を通じて、何度かの勉強を集中的にやる機会があったことがあり、北原メソッドがそういう理論的な裏づけが大きいということが伝わってきた。教科書の後ろについている Can-Do リストは、相当な実践も反映されているという。普段から何らかの持続的な問題意識を持って仕事に取り組み、自分自身を向上させるようにということも伝わってきたように思う。

　研修の前日、滋賀県の中西先生から、幹本をあらためて読むためのガイドになるような、本の内容の全体像が会員に示された。研修で頂いた週案を読み返すにも役に立ちそうである。北原メソッドは、多くの活動は、形だけをまねることはそれほど難しいことではないように見える。しかしながら「生きた授業」にするのは、実は相当難しいとあらためて思う。

　先日、ベートーヴェンの生誕250年の企画で、スケッチだけが残された交響曲第10番を、AI に作曲させて、少人数のアンサンブルで演奏する試みが行われた。その演奏からは、無駄を削ぎ落したモチーフの有機的な集合体、宗派を超えた神への祈り、厳しい社会生活での戦やドラマ、全人類の平和を願う心情など、楽聖の作品を特徴づけるものは全く感じ取ることはできず、空虚な見せかけしか感じられなかった。これからの時代、AI が英語教育にどれだけ貢献するであろうか？ 実際の授業では、生徒が目の前で何をしているのかをよく観察しながら、教師は瞬時に判断して、待ったり進んだり、考えたプランを微修正して授業を行う。集団相手であれば、限られた時間の中で、その場で気づいた大小の問題点にどう対処するかも求められる。もしかしたら、そういうことについて、AI は幾らかの手助けをしてくれるかもしれない。しかしながら、AI が中心になった授業で、果たして、今日読んだような生徒の作文ができ上がるだろうか？ コミュニケーションが重要な英語においては、人とのつながりがより重要だ。やはり、生徒の顔を思い浮かべながら授業の準備をして、実際の授業は生徒と一緒につくりあげる要素が英語は特に大きいので、AI には難しい領域がより多いのではないかと思う。生徒と一緒に楽しみ、生徒の視点で、物事を考え、日頃から自らを高める努力をすること、これは人間にしかできないと思う。北原メソッドを正しく実践するための要素の１つだと思う。
（神奈川県　学習塾経営　ＴＡさん）

★（1）最後の手紙　北原先生恒例の、学年末テスト「手紙」。
　Criteria が参考になりました。量（Fluency）、質（Accuracy）をメインにかつ均等に見られていることと、構成点が別で設けられているのがポイントだと思います。

ボーナス点も素敵！ 好きです！ そして３人の先生方がみなさんコメント（もちろん英語で）を返されていたのも素敵だと思いました。

　北原先生がおっしゃっていたのは、過去最低の学年だったが、過去最高の分量を書いてきたということ。生徒さんに、なんでそれができたの？ と聞くと、「書きたいことがあったから」と返答がきたそうです。やはり大切なのは、「伝えたい」気持ちがあること、「中身」、「内容」なんだなと改めて感じました。

（２）北原先生の教師人生から学ぶ

　以前私が参加した北研でも北原先生の教員歴エピソードが聞けて、包み隠さず（!?）お話ししてくださることに感動しましたが、今回もそうでした。塾講師、家庭教師などの経験から、「俺以上に授業のうまいやつはいない」と思って始まった教師人生。マスクのヤンキーたちに「日本語しゃべれよオラ」と言われながらも英語で授業をしていたし、自分の指導に自信があった。なので他の人の授業を見に行ったことがなかったし、見に行こうとも思わなかった。そんな中、初めて行った研究授業で長先生の授業を見て、「これが授業だ」と感動。「授業が命」だなんて、当時は誰も教えてくれなかった。部活動じゃ変わらない。学級通信では変わらない。ジャージ着てちゃだめだ。スーツでネクタイして授業をやろう！ 長先生のやり方は、誰にでもできると気づく。長先生は同じ話を何度もする。自分の指導力が上がっていくと、今までわからなかった長先生の話がわかるようになり、それが面白かった。同僚の先生と「日本の教育変えような」と語り合う。英国派遣、教科書執筆、英検助成論文、研修講師、北研発足……などなど。一つひとつのことが楽しみだった。それができたのは仲間がいたから。研究部や委員会、文部省の全国からの会議、世の中にこんな人いるんだと Stimulating だった。　　　　　　　　　　　　　　　　　　　　　　　（神奈川県　ＩＭさん）

★新型コロナウィルス感染症の影響で、赤坂中での最後の北研はどうなるのだろうと、内心少しドキドキしながら会場に向かいましたが、外からも教室に大勢の人が見えて、安心しました。

０−１　北原メソッドの神髄のひとつ

　北研京都支部ＭＬに投稿されたレポートを読みました。

○北原メソッドのリーディング指導は「これまでの自らの授業スタイルでは確実に到達できないところに生徒を連れていける」

０−２　３年生のさよならメッセージ

　赤坂中３年生の最後の定期考査（先生方に対するメッセージ）の解答を６人分読みました。家で日常的に英語を使っている生徒の解答から、英語が苦手で、パフォーマンステストでもジェスチャーに合わせて一生懸命英語を身体に染みこませていた生徒

171

の解答まで、英語のレベルはさまざまだったと思いますが、どの解答用紙も先生方に関する感謝であふれていました。北原先生「この学年は赤坂中で教えた中で一番できなかったが、このテストには一番書いた。どうして？」生徒「書くことがたくさんあったから」この会話で、北原先生と生徒たちの濃密な３年間が感じられます。

０－３ 「卒業生から後輩へのアドバイス」

１年生の頃、学校に登校できなかったＡくんのコメントより

「この１年の勉強だけでも（都立）入試で80点取れます（自己採点）。単語を覚え、長文を読む練習をする。発声すれば伸びていきます。」

Ａくんは、定期考査のメッセージ（前述）でも、13文と量は十分でなかったものの、しっかりと自分の思いを綴っていました。Ａくんの成長（学習面や英語に対する前向きな姿勢）こそ、北原メソッドの生きた証でありますし、私たち教員が願うことだと思います。

１ 英語教師北原の足跡

今回は小グループの話し合いができませんでしたが、その分じっくりと北原先生の教員人生を伺うことができました。貴重な話でした。衝撃を受けた長先生の「雪の日の授業」から、20代後半の修業時代、イギリスでの６か月の研修、文部省、全英連、教科書会社から依頼された仕事の数々、そして、現在の上智大学の非常勤講師を勤めるまで……。「キャリア」を積むという面でも、自分自身の今までとこれからの教員人生について考える機会をいただきました。北原先生の口から出てくる恩師や同僚の先生方のお名前は、英語教育に関わる書籍などで、見たこと、耳にしたことがあるお名前ばかりです。現在も英語教育をリードしてくださっている先生方もたくさんいます。北原先生や同じ志を持つ先生方がつけてくださった英語教育の道筋を私たちが受け継いでいかなければいけない。そのために、もっと力をつけていきたいと思います。北原先生「研究は、ゼロからではいけない。テストの分析やグルーピングなど、日頃からしていることを基に行っていく。」→日頃から意識を持って、取り組んでいくことが大切。　　　　　　　　　　　　　　　　　　　（東京都　ＯＪさん 2021年６月急逝）

★北研に参加された皆さんは北原先生の人生をお聞きした後、何を考えられましたか？

赤坂中学校最後の例会では、北原先生の教員人生を惜しみなく教えていただきました。自分がちっぽけな人間だなと凹むのもつかの間、北原メソッドでまだまだやりたいと思えることがたくさんあることに感謝です。手帳が真っ黒です。（　）は私の感想です。

０－１　北原メソッドの神髄のひとつ　　北研京都支部 ML から

幹本下巻の第３章リーディング指導について

北原メソッドは、「させられる授業」から「能動的な授業」。「食材をどう工夫して食べてもらうか」から「仕上げたものを食べるのではなく、調理実習のように自分でやってみる楽しさや栄養を考える楽しみを与える」

０−２　３年生のさよならメッセージ

　１枚目の生徒は、いつも菅先生のクラスを選択するし北原先生に対していいように思っていない様子だったが、北原先生への感謝の気持ちを書いていた。ALT のジョウル先生に対しても、「北原先生はこんなところで教えるべき先生じゃない。開成とかで教える先生なんだ」と言っていたそう。（先生好きーと素直に好意を示してくれる生徒もいれば、こういう生徒もいるもんですね。）

　２枚目の生徒　タイトル「The trash can」

　あまりにうるさかったので、菅さんのクラスに１回追放された。戻ってきてからもうるさいので席を移動させて、後ろの端のゴミ箱に板を置いて勉強させていた。北原先生に苦学生と言われていたと書いている。最初は勉強しづらかったけどだんだん慣れてきた、英語の教室も僕が辞書を忘れて掃除をするのでピカピカと書いていた。北原先生の授業を３年間受けられたことへの感謝やミキノートを買ってこれからも勉強するという決意が書かれている。

　A君：１年の時、学校に来ていない生徒が都立入試で80点以上取った。Aパターンの文法導入の授業が大きい。毎回１年から振り返れるから追いつくことができた。

　菅先生から採点していてどう思ったかの感想

　A君は、授業中書き終わらないほど熱心に後輩にお勧めの勉強法をたくさん書いてくれた。ネタがなければ書けない。平均20文〜30文以上書いてくれた。この用紙では足りない生徒も何人もいた。

　３枚目　英語の歌「Bad day」

　入試前だから勇気づけるために北原先生はこの曲を選んだ。（この曲は、歌詞も文になっているし、メッセージ性もありとてもいい曲だと思いました。コメントも英語の先生が聴かせてくれてからドはまりしてますというのが何個かありました。）生徒には「この赤坂中に来てから、最低の成績の学年だよ。でも、この作文は過去最高。内容があることが重要」と振り返りをされたそうです。

１　英語教師北原の足跡（じじいの繰り言）

　幹本を４冊書いたが、本当は書きたいのはこういうの。今、80％ほど書き終えている。（北原註：「ひと味違う　教師の幹をつくる本」2022年６月、On and On 刊）

第４章「学校を変えてやる！」　５　雪の日の授業

　25歳の時初めて人の授業を見に行った。それまで出張があるのを知らなかった。当時荒れた学校で働いていた。英語科の公開授業のお知らせがあり、「何か」と聞いた

ら「君には関係ないから」と隠された。若手がいなくなるとツッパリグループを抑える教師がいなくなってしまうため、出張の存在を教えてもらってなかった。長先生は何回か授業公開して、毎回雪だった。当時、北原先生は、英語をしゃべることは苦じゃなかった。「日本語でしゃべろよ」「かっこつけてんじゃねーよ」と罵声を浴びせられた。大学時代アルバイトで家庭教師をやっていた。100％希望校に入れた。40年以上前だったが、週１回で３万円稼いでいた。友達が塾を始めてそこでバイトもしていた。人気講師だった。まるでピノキオ状態だった。人の授業を見ようと思えない。しかし長先生の授業を見て、授業とはこういうものだと思えた。校長のところに行って、今の学校やめますと宣言して異動した。以前は、バレーボールと学級通信で学校を変えようとしていた。でも授業をちゃんとやろうと決めた。同僚は、今、早稲田の教授をやっている人。日本の教育変えたいなと当時からずっと言っていた。

第５章「授業が命だ」

　荒れていた学校で卑怯な人がいた。生徒と対峙しようとしない、後ろの方にいる。「北原君、キャリアが大切だよ。教科はライバルが多いが、道徳や特活がいいよ」とささやかれた。その人は、のち道徳のスペシャリストになっていた。

　20代後半、三省堂の問題集を書く仕事が始まった。アウトプットばかりでは体が細ると気がついた。書いていくうちに力のなさがわかってくる。

　30歳、墨田区で目玉をつくろうということで「日本初中学生海外短期留学」の引率者に選ばれて３週間引率。アメリカに当時行ったことがなかった。ワイオミング州で３週間。

　33歳、東京都開発委員になる。研究員をやった人が開発委員となるのが普通。研究員、開発委員は、今年は何区と何区と決まっている。指導主事から話が来ないとできない。やってみたい人は、校長・指導主事に言っておくとよい。最後の２月の本番の授業公開で授業を行った。ペアワークは当時新しくて、生徒がたくさん動くのに驚いたという意見があった。後に「スーパー・ペアワーク」の元になるもの。

　34歳、文部省の海外研修に選ばれる。東京都は高校・中学・高校・中学と順番に。どうやって選んだ→開発委員会の授業をやった人。家内に言い出せなかった。上の子が２歳で下の子が生まれたばかり。「行きたいんでしょ」と言われ、行かせてもらった。両家の親には頼らないというのが結婚で決めたこと。30年前のことなので、行ったら行ったきり、連絡が取れない。

　当時ペアワークが楽しかった。つくって、やってみて日本で流行らせたかった。オリンピックセンターで事前研修をした。どんな研修をしたいか書いて書類を提出する。レポートが翌日返却される。バツになった人は抽象的だった、「コミュニカティブティーチングの勉強をしたい」など。具体的でないと、留学先での時間は全然ない。

今まで自分がやったことでないと厳しい。だからこそ普段から問題意識を持つ。突然研究論文なんて書けない。6月出発～9月まで向こうの語学学校に行く。世界中から高校生も含め生徒がくる。3週間×4で12週間。だんだん飽きてきた。しゃべることはしゃべるけど、レベルはそんなに高くない。本を探すようになってきた。ペアワークに関する本はなにもないが、レファレンスブックは大量にあった。ロンドンの Foyles という本屋に通った（basement は全部英語教育）。住んでいたところ（Stratford-upon-Avon）からロンドンまで1.5時間。土日に行って本を片っ端から読んでいった。授業について語学学校の校長に直談判した。（校長自らヨーロッパの英語の先生たちの授業を担当している）レベルが高すぎるから無理と言われたが、北原先生だけ許可を取れて参加した。Michael Swan の「Practical English Usage」などを学んだ。3週間とても勉強になった。

　10月から大学の授業。辞書学で有名なエクセター大学。Methodology を学んだ。日本人学生は6人。向こうで5ページ使えるなと思う本があったら買って、段ボールで日本に送った。夜、本を読んで分類分けをしていた。当時はパソコンがなかった。

7．仕事がやってくる（35-45歳）

　1990年：教科書会社2社からアプローチがある。つまらなそうだなと思っていた。全英連の公開授業の発表者になった。留学後8年、文部省で仕事をした。1993年、長先生から教科書をやってくれないかと依頼があった。平成5年版から著者、このやり方でいいのかなと思ったので、英検助成論文に入選した。今思えば稚拙だったけど、審査員に絶賛された。データをたくさんとっていた点と子ども中心にやっていた点が目に留まった。色々できたのは仲間がいたから。色んな場所に行って、世の中にこんな人いるんだと刺激になった。英検の Can-Do リストを使った Self-Access Learning リスト作り。英検を受けようとしている生徒にどう判断してアドバイスする？ 英検の Can-Do リストは項目が大人向けだから、中学生向けの言葉にしたものをつくった。全国からのデータを集めてやった。子どもたちが自分でチェックしていて自分で受かるか受からないかわかる。その直後に教科書の中に Can-Do を入れなさいと文科省が言ってきた。当時、校正も終わっていたので、急遽北原先生のリストを教科書の最後に入れた。

　2005年から中英研研究部長に就任。かなり大変だった。10年ほどやった。東京教師道場助言者、授業のことに専念できるからおすすめ。2015年都中英研研究部公開授業者で612名参加。2016年北研アカデミー発足、最終的に46名から10名になった。〆切を守らない人は企業に推薦できないから、レポートの期限は重要。また、中身がない空虚なやつはだめ。

◆4月からの北研は本郷三丁目駅のジャパンライムにて行う。内容は上智大学の教職

課程の授業をそのままやります。（大学の教職の授業っていくらだろう？ ※上智の科目等履修生の値段を調べてみました）

履修費（１単位当たり）

| | |
|---|---|
| 文科系科目（新聞、心理、看護学科開講科目以外） | 33,900円 |
| 教職課程履修費 | 15,000円 |
| 計 | 48,900円 |

　同僚の20代の先生が「大学でもこんなにていねいに教授法について教えてもらったことがなかった」と言っていました。今回も自分と同じ世代の先生が多く参加していました。千葉さんは同僚の先生全員と参加されていて素晴らしいなと思いました。どの角度から見ても本物の先生だからこそ、同僚・友人に勧めることができます。生徒想いの北原メソッドをもっと多くの方と共有していければなと思います。

（東京都　ＹＣさん）

★０－１　北原メソッドの神髄のひとつ（北研京都支部 ML から）

　北原メソッドの根幹の１つがリーディング指導なのではないか。北原メソッドを取り入れることで「させられる授業」から「能動的な授業」に変わったという話。この話には私も共感する部分があります。北原メソッドに出会うまではリーディング指導は文法説明などの理解の段階で終わっていましたが、北原メソッドで指導しだしてからはジェスチャーを使ってのリプロダクションや音読の宿題など、アウトプットや定着に重きを置くようになったと思います。

０－２　３年生のさよならメッセージ（３学期学年末テストから）

　幹本（テスト編）にも載っている３年生の学年末テストの英作文を公開してくれました。今年度の学年は１年生の時から落ち着かず、北原先生も指導に苦労していた話をよく聞いていました。しかし、作文には感謝の言葉や授業での思い出が書かれており、北原先生と生徒たちが心を通わせていたことがわかります。また、文章のセンスがいいです。何というか固い文章じゃない。難しい表現を使っているわけではないのですが、よくそんな風に書けるなと唸るような文章なのです。北原先生が言うには学力はないけど英語の言語のセンスは赤坂中で教えてきた中でピカ１。個人的には、"You said 'the stupidest class of my life!' Oh, you always said to us such a thing. But I am sure you like the stupid class." という文が好きです。普通、クラスのことをバカにする教師は生徒と良い関係を築けません。しかし、北原先生の場合 always でもきちんとその裏にある愛情が伝わっていることが生徒の作文からわかります。懇親会の席で北原先生が「よく俺は生徒想いの先生と言われるけど、自分ではそんなこと思ったことがない。当たり前のことを教えて、当たり前のことを注意して

いるだけ」と話していました。世の中、その当たり前がなんなのかわからずに指導している先生が多いのかもしれません。北原先生は若い頃に長先生と出会い、授業で生徒の力をつけることが当たり前だということを知りました。しかし、授業に対して力を入れず、誤った当たり前を教えて、自分は「生徒想いの先生」だと思っている先生も多い気がします。熱意だけでは空回りするので、きちんと学ぶことが大事なのだと思います。

０−３ 「卒業生から後輩へのアドバイス」

　学年末に生徒が書く後輩へのアドバイス。ある生徒のアドバイスが取り上げられました。「私は１年生の頃、不登校で学校に来ていませんでした。もちろん不登校の頃、勉強なんてしていません。まともに勉強し始めたのは３年生になってからです。この１年の勉強だけで入試でも80点取れます。単語を覚え、長文を読む練習をする。発声すれば伸びていきます。英語の歌を歌う、英語の教科書を音読する。今英語ができなくても諦めない。英語はできるようになります。頑張れ！」この生徒は都の入試の自己採点で英作文（12点分）を抜いた状態で80点だったそうです。このようなアドバイスをもらったら諦めかけている生徒も「もう一度頑張ろうか」と思うかもしれませんね。北原先生曰く、１年に戻る文法指導がこの結果の一因なのではないか。また、他にも英語が書けるようになった生徒の意見として、「音読が役立った」「音読で頭の中に音を入れておくのが良い」「頭の中で音を探しながら書きました」のように書くことと音読がつながっていること。書くことにも音声が重要であることが書かれており、このような先輩の生の言葉を届けることで音読の重要性が伝わるのだなと思いました。

１　英語教師北原の足跡（じじいの繰り言）

　北原先生の自分史。教師になってからの年表。いずれ、書籍化する予定。25歳の時に長先生の授業を見て、「そうか、授業なんだ。やっぱり授業なんだ」と気づいた。それから長先生の追っかけになった。長先生が行く研究会はどこでも行ったし、飲み会にも必ず参加した。「何度同じ話を聞いたろう。でも、決して飽きなかった。自分が英語教育の勉強をして実践を積んでいくと、それまでわからなかった話が突如理解できるようになる。それが楽しみだった」今の自分と同じだと思いました。北原先生の話を何度聞いても飽きない。だんだんと理解できることが増えていく。身をもって実感しています。

　北原先生年表を見て、北原先生がやっていた仕事は全英連の授業者や分科会発表者、文部省の仕事、中英研研究部の公開授業や部長など多岐にわたっていてすごい量であるが、家庭と両立してやってきたところが一番すごいと思います。今回の北研で初めて知りましたが、北原家は奥様と２人で両家の親には頼らないと決めていたそうです。ですので、２人の娘さんの育児も全部自分たちでやってきた。奥様も教師なので北原

177

先生が料理は全部やってきた。北原先生は家庭を省みないモーレツサラリーマンとは違うのです。でも、これだけの業績を残せる。これは私のような男の教師よりも女性の教師に希望を与えることだと思います。だから、北研は女性の教師に人気があるのでしょう。 （千葉県　ＫＮさん）

★ Hello everyone, this is G********, the JET-ALT from Tokyo Metropolitan Fukasawa High School. Below is my report from the 174th Kitaken study session, which took place on Saturday, March 14, 2020.

Backtrack:

The day before (Friday, March 13, 2020), we had a special visitor at Fukasawa! Just as a couple of my fellow colleagues from the English department were viewing one of Kitahara-sensei's educational videos, the man himself popped out of the video like Sadako. Just kidding, he actually came through the door with his bicycle helmet still on. We were really lucky to suddenly have a personalized study session and as Takeda-sensei mentioned in her report, our previously uncommunicative department became more motivated for the next school year. Thank you again, Kitahara-sensei for biking all the way to our school to provide us with specialized commentary!

Study Session:

We began the study session by looking over end-of-the-year comments for Kitahara-sensei by his students. One of the main themes throughout the comments was that students at first felt Kitahara-sensei was really strict, but then later realized the importance of his pushing them. The students' self-reflection (on the usefulness of English songs, for example) demonstrates how they have learned a great deal from their teacher.

We then got to hear Kitahara-sensei discuss his career. Through his reflection, we could gain much insight into the life of an educator and I think we all contemplated our own teaching thus far. I hope to have such a lengthy list of accomplishments and experiences!

Kitahara-sensei, thank you so much for your dedication to English education. I'm so grateful I was introduced to your study group. I learned a lot from you and want to continue learning from you. Not only that, but I was able to make acquaintances with fellow English teachers around the country. I am truly indebted to you.

Looking forward to seeing everyone at Kitaken in Bunkyo! Please stay healthy and take care.

All best,

G********

「先生も生徒も楽しい」「確実に英語力が上がる」「無駄な勉強はしない」「高校でトップクラスの英語力を維持」「授業の準備時短」を実現する北原メソッドを広めるべく、北研（基本英語指導技術研究会）を発足したのが2004年４月。毎月１回勉強会を主宰し、2022年11月には通算200回を迎えることができた。またメーリングリストを整備して北研会員の情報交換の場とした。（北研本家会員数2024年２月現在366名。）その後、全国のあちこちに北研支部ができ、最多時で19支部（MLがある支部13）を数えた。この章では北原メソッドを使って生徒の学力が大きく伸びた事例を紹介する。

## １．東京都　中学校

2023年３月のある日、次のようなメールが入った。

　明日、１年生から３年生まで学年主任として持ち上がった生徒たちが卒業します。３年間の生徒たちの頑張りと成長を感じ、昨日の卒業式予行、本日の最後の学年集会、何度も涙を流してしまいました。この学年は、入学式をグラウンドで行いました。次の日から２ヶ月休校になりました。分散登校で授業をスタートできたのは６月でした。そこから、３年間、英語は先生からご教授いただいた北原メソッドで行ってきました。前任校で１年から３年まで持ち上がって２回指導できたことで、北原メソッドの威力は実感していましたので、今の学年を最初に担当するにあたり、校長先生には「必ず結果を出すから、英語は３年間継続して、私のやり方でやらせてほしい」とお願いし、３年間、やりたいように（北原メソッド）やらせてもらいました。出会った１年生の最初は、「英語が嫌い」という生徒がどのクラスも８割を超えていました。それが、北原メソッドで指導する度にどんどん表情が変わっていきました。授業や活動を管理職が見るたびに、１年生の時から「これまで見たことない活動だけど、生徒の表情がこれまで見てきた本校生と違う」と言われ、英検IBAも毎年、過去の学年の数値を大きく上回り、３年生となった今年、各調査やテストの数値を見た管理職は「１年生の時からこれまでと違うな、と思ったけど、あのような活動の積み重ねが、３年生でこうなるんだね」と言ってもらいました。本日、都立入試の点数が各高校から届き、その平均点を入力し、「今年のまとめ」、「後輩たちへのメッセージ」をまとめることができましたので、恥ずかしながら、ご報告させていただきます。都立共通問題の平均点が都平均より14点高く驚きました。これは、自校作成校受験者や難関私立受験者、３年間授業を引っ張ってくれた学年の英語トップ層約20名が入らない中での点数のため、さらに驚きを隠せません。また、何より授業中の生徒の笑顔、生徒みんなが成長

できる「北原メソッド」の威力、ただただ感謝するばかりです。北研に在籍し、素晴らしい実践をされている先生方の足元にも及ばず、恥ずかしい限りなのですが、そんな私でもこの学年の生徒たちを成長させることができたのは、北原先生がご教授してくださった北原メソッドと、それを信じ、日々努力してくれた生徒のおかげです。本当にありがとうございます。まだまだ私の力不足により、伸ばせなかった部分も多々ありますので、この生徒たちを超えられるように、指導力をさらに高めるべく研鑽を積んでまいります。

　添付されていたデータを見て、心底驚いた。これまでも北研会員から同様の報告をいただいてきたが、データの緻密さと成果の高さ、そして「私が指導したのではないか」と私自身が錯覚するほどの北原メソッドの再現性の高さは群を抜いている。ご本人の了解を得てご紹介する。（名前や学校名はマスキングしています。）

---

令和2年度入学　令和4年度卒業（2020年4月〜2023年3月）

生徒数　：202名　3年間を通して、北原メソッドで指導

授業形態：1、2年次−2クラス3展開少人数授業（3人の英語科教員）
　　　　　3年次−クラス単位　週3時間（私）　週1時間（学年所属の他の英語科教員）

授業計画：私が指導計画を作成し、ほぼ同じ内容で実施。他の教員には活動をそろえてもらったが、北原メソッドの指導方法（Flash Card を使用した語彙指導・Picture Card を使用した Q & A、辞書指導など）までそろえることができなかった。Basic Dialog だけは必ずやってもらった。3年次の週3時間は北原メソッドでの指導を行うことができた。

テスト作成・評価テスト作成：テスト作成は私ともう一人の教員が交互に作成した。ただし英作文の部分は私が3年間通してすべて作成した。私のテストについては、北原メソッドで作成。評価は3年間すべて私が行った。

3年間の活動

◆1年生（2020年5月〜2021年3月）

・音読テスト（8月）

・Speech　1回目：自己紹介（10月）　2回目：My Favorite Person（12月）　3回目：My Treasure（3月）※感染対策を徹底して実施

・Quick Q & A Speaking Test（2月）　・教科書の「□読み」（Bパターンの宿題）

・Writing ノート（冬休みからスタート）　・Picture Card を使用した Q & A（Bパターン）

・映画「Back to the Future」「Home Alone」

※音読やペアワークについて、ほとんど活動を止められることはなかったが、マスクを外しての活動は認められなかったため、発音指導には苦労した。

◆2年生（2021年4月〜2022年3月）

・音読テスト（学期1回）　・Speaking Test "Topic Chat"（学期1回）

・Speech "My Dream"（6月）　・連休日記（GW 宿題）

・夏休み絵日記（夏休み宿題）

・日本のおすすめの旅行地プレゼンテーション 発表（11月）

・Last Sentence Dictation（毎時間）　・Vocabulary Building（毎時間）

・読みトレ50（通年）　・Writing ノート（通年）

・Picture Card を使用した Q & A（Bパターン）

・映画「Back to the Future 2」「Home Alone 2」「ET」

◆3年生（2022年4月〜2023年3月）

・Speaking Test　1回目：日本文化紹介（7月）　2回目：修学旅行の思い出（10月）

・わくわくペアワーク（Bパターン内の活動）　・Picture Describing（Bパターン）

・じゃれマガ（通年）　・読みトレ100（通年）　・「熟語」集（1月〜2月）

・Flash Card を使用した新出語彙指導（Bパターン）

・20年後の自分の自己紹介（卒業作品）

・学年末テスト「3年間の活動の振り返り『○○先生』への手紙」※辞書持込可

・映画「Back to the Future 3」

◆3年間共通

・English Songs（毎月）　・Basic Dialog（Aパターン内の活動）

・辞書指導

・スパイラルワークシート（宿題）※1年生3学期からスタート

・めきめき English（ワークブック）※Bパターン内で使用　・定期テスト直前授業

3年間で歌った「英語の歌」

◆1年

Sing（5月） Hello, Good-bye（6月） Stand by Me（7月） Top of the World（9月） Ob-La-Di, Ob-La-Da（10月） Eternal Flame（11月） Santa Claus Is Comin' to Town（12月） Please Mr. Postman（1月） Daydream Believer（2月）

◆2年

Loco-Motion（4月） Thank you for the Music（5月） 未来へ（6月） Vacation（7月） A Whole New World（9月） I Just Called to Say I Love You（10月） Take Me home, Country Roads（11月） Last Christmas（12月） Help!（1月） Honesty（2月） Let It Be（3月）

◆3年

Lion's Heart（4月） Story of my life（5月） Have you never been Mellow（6月①） We've Only Just Begun（6月②） Change the World（7月） We Are the World（9月） Heal the World（10月） If We Hold On Together（10月） All I Want For Christmas Is You（12月） Bad Day（1月） You Belong With Me（2月①） Graduation（2月②）

都立入試（共通問題）平均点

東京都 60.1　本校 75.1

東京都 中学校英語スピーキングテスト（ESAT-J）結果　平均スコア

東京都 60.7　本校 69.2

◆GRADE 度数分布

| | 東京都（%） | 本校（%） |
|---|---|---|
| A | 16.8 | 30.3 |
| B | 25.8 | 33.5 |
| C | 31.6 | 22.3 |
| D | 16.9 | 6.9 |
| E | 8.1 | 6.1 |
| F | 0.8 | 0.5 |

◆観点別「コミュニケーションの達成度（設問別）」

※すべて都平均を上回る中、10%上回っている項目

|  | 東京都（%） | 本校（%） |
|---|---|---|
| Part B No. 2 | 44.9 | 57.4 |
| Part C 4コマ | 46.3 | 57.4 |
| Part D 意見 | 62.3 | 80.3 |
| Part D 理由 | 59.3 | 75.0 |

観点別「言語使用」

| | 東京都（%） | 本校（%） |
|---|---|---|
| ○ | 26.3 | 46.8 |

観点別「音声」

| | 東京都（%） | 本校（%） |
|---|---|---|
| ◎ | 26.3 | 46.8 |
| ○ | 70.2 | 79.2 |
| △ | 25.1 | 16.5 |

英検 IBA CSE 平均スコア

| 今回 | 前回 | 前々回 |
|---|---|---|
| 849 | 771 | 808 |

英検 IBA

| 英検級 | 人数 |
|---|---|
| 2級合格レベル | 14 |
| 準2級合格レベル | 57 |
| 3級合格レベル | 82 |
| 4級合格レベル | 22 |
| 5級合格レベル | 6 |

3年間での英語検定取得級と人数
2級5人、準2級38人、3級64人、4級7人

後輩に送る勉強のアドバイス

◆EWN（English Writing Notebook）

・EWN はコツコツと。一気にやるより1日1文とかにして毎日やった方がよい。（英検準2級取得）

・EWN と英作文トレーニングは命。都立にしても私立にしても受験の時に役に立つ。（準2級）

・EWN を中1、中2の時期にやりこんだら、文法の理解も深まって、英作文が書けるようになった。（準2級）

・EWN を用いて文を書く慣れをしておく。簡単な文ばかりではなく、難しい文法、難しい用法の文を書くことで、先生方に添削してもらい、しっかり理解できているのかの確認ができる。（準2級）

・教科書や単語帳の本文や例文をひたすら EWN に書くことがいいと思います。中学校のいろいろなテストに対応できる構文を身につけることが

できるので。EWN おすすめです。（準２級）
・中学校１年から２年の２学期までは単語や文法に慣れる、また自信をつけるという意味で EWN は本当にたくさんやるべきです。文の数が積み重なるととても嬉しいです。私は3000文くらい書きました。（準２級）
・EWN はただ書くのではなく、内容を想像したり重要な文法に注意したりすることで、単語や文法を習得できる。（準２級）
・教科書をまんまる覚える気持ち・EWN が始まった時は何でもいいからたくさん書く・単語は１つの意味だけでなくたくさんの意味を知っておく。（英検３級取得）
・EWN がとても役立った。テスト前に範囲の教科書とワークの文を、音読を繰り返して覚えて、たくさん書いたら構文や文法が単語と一緒に覚えられた。単語を入れ替えるだけでさまざまな文がつくれるから入試の英作にも使えた。（３級）
・EWN は力がつくと思います。英文をたくさん書いているうちに文の構成を覚えることができます。（３級）
・EWN も覚えた文を忘れないうちに書けば、英作文などで文法がわからなくなった時に例文ごと覚えていれば文法を思い出せるので、良かったです。（３級）
・EWN はただ英文を写すだけではなくて先生に言われた通りのやり方でやる。これをやっている人とやっていない人では結構差がつきます。（３級）
・EWN で、英文を覚えて見ずに書いたあとに見直しをするといい。（３級）
・EWN は役立つと思います。EWN を毎月やったおかげで覚えていない単語を楽に覚えることができました。（３級）
・新しく習った文法は EWN に文をたくさん書いて覚える意識でやるといいと思う。文法の定着と実際に使う力になる。

◆英語の歌
・洋楽好きな人は、ただ聴くだけじゃなくて和訳動画を見ると、英語ならではの使いまわしやスラングを知れるのでおすすめ。海外の考え方も知れて視野が広がる。知ってる文が出てくると楽しい！（準２級）
・授業で役に立った活動は、英語の歌だと思う。私は英語がとても苦手だけれど、歌で発音の仕方を覚えたりして楽しく学ぶことができた。（３級）
・英語の歌は、しっかり声を出せばリンキングの力がつきます。（３級）
・英語の歌はリンキングを意識して聞く＆歌うとリスニング力がつく。

第8章

## ◆英文読解

- じゃれマガを授業でやって、家で翌日やったら受験余裕だった。(準2級)
- 長文を読む時は、1文ごとに訳すのではなく、先生も言っている「頭の中で場面を映像化する」ことが重要だと思います。(準2級)
- 単語と連語の貯蓄さえあれば長文もある程度の速度で読むことができます。逆にその2つがないといくら問題を解いても成長できないと思います。(準2級)
- 英語の長文読解を解く際のコツについて。まず最初に、リード文(一番上のフォントの違う部分)を読んで話の大まかな舞台や場面、状況を理解する。次に、いきなり読み始めるのではなく、先に設問を読む。これが一番重要。先に文を読んでしまうと、設問を見てからもう一度読まなければならないため、単純に考えて時間が倍かかる。この方法は英語だけでなく、国語の問題を解く時にも同じ。なるべく時短する。(2級)
- じゃれマガや読みトレなどでできるだけ英文に触れておいた方がいい。受験の時に重要になる速読力が一番つくと思う。積み重ねが大事。

## ◆音読

- 私は範囲の英文を読むことを意識していました。英文を声に出して読むことで発音も実際に口に出して学べるし、文法もその英文のまま頭にインプットできるのでテストでとても役に立つと思います。また苦手な単元はワークを繰り返し解き、文法を身につけることが大切だと思います。英文を自分で声に出すだけでなく、2次元コードで読み取り、音源を聞くこともとても力がつくと思います。(準2級)
- 寝る前に、1回以上読んだことがある英文を音読すると良いです。信じられないかもだけど、読む時は頭の中で音読しているようなところがあるので、確実に効果があります。(準2級)
- ふだんから教科書やワークなどの文や長文などを音読することで、文法や単語の使い方が頭に残り、覚えることができるので、手を抜かずにした方がいいです。(準2級)
- 音読はオーバーラッピング、シャドーイングをすることで聞き取る力と美しい発音が身につく。(準2級)
- 音読をたくさんすることでリスニングの力と発音の力がつくので音読はやっておいた方がいいと思う。定期テスト前はとにかく教科書をたくさん音読して教科書を丸暗記するとテストは楽になると思う。受験に向けて長文読解の力が必要になるので夏休み頃から対策をしたらいいと思

う。（準2級）
・英語の教科書の音読は今思うと発音がとても鍛えられたので、教科書音読または読みトレ音読をやった方がいい！（3級）
・ほんとにほんとに教科書の音読は暗記するまで読んだ方がいい!! そしてそれを書けるようにする。私ははじめこれをしっかりとやってなかったからテストの点が悪かったし、せっかく習った文法も身についてなかった。けどある時から音読をしまくってたくさん書いてたら、ぐんとテストの点数が伸びた!!!! 文法を英文で覚えることができるから頭に残るし、実際に話して使えるようになる。騙されたと思ってやってほしい!!!（3級）
・音読する際にはネイティブっぽくスラスラと、速さを重視するのではなく発音を重視してまずはゆっくりと音読する。そこからだんだんスピードを上げていく。（3級）
・教科書の音読は、欠かさず毎日するべきです。（教科書が一番コスパいいし一番できるようになる）英文が頭に入ります。勝手に英文も読めるようになります。英文を速く読むには1日10回は音読。（3級）
・教科書を音読して暗記すると学校のテストはもちろん、音声を聞きながらやったら発音やリンキングがよくわかって、直前に焦って対策しなくても ESAT-J で高得点が取れた。（3級）
・英語は基礎が固まっていないと後が何も続かないから1年生から手を抜かない方がいい。（3級）
・教科書や読みトレの音読でしっかり声を出してやると、発音やイントネーションがわかるようになるだけでなく、文を早く読めるようにも自然となりました。（3級）
・英語において音読というのは本当に大事だと思います。読みトレやワークでも、なんでもいいので英文を読むという時間は日々やっておくと英語の力はつきます。（3級）
・音読絶対にたくさんやるべき。（3級）

◆授業
・1年生の1、2学期の授業は死ぬ気で食らいつく。あとはどうにでもなる。（2級）
・授業の中で役に立った活動は、Speaking Test やプレゼンテーションなどの自分の持っている力をアウトプットする活動です。このような活動で、立派なものを仕上げるためには普段の授業の復習を必ずすることが

第8章

必須なので、積み重ねたものの大切さを感じられます。（準2級）

- また「英語が苦手」という意識を持たないようにした方がいいです。バトル性のあるゲームで負けても楽しいと思うから続けたりするように、英語も何回失敗しても楽しいと思ってたら再トライできます。先生の活動は楽しいし身につくので信じて大丈夫です。まずは先生の活動にわくわくするのが大切です。（準2級）
- 受け身で授業を受けるのではなく、自分から学ぶことが大切。最初はなんとなく聞くだけでもいいかもしれないけれど、あとになって後悔するかもしれない。わからないから諦めるのではなく、わかるまで調べたり、友達や先生に聞いたりした方がいい。
- 英語の歌と読みトレとじゃれマガを授業の最初に毎回スピーディーにやったことで、速読やリスニング力を少しずつ積み重ねることができました。特に、じゃれマガは時事ネタのものが多くて、読んでいてとても楽しかったです。（準2級）

◆スパイラルワークシート
- スパイラルワークシートは自分で調べて覚えられるからちゃんとやる。（3級）
- スパイラルワークシートは神でした！！！！！！ 品詞を理解できていると英作文の時に迷う必要がないのでありがたい教材でした。3年間やってきた身として非常に力になったと実感があります。（準2級）

◆発表活動
- スピーチはめんどくさいと思うことがたくさんあるけど英文を覚えるなどに役立つ・英語を好きな気持ちが大切。（3級）
- スピーキングテスト系は、覚える範囲も少なくて発音を良くするだけだから定期テストの点が取れない人は真面目にやった方がいい。（3級）

◆単語
- わからない単語はすぐに辞書。単語で覚えるのもいいけど単語のあとでしっかり文で覚えた方が身になる。（準2級）
- 単語を覚える時はその例文を見て、使い方を理解しながら覚えると良い。（準2級）
- 継続できるように勉強することが一番大事。単語1日20〜30くらいでやって1週間で100個しっかり覚えるとか。その単語が入った文で、テスト形式でやっていた。（準2級）
- 自校作を受ける人は特にそうですが、注釈を見なくても意味のわかる単

語（書けなくてよい）を増やすために、寝る前に塾でもらった単語集の難関高校の単語を音声聞いて覚えてました。（準2級）

・登下校の時間に歩きながら単語帳を見て単語を覚えた。（準2級）

・単語は塾などで単語帳などをもらっているなら、1年生のうちに最低1周すると受験の時、大きなアドバンテージになります。私は単語をおろそかにしてしまっていたので、直前期に相当苦労しました。また、何周もすると長期記憶に入って自然に使えるようになります。ライティングだけでなく、英語で会話することで将来役に立つし、リスニング問題に強くなります。大変だと思うかもしれないけれど、3年生になってやっていて良かったと思うはずです。合格への近道になります。頑張ってください。（準2級）

・単語を機械的に覚えないこと。その単語がどのようにしてできているのかを知ればより興味が深まると思う。例えば beautiful とか useless などの形容詞なら -ful、-less という接尾辞からできているなとか。realize とか shorten などの動詞なら -ize、-en というものからできているなとか。他にも単語の語源を学べばより覚えやすくなったり、それとは別の単語も覚えられたり。工夫次第で語彙力はどんどん上がっていきます。（準2級）

・単語を覚えるのは必須です。（3級）

・はじめに配られる「英単 go」というやつを使って単語は覚えていた！音声もあるから発音も身につく。英単語を知らなきゃ何もできないので絶対に毎日やる。（3級）

・単語帳だけで単語を覚えるのではなくその単語の使い方を文で覚えるともっと良いです。私はディズニーが好きなので、ディズニーの曲を英語で聞いて聞き取れた単語や英文をノートに書いたり英語で書かれている本を読んで、わからない単語を辞書で引いたりしていました。（3級）

・辞書を使う時は単語の意味を覚えるだけではなく、そこに載っている例文も見てそのまま覚えた方がいい。（熟語も同様に）（3級）

・わからない単語とか熟語が出てきたら、ほったらかしにせずすぐ調べること。（3級）

・フラッシュカードでの暗記は特に良かった。複数回やることで覚えられる、また必ず覚えた方がよいものとそうでないものが、赤丸で見分けることができて良かった。（3級）

◆定期テスト勉強

・テスト前に、教科書の本文を EWN に書いて、授業で先生が話していたことや文法や流れを思い出すようにしていました。教科書の長い本文にある単語の使い方や言い回しを、単語だけではなく周りの文や雰囲気も合わせて覚えると効果的でした。（準2級）
・定期テスト前は学校のワークを何周もして対策した。（準2級）
・テストでは教科書の穴埋め問題が出る確率が高いので、教科書をたくさん音読した方がよい。
　→音声がついてるからそれを聞いて、リピートしたり重ね読みをしたら点数が上がる。（音声のまねをしたら発音も良くなるよ！）（3級）
・テスト範囲の部分のページを何も見なくても言えるようになるまでひたすら EWN に書いて、音読する。テストで高得点にもつながるし、英作文を書く時の英文のボキャブラリーが増えた。（3級）
・定期テストに関しては、教科書の音読やワークの反復をすれば高得点が取れると思います。私は2年生初期、英語が苦手で点数が低かったです。しかし教科書の音読やワークの反復を行ったことで高得点が取れるようになりました。この勉強はそれ以来ずっと続けています。そしてずっと高得点を継続できています。（3級）
・2年生くらいまでは教科書の文が中心となって出題されます。そのため、テスト勉強は、教科書の文の音読をするのがいいと思います。ESAT-J（都の実施するスピーキングテスト）にも役立つので、さぼらず恥ずかしがらず、英語らしい発音で音読するといいと思います。ドライヤーをかけながら音読すれば人に聞かれにくいし、おそらく洗面所なので高確率で目の前に鏡があって自分の口の動きを確認することもできます。ぜひトライしてみてほしいです。

◆文法
・文法は一通りやったあとも忘れやすいから続けた方がいい。（準2級）
・文法はわからないままにせず人に聞くべき。（準2級）

◆勉強法
・教科書の本文はすべて暗記していました。時間はかかったけどテストに有利でした。それに加えてワークを2周したらテストはそれなりにできます。英語に自信がある人でも調子に乗ると点数が下がっていくので気をつけてください。また、発音は早いうちに慣れておいた方が後々楽です。音読や洋楽などを使うのがおすすめです。あとは楽しむことが一番です。（2級）

・文法やらを無駄に固める必要はない。実際に使う場面になるとただの知識としての文法など特に意味ないと思う。が一方で単語はしっかりと固めた方がいい。特に都立入試では出題の中心にあるのは読解。文法が少しばかり脆弱でも語彙があれば読解はそれなりにできる。しかし、入試が読解だからといってそればかりに重きを置いていてはならない。しっかりと自分の力で英語が使えていなければ無意味。受動的に英語を学ぶだけでは現実問題使えない。入試に向けて読解練習は必要不可欠だが聞く、書く、話すなど英語を能動的に「使う」を軸とした勉強が大切であろう。そういう意味では入試と出題傾向が異なる英検に挑戦するのも良いかもしれない。準2級、2級になると必要とされる語彙や英作、リスニング・スピーキングのレベルは中学から飛び出ることもあるが、そこで身につけた力は非常に有用。その分独力での合格は厳しくなる。そのため積極的に学校や塾の先生に助けを乞うとともに日常に英語を取り入れることを強くおすすめする。ニュースを英語で聞いたり電子機器の言語設定を英語にしたりといろいろできるだろう。これは他教科にも共通して言えるが必要に駆られない限り人は動かないのでもっと自分の欲求の核心に迫るようなところに英語を取り入れたらいいと思う。例えば数学の論文を読みたいから英語を勉強するでも、海外に行きたいから勉強するでもなんでもいい。英語は言語学という特性上、汎用性が高くツールとして他との結びつけが容易である。是非とも自分の欲望そして自分の近くに英語をおいてみてほしい。ここまでつらつらと書いたが何が言いたいかといえばさまざまな方面から英語と触れること、自分にあった勉強をするべきということ。無理やり音読をしまくらなくても（無論言語学習において音読はとても大事だが）、毎日持続的にできるものであれば何でもいいと思う。とにかく多角的なやり方での毎日の継続が非常に重要であろう。あと、英語がまだマスターできていないのにフランス語などの第二外国語を始めるのはおすすめできません。（2級）

・英検の過去問とか問題集とか色々な英文を読んでわからない単語や表現は調べるということを繰り返し続けると力がついた。（2級）

・新しい文法を授業で学んだ時には、「めきめき」をその日中にやる。教科書の文の中でわからない単語は意味と使い方を調べることをやっていけば、自然と力は伸びていくと思います。これは英語や数学のような積み重ねが大切な教科について言えることですが、定期テストの勉強をしっかりやることが大切だと思います。テスト期間で身につけた文法や、

暗記した英文は3年になっても覚えていることが私は多かったのでおすすめです。英語はあとから巻き返して頑張るのが難しいと思うので、日頃からコツコツ頑張る癖をつけておけばよかったなと私は後悔しています。(準2級)

・ワークを何周もするべき。スピーキングテストの準備をしっかりやるとちゃんとできるし定期テストにも役立つから良い。教科書の英文は暗記すると文法の使い方が自然に身につくからちゃんと覚える。(準2級)

・まず何よりも先に5文型の基礎から固めるべし(アルファベット覚えてるのは当たり前)!! どんな文でも文型さえ理解していれば理解は容易。日頃から行えることとしては、英語のラジオを聞くのがオススメ。あの速さの英語を聞き取って内容も理解できたならもう完璧。ラジオは英語の歌がたくさん流れてくるから、好きな曲を見つけて歌う練習をしてみたりすれば発音・リンキングの練習にもなる。楽しく練習できるから英語が苦手な人でもやりやすい部類かと思われる。(準2級)

・長文を読む練習は早めに始めた方がいい。受験前日まで、英文を読まない日をつくらない。(準2級)

・とにかく英語を楽しもうとすることが大切!! 自信が持てなくてもとりあえずやってみる。(準2級)

・授業で出てきた単語、文法はその日のうちに理解する習慣をつける。教科書の文を暗記するくらい声に出して読む。そうすることによってテスト前に焦って勉強せずに余裕を持って勉強できる。(準2級)

・英語が得意な人、今の授業よりもレベルの高い英語をすでに学んでいる人は、今のままで満足せず、もっともっと上を目指すべき。時間のある今のうちにたくさん学んだり、英検を取得しておくとあとになって焦らない。高校受験や高校入学後につながる。(準2級)

・英語はやり続けることに意味があり、1日だけひたすら頑張ったからといっていきなり実力がついてくるわけではない。だから毎日何でもいいので、英語に触れるということを心がけてほしい。最初やる気がなかったら、ただ洋楽を聴くだけという低いハードルからでも全然違ってくると思うので、軽い気持ちで取り組んでみるといいと思う。慣れてきたら自分の実力に合わせて、だんだんハードルを上げて、英語の力をどんどん伸ばしていってほしい。入試は速読が重要なので、できる人は時間を測って、長文を毎日黙読か音読するとよいと思う。(準2級)

・英語を話すことや使うことに慣れていて文法に慣れていなくても、ワー

クをやっていれば大丈夫。英語の発音がきれいな人は逆に周りを気にして緊張せず、いつも通りの英語で大丈夫だから負担を感じすぎないでほしい。（準2級）

・「こんな文法とか知識事項覚えてもテストに出ないかもしれないじゃん」とか思わないこと。色々な模試とかテストを受けてきたけど、そういう怠けの心で勉強しなかった結果、「うわ、これなんだっけ。前やったことあるのに……」ってなったことが幾度とある。塾でも学校でも、先生が教えてくれたことは全部頭に入れる勢いで勉強した方がよい。やったのにわからないのが一番イライラするし、自信の低下にもつながります。（準2級）

・英語で一番力がつく方法は、英語そのものを楽しく学ぶことです。ただひたすら英文を読んだり問題を解いたりするのは意味がないです。私は、英語に触れている時間だけでも楽しいと思い込みました。それを続ければ自然と楽しいと思えます。でもやってはいけないことがあります。それは英語に触れる時間の間隔をあけることです。英語はとにかくコツコツが一番です。なので、1日5分やるだけでも効果はあります。なので、楽しくコツコツやることがとても重要になります。（準2級）

・英語の学習方法は、単語を覚える時、書きながら声に出して言ってみたり、単語と一緒に文も覚えた方がいい。単語も大切だけれど、発音もちゃんと毎日10分でいいから教科書を使って練習した方があとで苦労しないから絶対にした方がいい。まとめると、単語と例文、（文法）発音の練習は毎日10分でいいから続けること！　そしたらあとになって焦ることはない。（3級）

・3年生になってからでいいと思うけど、英作文を書く練習と長文読解は1週間に最低でも2、3回はやるとより英語ができるようになると思います！！（3級）

・もともと英語が嫌いで授業の内容がわからない時そのままにすると中3になった時にほんとに後悔します。本当は週末にその週の授業で習った文法とか単語を「文法ノート」や「単語ノート」をつくってそれにまとめるのが良いのですが忙しくてできない人は1ヶ月ごとや学期終わりにでもやっておくとわからなくなった時にすぐ戻れるのでおすすめします。文法がわかっていても単語がわからないと意味がありません。青のペンでひたすら殴り書きした方がいいです。英語が苦手な人ほどコツコツ続けると力が伸びます。頑張ってください！！（3級）

・小学生で英語を習っていたからといって油断は良くない。1年生の時の文法をきちんと覚えておく。音読→暗唱→暗写をテスト期間だけでも必ずする。(3級)

・入試に向けた勉強は、早いうちから単語を多く覚えていると便利です。書けなくてもいいからその単語の意味を知っていると楽になります。また、毎日英文を読んだり英語を聞いていたりするとだんだんできるようになりますが、しばらく英語に触れていない期間があると一気にできなくなります。(3級)

・家で毎日少しでもいいので英語の勉強する時間をとり、音読や文法・単語をやっておくとテスト前に少し楽になると思います。単語を覚える時はCDを使い正確な発音で覚え、その単語を使った例文まで丸暗記すると長文読解の時に単語や文の意味がわかるので良かったです。また、定期テストは教科書の問題が出てくるので教科書本文を丸暗記して、書いたり言えたりできるようにしておくと、テストの時に役に立つし、文法も同時に覚えることができる。(3級)

・絶対に、先生の言うことはしっかり聞いて勉強に生かした方がいいよ。そうすれば、勉強の質は跳ね上がるし、自分の英語力も同時に跳ね上がるよ。だから、めんどくさいとか、ダルいとか思わずに聞いておいた方が、絶対にためになる。後悔せずにすむよ。絶対に断言できる。(3級)

・英語は1〜3年の内容を中学校生活中のどんな内容でも使うため、「3年生になってから本気出せばいいか」なんて甘い考えは通用しない。私はこの考えで3年生に上がった時かなり苦労した。(3級)

・単語を覚えることが英文を読む時に役立ちます。単語をたくさん覚えたあとに文法の勉強をして、最後に英文を読むと英文の意味がスラスラと入ってくるようになりました。(4級)

・教科書の本文は覚えちゃって損はない。理由は定期テストでも使えるし、その単元の文法の内容が理解でき、英作文する時の文法ミスを確認する時、例文を思い出せるから。覚える時は、ひたすら音読、教科書の音声に合わせてネイティブのように発音する。そうすればリスニングにも使える。物語は覚える必要はない。強いて言えば会話文の音読をして覚えると会話でも使える。書いて覚えるより声に出して覚えよう、完全に覚えたら一度書いてみて、スペルミスがあったところだけ何回か練習する。とにかく回転率を上げることを意識しよう。単語を覚える時も声に出して覚える。1つの単語に3分かけて覚えるよりそのページを秒で何周も

していた方が覚えられます。単語はできたら例文を頭に入れておくと英作文でも使えるからおすすめ。英語はにらめっこしてても効率は良くない、とにかく触れる回数を増やすことがテストや実生活で使えるようになる方法。あと、長文を読む時に意識することは、読んでる時に英文をいちいち日本語訳しないこと、どういうことかというと、英語の文の構成の順番は、日本語と違うので、1文を読んでも訳すためにもう一度最初に戻らなければならないからです。そうすると時間がなくなってミスにもつながります。単語を見た時、英語を見ただけでイメージが湧く意識をしましょう。例えばみんなは DOG と聞いたら犬の姿を思い浮かべると思います、簡単な単語や、慣れた単語では、日本語訳しなくても、イメージすることができるのです。これを文章にも応用してあげると、英文を読むスピードがぐんと上がります。そのためには、毎日長文を読む、何分以内に読むより、何分かかったかを記録する方が個人的には良かったです。

・英単語や英文法を、書いて覚えることが多かったので、もっと早くから読んで覚える勉強を知りたかった。（3年3学期1月6日に長野県から転入）

・自分のわからない単語とその意味、使い方、発音をメモした小さなノートをつくるといいと思います。自分の弱点を重点的に潰せるのでおすすめです。

◆めきめき English（ワークブック）
・テスト前はワークを2～3周ほどしておくといいです。
・ワークのまとめのページはコピーして2回くらいやると覚えられました。

◆リスニング
・授業の最初に聞く音楽を、歌詞を見ながら聞いていると、英語の歌詞が自然と頭の中に入ってきて、リンキングなどもわかるようになってくる。どんなに難しくてもわかるようになるからおすすめ。（準2級）

・音読する時なるべくネイティブの人っぽく言うと速いリスニングにも対応できるようになると思う。単語で覚えるのもいいけど単語のあとでしっかり文で覚えた方が身になる。（準2級）

・自分はこの3年間であまりリスニングの勉強をしていなくて、受験の時のリスニングが苦しかった。リスニングは1ヶ月とかの短い期間で習得できるものではないので、1年ぐらいの余裕をみて学校の授業だけでなく、家でも毎日英語に触れる機会を設けてほしい。練習としては、発音

が悪くてもネイティブ風に発音すること。(準2級)
・リスニング問題をたくさんやってもリスニングは上達しないから、とにかく音読をたくさんやることによりリスニングは上達するようになる。(準2級)
・リスニングでは単語と単語をつなげる発音が聞き取りにくく、自分が発音できるものは聞き取れるからたくさん音読をして発音を覚える。(3級)
・洋楽を聞いたり、教科書や読みトレの音声を聞いたりしていたらリスニング力が上がった。

◆読みトレ・じゃれマガ
・読みトレやじゃれマガは積み重ねることで英語を速く読む力がつく。(準2級)
・僕は長文を速く読み内容を理解することが苦手でした。だけど1年間本気でじゃれマガや読みトレを取り組んだことにより、長文を読むスピードはだんだんと速くなり内容も理解できるようになっていきました。読みトレやじゃれマガは僕にとって一番役に立った活動でした。(3級)
・じゃれマガの効果が非常に大きかったです。初めは意味がわかりませんでしたが、それにより努力が足りていなかったことがわかりました。(準2級)
・じゃれマガがとてもいいと思います。読みトレよりも内容が少し難しめですが、いま社会で起こっていることや季節に合わせたものであったため、とても楽しんで読むことができました。また、難しい単語もよく出てくるため、知らない単語の意味を予測する力がついたと思います。(準2級)

## 2. 東京都　中学校

　北原メソッド100％を目指してここまでやってきました。今週、第2回英検の一次結果が出たので取得率を集計しました。(第3学年在籍93名)

●準2級以上……49名(52.7％)　　●3級以上……78名(83.9％)

　二次試験がまだなので、数値の上限は上記のようになるかと思います。「準2級以上50％・3級以上80％」を目標に3年間やってきたので、何とか到達することができて胸をなでおろしています。3ヶ月の休校がありましたが、北原メソッドのおかげで自学もスムーズにできていたのではないかと感じます。この6年間北原メソッドを実践してきて、改めてその素晴らしさや凄さを体感させていただきました。英検の数値

はその素晴らしさの一面でしかありませんが、さまざまなレベルの生徒がいる<u>公立中学校でも『ここまでできる！』</u>ということの証明だと思います。自分のような一般の教員でも、一緒に組んでいた<u>経験の浅い若手</u>でも、北原メソッドを実践すれば生徒の<u>英語力はめきめきと伸びていきます。</u>このような再現性は、科学的にもエビデンスと<u>言えるのではないでしょうか。</u>「○中は英語がすごい！」と同僚や保護者から言ってもらうこともありますが、自分の力だとは到底思えず、北原メソッドという優れた方法を採用しているからだとその度に心の中で思っています。

## ３．熊本県　中学校

　先日県学力テストの結果が返ってきましたが、２年間北原メソッドで教えている２年生は、<u>県の平均を10点程上回りました。</u>単語テストや文法ドリル重視の他学年の平均の方が良かったらどうしようと内心ヒヤヒヤしていましたが、やっぱり北原メソッドは強し！　でした（＾＾）勤務校は、全校生徒40人弱の漁師町の小規模校。私が担当している２年生14人は誰一人塾になど通っていません。もちろん他教科は県平均を下回っています。入学当初は特別支援の男の子が、ぼく、英語大嫌いです、意味わかりません、先生、日本語で喋ってください、と連発していましたが、その子は英語が得意教科に変わりました。<u>北原メソッドはやっぱりすごい！</u>とまたまた実感しています。

## ４．東京都　中学校

　お陰様で、これまで３年間持ち上がった学年が４回ありましたが、いずれも、英検で、中１の第３回で５級受験者は全員合格、中２の第３回で４級受験者は全員合格、中３の第２回で３級受験者は全員合格でした。また、３級、準２級の<u>面接まで進んだ場合、100％合格、</u>５級では満点賞が過去に２人いました。また、北原先生ほど正確な調査はしていませんが、再会した卒業生はみんな高校で発音が褒められ、<u>点数も断トツにトップ、</u>大学進学後も、クラス分けテストで、<u>点数が取れすぎて、周りに帰国子女ばかり</u>になってしまったなんてエピソードもあります。北原先生のおかげです。ありがとうございます。

## ５．東京都　中学校

　英語科は<u>自分１人、北原メソッド100％</u>の授業をしたのですが、３年の１学期までは区の学力調査で平均を５点下回り、原因もわからず悩む日々でした。ところが、<u>３年10月に突然、区平均を５点上回りました。</u>さらに、東京都が今年度から導入予定のスピーキングテストのプレテストでは、<u>区平均を９点上回りました。</u>他の４科目は区平均とほぼ同じかマイナスなので、驚きの結果でした。

自分なりに原因を分析すると、以下の点が考えられます。

1．英語の回路がつながった

　　北原先生の生徒で、3年2学期に突然、英語でスラスラ話し始めた生徒がいた と以前聞きました。私の生徒も、同じ頃から英語の質問に2文、3文で自然に答 える（「話す・書く」の両面で）ようになりました。定期考査で50〜60点の中位 層も、流暢ではないものの教科書は音読できるようになり、都立高校の過去問レ ベルの長文は、理解できるようになりました。

2．新しい教科書に合った指導

　　今年度から導入された学習指導要領の下、新しい教科書では語彙と本文が1.5倍 となり、多読と精読の使い分け、軽重つけた指導が不可欠となっています。また、 深く考えさせるという観点から、単元で扱うトピックについて自分の考えを述べさ せる場面が増えました。北原メソッドで（何度も適当に）指導をすることで、長い 本文も軽重つけて扱い、自分の考えを述べる場面に時間を使うことができました。

3．ロイロノートの活用

　　全生徒にタブレット端末が配られたことを生かして、ロイロノートというアプ リを活用しています。教科書の左ページ下にあるライティングのタスクは、授業 中にやって先生にチェックをもらうか、休み時間や家での宿題として、ロイロノー トのふせんに書いて提出（または、教科書に書きこんだものを写真に撮って提出） させています。また、単元後半の右ページ、トピックに関する自分の考えを書く タスクでも、ロイロノートで提出させています。北原先生が学力を上げるには、 ライティング強化が大切と言われていますが、これをロイロノートでやることで 力をつけられたと思います。以下のように行いました。

　　（手順）

　　⑴　生徒が提出した英文をモニターに出す

　　⑵　書いた本人に読ませる Who wrote this?

　　⑶　クラスに聞く Anything wrong? Any other expressions?

　　力のある生徒から学んだり、誤りを共有したりすることで、互いの力を高め合 うことができました。まさに、Try to be different. / Learn from your friends. / Share your knowledge. です。

4．スピーキングテストにつながる北原メソッド

　　スピーキングテストは、今年度の入試で20点の配点です。（英語は120点満点！） 北原メソッドをやっていれば、平均を上回る結果になることが証明されました。 つまり、1・2年の音読と3年でのピクチャー・ディスクライビング、ライティ ングをやっていたら、スピーキングテスト対策になるということです。単語テス

ト、文法ドリル、和訳ばかりの昭和の英語を脱却することは、時代の要請でもあります。北原メソッドがその解決方法であることが、今回の卒業生からよくわかります。

　ここまで、いいことばかり書きましたが、生徒指導は本当に苦労の連続でした。マスクをしない、給食のパーティションの拒否、生徒指導で疲労困憊の時期もありました。それでも、英語の授業では寝る生徒もいないし（立ち歩く生徒はいましたが……）3年3学期のテストで出題した「先生への手紙」に感謝の思いをたくさん書いてもらいました。（自己肯定感上がりまくりです笑）北原メソッドのおかげで、充実の3年間を過ごせたことへの感謝の思いをお伝えしたくて報告を書きました。

　北原先生、北研の皆さん、さまざまな情報を共有していただき、ありがとうございました。そして、いま生徒指導で大変な思いをされている先生、「冬は必ず春となる」です。今年の桜のように、きれいに咲き誇る花を楽しく眺められる時が必ずやってきます。ともに北原メソッドを武器にのりこえていきましょう！

## 6．東京都　中学校

　定期テストでもなかなか得点できない、学習障害が疑われる生徒2名が都立入試の英語で60点を取れて（別の高校なのですが偶然どちらも同点）、そのことを伝えに来てくれました。他の生徒も何人か、本人が思っていたよりも当日実力を発揮できたと、報告してくれました。60点の生徒のうち1人は、1年の終わりまでアルファベットの形と音がなかなか一致しませんでした。苦手意識を持ちながらも英語劇に挑戦したり頑張っていました。卒業式の後、お母さんが声をかけてくださったのですが、2年から通い始めた塾でも、英語は諦めて他の教科に力を注いだ方がよい、と言われていたのだそうです。それでも英語を嫌いにならず、力を伸ばすことができて、学校のおかげだと喜んでくださいました。

◆英検（割合は在籍73名中　※受験していない生徒もいます）

| 1級 | 3名 | 1％ |
|---|---|---|
| 準1級以上 | 6名 | 8％ |
| 2級以上 | 11名 | 15％ |
| 準2級以上 | 28名 | 38％ |
| 3級以上 | 44名 | 60％ |

◆英検IBA（71名受験　※出席した生徒は全員受験しました）

| 準2級以上と判定 | 29.5％ |
|---|---|

　　　※これより上のレベルの判定はテストの設定上ありません。

| 3級以上と判定 | 73.2％ |
|---|---|

◆中学校英語スピーキングテスト（ESAT-J）（当日出席した60名受験）

学校平均 <u>59.8点</u> （都平均 53.7点）

　同僚の先生にも変容が見られました。「勉強をしようと思っている生徒は本校には来ない」とか、「あいつらバカだから」などと職員室で先生方が言うことがほとんどなくなりました。このことは前任校に３年間勤めた時も同じでした。生徒ができないことを、生徒のせいにしている人が多かったのですが、意識が変わったことは嬉しく思います。テキトーにできるだけ楽に働こうと思っている人にとっては、私は煙たい存在だと思いますが流されたくありません。

## 7. 埼玉県　中学校

　勤務校の実力テストの成績の詳細をお伝えさせてください。２年生の１月に実施したものです。この実力テストは業者のテストです。千葉県で幅広く扱われているテストのようですので、平均点は県の平均点だと思われます。また、偏差値も出ます。

国語　偏差値 54、平均点 ＋9

社会　偏差値 47、平均点 －6

数学　偏差値 53、平均点 ＋7

理科　偏差値 52、平均点 ＋5

英語　偏差値 58、平均点 <u>＋16</u>

　テストが終わった時点で多くの生徒が「英語簡単だった」と話していたので良くできているだろうと予想はしていました。<u>２年生の現在で英検準２級合格者が10％以上</u>いるので、この実力テストの結果も合致していると思います。ただ、この結果は私の指導の結果というだけのものでもありません。この学年は６クラスあり、私が４クラス、北原メソッドを全然やっていない（くれない）ベテランの女の先生が２クラス持っています。成績はどのクラスも同じくらいでした。しかし、<u>パフォーマンステストでは私のクラスと別のクラスでは圧倒的な差（表現力や発音）があります。</u>女の先生のクラスでは問題演習をかなりやっていますが、<u>私のクラスでは問題演習をしたことがありません。そこが、北原メソッドのすごいところなのだと思います。</u>

## 8. 東京都　中学校

　ワンオペでの家事育児は大変なこともありましたが、大変さを忘れさせてくれて頑張れたのは１年生から北原メソッドで育ててきた生徒たちでした。１学年46人という小さな学年だったので、少人数でも徹底した指導ができたのも大きかったと思います。毎学期授業アンケートを実施してきましたが、３年生になっても95％の生徒が「授業が楽しい」、「授業がわかりやすい」と答え、めきめきと力をつけていきました。また、

＊中はJ先生（ALT）が来校する学校でもあるので、1年生から毎月続けてきた音読テストやインタビューテスト、スピーチといったパフォーマンステストも1、2年生の頃は緊張していた生徒たちですが、2年生3学期にはどの生徒もJ先生と会話できるのを楽しみにしていました。結果的には、3年生の2学期には、英検準2級に22人合格（取得率47.8％）、3級以上に30人（取得率65.2％）が合格しました。不登校で成績を出さない生徒が46人中5人いたので、通常授業に参加した生徒41人中では学年の半分以上の53.6％の生徒が準2級に合格するほどの力をつけていました。都のスピーキングテスト（ESAT-J）は都の平均の＋10点でした。

　音声を大切にして、話したこと、言えるようになったことを書くというのを続けてきた結果、自然とそれだけの力がついていました。また、嬉しかったのは、英語の学習が大好きで続けていきたいと、英語の指導に力を入れている高校を選択する生徒が多く、校長先生からも入試前の校長面接で「本校はどんな学校ですか？」と聞くと、「英語の授業がすごい」と答える生徒がたくさんいると言っていただきました。都立の入試でも英語が得点源となり、学年の約90％が第一志望の学校に合格するなど、進路指導主任を務めていた身としてもほっとした瞬間でした。

　3年3学期に行った3年間の授業評価をまとめたものを添付させていただきます。3年生の最後の学年末考査の答案用紙も笑わせ、泣かせてくれる英文ばかりで幸せな職業だなと改めて感じました。教員1年目から北研で学ばせていただき、北原先生には心から感謝しております。一人でも多くの生徒に英語の学習の楽しさを実感してもらい、学習を通して身につけられる力や可能性をしっかり伸ばすことが恩返しになるのかなと思っています。

◆生徒の授業評価（3年3学期に実施）
「本校の英語授業はどんな授業ですか？」への回答　※（　）内は卒業時の英検取得級
○ただ話す授業ではなく、生徒が活発に話したり活動したりすることで、英語力を養い、ALTの先生との面接やスピーチ、レシテーションなどのテストで自分の英語力を確認することで個々の英語力を高めていける授業でした。（準2級）
○教科書をただ単に進めていくのではなく、学習指導要領は完璧にこなしつつ、その学年に合わせて難易度を変え、より面白く学べるようにしてくれた。1年生ではビンゴでスペルの練習をして、3年生ではテーマに沿って話し合い、それを英作文した。（準2級）
○ALTの先生との交流、スペリングコンテスト、スピーチなど総合的にどの力もまんべんなくつける授業。難しくても楽しく面白く学べる授業。（準2級）
○1時間の中で、4技能を養い、基礎から発展まで使える表現の幅を広げていく。みんなが集中して取り組むことで、公立中学校なのに学年の半分の人が英検準2級に

合格していました。（3級）

○文法を詳しく勉強するというよりも、たくさん話してその中で自然に身についていく感じ。そのため、楽しく授業を受けることができた。スピーチやリテリングが多くあり、話す力と聞く力が3年間ですごくついた。（準2級）

○英語4技能を十分に養い、特にスピーキングとライティングに力を入れていました。そのおかげで英検準2級はほぼ勉強しないで合格できました。ただ文章を読み、理解するだけでなく、自発的に英語を学ぶことをメインとした授業でした。（準2級）

○英語の教科にとどまらないさまざまな学習をしました。例えば、キング牧師のレシテーションの練習では黒人差別の歴史を学びました。また達成感を得ることが多い発表活動がたくさんあったので、楽しんで取り組むことができました。（準2級）

○普段の授業でやっているミキノートやEE（北原註：「English Express」後に「スパイラル・ワークシート」に改名）、ワークなどで学んだことをOne Minute Challengeやスピーチで発表する場があったりして英語力がとてもつく授業でした。スーパー・ペアワークやサイコロトークでは話したいことを英語だけでその場で思ったことを話すことができるようになる授業。3年間楽しく、ためになる授業でした！（準2級）

○英語の4技能をバランス良く鍛えられるような授業。少人数で行うことで誰かの存在が埋もれなかったと思う。学年によってやることが全く同じではなく、知らないうちに英語力が上がっていた。先生はみんなが英語を楽しめるような工夫をしてくれていた。（準2級）

○英語の楽しさを教えてくれる授業だった。勉強の面白さを教えてくれた。英語に親しみを覚えることができた。（準2級）

○まずは基礎を固めてくれて、それから発展したものにつなげていくのがとても上手な授業だった。英単語や英文をスラスラ読めるように自然になっていた。授業中には、今後使っていくであろう英語の発展知識をつけてくれた。高校で学ぶ知識や社会で使う知識をわかりやすく伝えてくれ、わからないところがすぐ聞きやすい雰囲気だった。（3級）

○勉強として（受験）だけではなく、話す、聞く、伝える、楽しむ能力を育ててくれる。ペアワークやインタビュー、スピーチ、ディベートをよく行っていて、英語を「使う」力を養える。英語の本を読むことで、自分の生活に自然と英語がなじんでくる（身近に感じられる）。とにかく楽しかった！（準2級）

○教科書などをもとに文を暗唱することで英語の単語の発音や文としてのイントネーションを含め、それが発展した形まで理解するようにしていたと思う。さまざまな活動を通じて、自分の考えや意見が言えるような授業だった。（準2級）

○英語の授業は、生徒に英語への抵抗感を与えない授業。最初に歌を取り入れ、さま

ざまな活動がとても楽しく、「またやりたい」と思える授業。学年が上がるにともない、話せる読める英語が増えていき、自分の想像以上に英語を自由に使うことができる。（準2級）

○クラスの人と関わることが多く、コミュニケーションを大切にしていた。話したことを書く時間にわからない部分があっても、周りの人が教えてくれるので自分が成長したという達成感が得られることも多かった。（3級）

○塾では力のつけられないスピーキングやリスニングを中心とした授業を行っていた。塾ではリーディング、知識問題など机と向き合わなければいけないことを多くするが、学校では実際に外国の方と関わる時に役立つこと、自ら英語で発信していく力を養ってもらった。（準2級）

○英語を楽しみながら話しまくる感じで、先生はずっと英語で話しているけど、すごくきれいな発音だったので listening と speaking は授業の力で成長できた。とにかく授業内で色んなことをしてくれたので、強制的に英語力を上げることができる授業でした。（準2級）

○何かを覚える時には、声に出して読み上げながら書くということを大切にしていた。生徒が楽しみながら学べるように随所に工夫がちりばめられていて、英語を好きになってもらおうと気を配ってくれました。何かを聞くと、そのまま教えるのではなく、ヒントを出して自分で考えさせるようにしていた。（4級）

○スピーチやインタビューテストが多く、その人の努力によれば、スピーキング力がかなりつく。発音の時に、単語と単語のつながりを意識している。（準2級）

○文法や単語がわかっていてもとっさに英語が話せなかったり、上手に発音できなかったりしたが、授業を受けていくうちに、読解問題を解けるようになっただけでなく、英語が話せるようになった。ディベートの時に自分の言いたいことをすらすら言えるようになっていて嬉しかった。（準2級）

## 9．愛媛県　高校

授業では英語主体で、ターゲットセンテンス導入後リスニング、内容理解後本文の音読やシャドーイングを繰り返しました。その後、作成したワークシートの日本語訳を見ながら、ペアで通訳活動をして重要パラグラフを暗唱させました。そして、ディクテーションやディクトグロス活動。生徒は英語を使う機会が増え、喜んでいました。

◆成果報告1

英検準1級取得者5人　その高校では新記録です。2級は約50人

準1級を取得した男子生徒は、高2の時点で当時のセンターテスト190点取得、リスニング満点。私を超えていました。彼の発音は ALT も驚くほどほぼ完璧でした。

彼は今年、岡山大学医学部進学。他の生徒も大阪大学に２名進学しました。

◆成果報告２

　愛媛県高校生英語スピーチコンテストに２名出場し、内１名が第二席獲得。10年振りの入賞でした。

◆考察

　音声を中心とした北原メソッドは高校でも十分な成果が出ました。高校の先生は驚いていたと思います。生徒の発音も目に見えて良くなり、連動してリスニング力も飛躍的に伸びました。音声重視の北原メソッドは、英語コミュニケーション能力も身につき、大学入試にも確実に対応できることが実証でき有難く存じます。今後とも宜しくお願いいたします。


## 10. 埼玉県　中学校

　今日は嬉しい報告があります。埼玉県の学力調査の結果が届きました。平均正答率、伸び率ともに良い結果でした。

（１）学力を伸ばした生徒の割合

　　英語：埼玉県……83.3　　本校……87.2

　　国語：埼玉県……62.1　　本校……56.0

　　数学：埼玉県……64.2　　本校……53.6

（２）学力の伸び率（Ｒ４年度とＲ３年度の差の平均）

　　英語：埼玉県……3.1　　本校……4.0

　　国語：埼玉県……1.4　　本校……0.7

　　数学：埼玉県……1.5　　本校……0.6


◆英語

| | 埼玉県 | 川越市 | 本校 |
|---|---|---|---|
| 平均正答率 | 55.9 | 57.1 | 58.1 |
| 「聞くこと」 | 54.9 | 55.2 | 59.6 |
| 「読むこと」 | 62.8 | 64.4 | 64.7 |
| 「書くこと」 | 39.8 | 41.1 | 39.1 |

・評価の観点

| | 埼玉県 | 川越市 | 本校 |
|---|---|---|---|
| 知識・技能 | 61.1 | 62.5 | 64.2 |
| 思考・判断 | 24.6 | 24.7 | 22.1 |

・問題形式

| | 埼玉県 | 川越市 | 本校 |
|---|---|---|---|
| 選択肢 | 60.8 | 61.9 | 63.4 |
| 短答式 | 12.8 | 12.7 | 12.3 |

記述式　　　埼玉県……26.0　　　川越市……26.2　　　本校……22.6

となりました。記述式に課題があるようです。勤務校は小学校もそうですが、県や市の平均から４、５ポイント低いのが常でした。昨年度（２年生）の英語は平均正答率から１ポイント低い結果でしたが、今年度は県より3.9ポイント高かったので、ホッとしています。データの収集と分析を続けます。

## 11.　山形県　中学校

先日、３月に受けた実力テスト結果が返ってきました。結果は地区１位、地区平均54で、本校は65でした。Quick Q & A とジェスチャーリーディング、Ａパターンを最後までしつこく楽しくできた成果だと思います。オンライン北研開催のおかげで、私自身が学びを深められ、以前より精度高く北原メソッドを行うことができました。

## 12.　東京都　中高一貫校

| 【英検 IBA】 | 【英検】 |
|---|---|
| ２級以上レベル……5.6% | １級………0.6% |
| ２級レベル………31.0% | 準１級……5.6% |
| 準２級レベル……54.4% | ２級……22.7% |
| ３級レベル………3.1% | 準２級……42.4% |
| | ３級………16.4% |

本校は帰国子女クラス19名があり、英検１級、準１級はその生徒たちです。中学から英語を学習し始めた生徒で準１級の合格者はいません。何名か挑戦した生徒がいますが、全員一次試験不合格でした。実感として、２級と準１級の壁は厚いと思います。帰国子女枠の生徒も真摯に英語学習に向き合ってない生徒は結果が出てないです。本校は英検を学校で行っておらず、その代わりに４技能試験であるケンブリッジ英検を行っております。そのため、英検を取得している生徒は全体で声かけをして自主的に受験している生徒になります。生徒の意欲が高く、声をかければ伸びるのだと感じました。教科書の音読暗唱を徹底して行いました。２級を取得できた半数以上が中学から英語を本格的に勉強し始めた生徒です。来年度もこの学年の担任をします。どこまでも「音」を大切に、軸をぶらさず指導していきます。

## 13.　東京都　中学校

昨年度１年生から持ち上がり、先日行われた英検３級の合格率（84％）が中２の全国平均（62％）を20％上回りました。また、二次まで進んだ生徒は100％合格です。こ

れは３年間持ち上がりの５回目ですが、記録更新しました。ちなみに、４級は中２合格率の全国平均が約75％のところ、本校は92.6％なので、こちらも約17％は上回っています。

## 14. 福島県　中学校

　先日、北原メソッドで２年間担任した生徒たちが卒業していきました。現任校に赴任して３年、最初の年は飛び込みの３年生で、うまく生徒たちを伸ばせずに卒業となりました。その後１年生を希望したのですが２年生の担任となり、北原メソッドを本格的に始めました。核となったのは「洋楽」「常に１年に戻る文法指導」「ワークの音読」「ジェスチャー音読」「じゃれマガ」「読みトレ」「北原式パフォーマンステスト」「ピクチャー・ディスクライビング」でした。福島に来てから北原メソッドを近くで勉強する機会もなくなり、我流が増え、自分の教師としての立ち位置をもう一度確認しなければいけないと感じていました。北原メソッドを忘れないようにするために、幹本を読み返したり、MLを読んだりして最新の北原メソッドに後れをとらないようにしなければならないと思い、自分なりに研究を重ねながら指導してきました。

　北原メソッドはどこでも、どの生徒にも通じる方法でした。福島に来てから、１年生から持ち上がることがほとんどできず、３年生担任か、２年生からの担任でした。いずれも英語に苦手意識が多かったり、音読ができなかったり、英検を全く受けたことがなかったり、県学力テストでも県平均をかなり下回る学年が多かったのですが、この２年間受け持った生徒は英検（実質受験）で良い結果を残してくれました。英検の受験がさかんな地域ではないので、呼びかけを続けて生徒たちの意識を変えることから始めました。

◆最終結果

２級１人、準２級以上24人（36％）、３級以上25人（71％）

　都市部に住んでいなくても、塾がなくても、帰国生徒ではなくても、生徒たちはメキメキと英語力を上達させていきました。

　洋楽でリスニングと発音が伸びたとアンケートで述べる生徒は多く、ワークの音読は文法の基礎力を伸ばしてくれました。ピクチャー・ディスクライビングによって大部分の生徒が文を構築する力が向上し、クラスで授業をつくり上げていこうとする雰囲気も出ました。北原メソッドで、テストのための英語ではなく、「使うための英語」に子どもたちの意識は変わりました。北原先生、本当にありがとうございました。まだまだ未熟者ですが、今後また北原メソッドをしっかりと学び直し、生徒たちと授業を楽しんでいきたいと考えています。

## 9−1　日本語指導案

外国語科（英語）学習指導案

日　時　令和4年5月9日（月）
第5校時　13:35〜14:25
対　象　第2学年C組　35名
学校名　調布市立第五中学校
授業者　指導教諭　加藤　真由子
会　場　3階中央校舎　2年C組教室

1　単元名

Lesson 1 "Peter Rabbit" *NEW CROWN English Series 2*

2　単元の目標

　ピーターラビットの物語を深く味わい楽しむために、登場人物の気持ちを捉えながら物語を読み、概要を捉えることができる。

3　単元の評価規準

| ア<br>知識・技能 | イ<br>思考・判断・表現 | ウ<br>主体的に<br>学習に取り組む態度 |
|---|---|---|
| ①接続詞（when/if/that）の特徴やきまりに関する事項を理解している。<br>［知識］<br>②接続詞（when/if/that）を用いて、事実や自分の考えなどを表現する技能を身に付けている。<br>［技能］ | ピーターラビットの物語を深く味わい楽しむために、登場人物の気持ちを捉えながら物語を読み、概要を捉えている。 | ピーターラビットの物語を深く味わい楽しむために、登場人物の気持ちを捉えながら物語を読み、概要を捉えようとしている。 |

4　指導観

(1)　単元観

　本単元は、中学校学習指導要領　第2章、各教科、第9節　外国語、第2　各言語の目標及び内容等、英語、1　目標、⑵　読むこと

> イ　日常的な話題について、簡単な語句や文で書かれた短い文章の概要を捉えることができるようにする。

　2　内容、〔思考力、判断力、表現力等〕、(3)　言語活動及び言語の働きに関する事項、①　言語活動に関する事項、ウ　読むこと

> (ウ)簡単な語句や文で書かれた日常的な話題に関する短い説明やエッセイ、物語などを読んで概要を把握する活動。

を受けて設定した。

　言語材料として、接続詞 when、if、that を取り扱う。接続詞の導入により表現の幅が広がり、物語として中学生でも楽しめる。

　題材は生徒にとって馴染みのあるピーターラビットの物語なので、英語で物語を読み、読むことそのものを楽しむことをねらいとする。

(2)　生徒観

　本校第2学年および第3学年は少人数授業を行っている。第1学年では、物理的な問題がありクラスごとの授業を行ってきたため、生徒にとって初めての少人数授業となる。昨年度（令和3年）5月に当該学年（当時1年生）245名の生徒を対象に、調布市立第五中学校の Can-Do リストを使用して「今自信を持ってできること」に○をつけるアンケートを実施した。また、同 Can-Do リストを1月にも実施した。以下、生徒が「できる」と回答したものを達成率とし比較したもの（一部抜粋）である。

（単位：パーセント）

| 調布市立第五中学校 Can-Do リスト（1年） | 5月 | 1月 | 差異 |
|---|---|---|---|
| ①　ピリオド，疑問符，コンマ，引用符，感嘆符を理解することができる。 | 55.0 | 93.4 | +38.4 |
| ②　英和辞書を引いて目的の語を見つけることができる。 | 55.0 | 85.9 | +30.9 |

| | | | |
|---|---|---|---|
| ③ 日常生活の身近なことを表す簡単な文を理解することができる。（例：I play tennis every day.） | 64.2 | 93.8 | +29.6 |
| ④ 日常生活の身近なことを表す簡単な2文以上の文章を理解することができる。 | 43.8 | 75.9 | +32.1 |
| ⑤ 日常生活の身近な話題について，Yes/ No で答える質問に応答することができる。 | 83.3 | 95.9 | +12.6 |
| ⑥ 日常生活の身近な話題について，What, Who, Where, When, How などで始まる質問に短く簡単に答えることができる。 | 31.7 | 62.7 | +31.0 |
| ⑦ 教科書をすらすら音読できる。 | 17.1 | 44.4 | +27.3 |
| ⑧ 重要単語（例：教科書で太字になっている語）なら，半分ぐらいは書ける。 | 50.0 | 66.0 | +16.0 |
| ⑨ 短い文であれば，英語の語順で書くことができる。（例：I play the piano every day.） | 50.4 | 79.3 | +28.9 |
| ⑩ 友達と2行の簡単なペアワークが（対話）ができる。 | 37.1 | 62.2 | +25.2 |

　5月と1月を比較すると、すべての項目で向上が見られる。①については、ライティングの指導の中で、生徒自身に誤りに気づかせることを意識して添削を行い、②については、ほぼ毎時間辞書を使う活動を継続した結果が奏功したと考えられる。③と④を比較すると、日常生活の身近なことについて、単文であれば理解できても2文以上のまとまりのある文になると自信を持てない生徒が多くなることがわかる。⑤と⑥を比較すると、Yes / No で答える質問に応答することはできても、5W1Hの質問に答えることには自信を持てない生徒が3割近くいることがわかった。日々の授業の中で繰り返し疑問文に触れる機会をつくる。⑦について、教科書をすらすら音読できると答えた生徒は44.4％だった。学期に1回音読テストを実施し、自信を持って音読に取り組めるよう指導していく。⑧と⑨は「書くこと」に関する質問である。第1学年では音声指導に重点を置いて授業を行ってきたが、音声を通して身についた英語表現が、今後「書くこと」に生かされると考える。第1学年の3学期に「ライティングノート」を導入したので、今後は言えるようになった文を書く活動を毎時間行う。⑩のやり取りについては5月から25.2ポイント上昇しているが、即興で話すことについては、今後さらに指導を工夫する。

(3)　教材観

　NEW CROWN の各単元は、Get（短い読み物や対話、文法導入）→ USE Read（読み物教材）→ USE Speak or Write（表現活動）の構成になっている。本単元 Get Part 1では、ブラウン先生が推薦したピーター

ラビットの本を借り、陸は初めて英語で本を読む。Get Part 2では、陸が
ピーターラビットを読んだ感想を述べる。USE Read は、ビアトリクス・
ポターの「ピーターラビットのおはなし」を読み、USE Speak ではそれ
を音読する設定である。

　ブラウン先生は子どもの頃「ピーターラビットのおはなし」を読んでい
たという。生徒も、幼い頃お気に入りの本や絵本を繰り返し読んだり読み
聞かせてもらったりした記憶があることだろう。そういった個々の経験と
本単元の題材を重ね合わせながら、読むことそのものを楽しめるように工
夫された構成になっている。

　調布市では、2年前より ICT プラットフォームが整備され、英語科で
は昨年度よりデジタル教科書が導入された。視覚的な効果が生み出す魅力
を最大限に生かし生徒の学びを支援する。


## 5　年間指導計画における位置づけ

●題材・場面　◎言語材料　◇言語活動

| | 単元名 | 題材・言語材料・言語活動 |
|---|---|---|
| 第1学期 | Starter　This Month's Books | ●英語の本の紹介、授業ガイダンス<br>◇「読むこと」 |
| | Lesson 1　Peter Rabbit | ●イギリス文学、ピーターラビット<br>◎接続詞（when/ if / that）<br>◇「読むこと」黙読、音読 |
| | Take Action! Listen 1<br>図書館の案内 | ●司書からの案内<br>◇「聞くこと」 |
| | Take Action! Talk 1<br>どんなストーリーなの？ | ●学校生活（質問する、情報を付け加える）<br>◇「話すこと［やり取り］」 |
| | GET Plus 1<br>試着してもいいですか | ●買い物（許可を求める表現）<br>◎ May I ...?<br>◇「話すこと［やり取り］」 |
| | Lesson 2　My Dream | ●自分の将来像、将来の夢<br>◎ to 不定詞（名詞用法・副詞用法・形容詞用法）<br>◇「話すこと［発表］」「書くこと」 |
| | Project 1<br>パフォーマンス（スピーチ） | ●将来の夢<br>◇「話すこと［発表］」 |
| | Take Action! Listen 2<br>チャリティーのお知らせ | ●校内放送<br>◇「聞くこと」 |
| | Take Action! Talk 2<br>それはいい案だね | ●ボランティア活動（賛成する）<br>◇「話すこと［やり取り］」 |
| | GET Plus 2<br>写真を撮ることは楽しい | ●趣味（意見を述べる表現）<br>◎ It is ... (for A) to ～.<br>◇「話すこと［やり取り］」 |

| | | |
|---|---|---|
| 第1学期 | Lesson 3　Every Drop Counts | ●自然科学、社会貢献活動<br>◎ There is [are] …. / 動名詞<br>◇「読むこと」 |
| | GET Plus 3<br>魚釣りをしてはいけません | ●社会ルール（禁止の表現）<br>◎ must / must not<br>◇「話すこと［やり取り］」 |
| 第2学期 | Lesson 4　Uluru | ●オーストラリア、地域の文化<br>◎動詞（give / call / make）A + B<br>◇「書くこと」 |
| | Take Action! Listen 3<br>空港のアナウンス | ●旅行<br>◇「聞くこと」 |
| | Take Action! Talk 3<br>何が起きたの？ | ●日常生活（詳しい説明を求める）<br>◇「話すこと［やり取り］」 |
| | GET Plus 4<br>宿題をしなければなりません | ●学校生活（すべきことを説明する表現）<br>◎ have to / don't have to<br>◇「話すこと［やり取り］」 |
| | Reading for Fun 1　A Pot of Poison<br>パフォーマンス（グループプレイ） | ●日本の笑い話（狂言）<br>◇「話すこと［発表］」 |
| | Lesson 5　Things to Do in Japan | ●観光、異文化体験<br>◎比較級（形容詞・副詞）、同等比較<br>◇「書くこと」 |
| | Take Action! Listen 4<br>イベントの紹介 | ●ラジオ番組<br>◇「聞くこと」 |
| | Take Action! Talk 4<br>一緒に遊園地に行かない？ | ●電話（誘う表現）<br>◇「話すこと［やり取り］」 |
| | GET Plus 5<br>演奏の仕方を教えましょう | ●日本の伝統文化（説明する）<br>◎ how など + to<br>◇「話すこと［やり取り］」 |
| | Project 2<br>プレゼンテーション（動画作成） | ●修学旅行プランの提案<br>◇「話すこと［発表］」 |
| | Lesson 6　Tea from China | ●中国、お茶の文化と歴史<br>◎現在完了形（継続用法）<br>◇「書くこと」 |
| 第3学期 | Take Action! Listen 5<br>ラジオニュース | ●ラジオの臨時ニュース<br>◇「聞くこと」 |
| | Take Action! Talk 5<br>お手伝いしましょうか | ●社会生活（申し出る表現）<br>◇「話すこと［やり取り］」 |
| | GET Plus 6<br>大きい声で話していただけますか | ●授業中（ていねいな依頼の表現）<br>◎ Could you …?<br>◇「話すこと［やり取り］」 |
| | Lesson 7　Rakugo Goes Overseas | ●日本の伝統文化、英語落語<br>◎現在完了形（完了用法・経験用法）<br>◇「話すこと［やり取り］」「書くこと」 |

| 第3学期 | Take Action! Listen 6<br>プレゼントの相談 | ●日常生活<br>◇「聞くこと」 |
| | Take Action! Talk 6<br>それもいい案だと思うけど | ●学校生活（意見を言う、反対する）<br>◇「話すこと［やり取り］」 |
| | Project 3　ディスカッションを<br>しよう<br>ディスカッション | ●ディスカッション<br>◇「話すこと［やり取り］」 |
| | Reading for Fun 2　The Little<br>Prince | ●物語<br>◇「読むこと」 |
| | 学習成果発表会準備 | |

## 6　単元の指導計画と評価計画（全8時間）

| | 目標 | ○学習内容学習活動 | 評価規準（評価方法） | | |
| --- | --- | --- | --- | --- | --- |
| | | | ア | イ | ウ |
| 第1時 | ・　単元の見通しを持ち目標を理解する。<br>・　お気に入りの絵本を紹介するスライドを作成する。 | ○　単元の見通し<br>・　単元の最終ゴールを知り、自分の目標を考える。<br>○　絵本紹介のスライド作成<br>・　教師のオーラルイントロダクションを通して、単元をイメージする。<br>・　お気に入りの絵本を1冊選び、紹介するスライドを作成する。 | 記録に残す評価は行わない。ただし、ねらいに即して生徒の活動の状況を確実に見届けて指導に生かすことは毎時間必ず行う。活動させているだけにならないよう十分配慮する。 | | |
| 第2時 | ・　お気に入りの絵本についてプレゼンテーションを行う。 | ○　絵本のプレゼンテーション<br>・　絵本プレゼンテーションを行う。<br>・　接続詞 when / if を導入する。 | | | |
| 第3時 | ・　どんな時にどんな気持ちになるかについて、接続詞 when や if などを用いて、自分の気持ちを即興で話すことができる。 | ○　自分の気持ちについて即興で話す<br>・　接続詞 when / if のポイントを整理する。<br>・　どんな時にどんな気持ちになるかについて、接続詞 when や if などを用いて、自分の気持ちを即興で話す。 | | | |
| 第4時 | ・　陸とブラウン先生のやり取りを読み、引用するなどしながら考えたことや感じたことを伝え合うことができる。 | ○　リテリング<br>・　陸とブラウン先生のやり取りを読み、引用するなどしながら考えたことや感じたことを伝え合う。<br>・接続詞 that を導入する。 | | | |

| | | | | | |
|---|---|---|---|---|---|
| 第5時 | ・ 陸がピーターラビットの感想を伝えているピクチャーカードを見て、考えたことや感じたことを伝え合うことができる。 | ○ ピクチャー・ディスクライビング<br>・ 接続詞 that のポイントを整理する。<br>・ 陸がピーターラビットの感想を伝えているピクチャーカードを見て、考えたことや感じたことを伝え合う。 | | | |
| 第6時（本時） | ・ ピーターラビットの物語を読んで、おおまかな流れや、登場人物の気持ちの移り変わりなどに留意しながら概要を捉えることができる。 | ○ 物語の概要を捉える<br>・ 物語のおおまかな流れや、登場人物の気持ちの移り変わりなどに留意しながら概要を捉える。 | | | |
| 第7時 | ・ 考えたことや感じたことを整理して、ブラウン先生に物語の感想を伝える手紙を書くことができる。 | ○ 物語の感想の手紙<br>・ 考えたことや感じたことを整理して、ブラウン先生に物語の感想を伝える手紙を書く。 | | | |
| 第8時 | ・ ピーターラビットの物語について、場面や登場人物の気持ちを整理しながら自分の考えをまとめることができる。 | ○ 物語の音読<br>・ 前時の復習をする（物語の感想を発表し合う）。<br>・ ピーターラビットの物語の概要を捉え、自分の考えや気持ちを述べる動画を作成する。 | | | |
| 後日 | ペーパーテスト、ブラウン先生への手紙、作成動画 | | ○ | ○ | ○ |

〈「読むこと」の評価について〉

(1) 問題作成上の留意点

・ 教科書で扱った同程度の分量で、生徒が初めて読む英文を作成する。

・ 学習した内容と関連のある話題について、教科書で扱っている文章の構成を基に作成する。

・ 可能な範囲で、教科書で扱った言語材料を使用する。

・ 「概要・要点」を捉える問題と「知識・技能」を評価する問題を区別する。

(2) 評価について

・ 評価にあたっては、ペーパーテストとともに作成動画を活用する。作成動画は、第1学年の生徒に向けてピーターラビットの魅力を伝えると

いう目的のもと、各自がタブレット端末で撮影し提出する。
・　「思考・判断・表現」については、登場人物の意図を把握したり必要な情報や概要・要点を捉えたりしている状況から評価する。
・　「主体的に学習に取り組む態度」については、「思考・判断・表現」と一体的に評価する。評価方法としては、作成動画などの提出物の内容から見取る。特にこの観点については、本単元だけでなく他の単元も含めて長いスパンで判断する。

7　指導にあたって
(1)　授業形態の工夫
　　物語を読んで内容理解を深める単元だが、他者との意見交換を通して物語をより深く味わうため、ペアでの活動を軸に授業を展開する。
(2)　指導方法の工夫
ア　「読むこと」を深めるために、物語、アナウンス、料理番組などさまざまなテキストに触れ、それぞれに応じた読み方の工夫を指導する。
イ　読んだことを理解し、物語を味わい、自分の言葉で相手に伝える活動を行う。単元の終わりに、ピーターラビットの魅力を伝える動画を作成する。動画には、物語の概要とともに自分の意見や考えも入れるようにする。作成した動画で良いものは、実際に第1学年の教室で流してもらう。
(3)　教材の工夫
　　生徒に1人1台ずつ貸与されているタブレット端末を活用し、自分の考えを述べる活動を行う。

8　本時（全8時間中の第6時）
(1)　本時のねらい
　　ピーターラビットの物語を読んで、おおまかな流れや、登場人物の気持ちの移り変わりなどに留意しながら概要を捉えることができる。
(2)　本時の展開

| 時 | ○　学習内容 ・　学習活動 | 指導上の留意点　配慮事項 | 評価規準（評価方法） |
|---|---|---|---|
| 挨拶・導入 12分 | ○　Bingo の単語練習 | ・　授業が開始する前にペアと本時実施するビンゴの単語を読み合わせ English Card にサインをもらう。 | 目標の達成に向けて指導を行い、形成的評価は行うが、記録に残す評価は行わない。 |

| | | |
|---|---|---|
| 挨拶・導入 12分 | ○ Song<br><br>○ Bingo<br><br>○ たてよこドリル | ・ Owl City & Carly Rae Jepsen の "Good Time" を歌う。<br><br>・ be going to の復習を行う。疑問文の使用場面を設定して説明する。 |
| 展開 35分 | ○ Review<br>・ Lesson 1 Get 2の内容確認、音読などを行う。<br><br>○ Today's Goal<br>・ 本時の目標を確認する。<br><br>○ 物語のおおまかな流れや、登場人物の気持ちの移り変わりをまとめるために、ピーターラビットの物語を読んで、概要を捉える。<br><br>・ 教室内に掲示されたピーターラビットの物語と、廊下に掲示されたピーターラビットの挿絵を正しく組み合わせる。 | ・ 教科書本文の復習後、資料映像一覧から「湖水地方」を視聴する。<br><br>・ 本時の活動への見通しを持たせる。<br><br>〈活動の手順〉<br>① 教室内にピーターラビットの紹介記事を8つに分けたもの（ＡＢＣＤＥＦＧＨ）を張りだしておく。<br>② 廊下にピーターラビットの挿絵を8枚張りだしておく。<br>③ 話し合い班（4人グループ）になり、ＡＢＣＤＥＦＧＨの担当を決める。<br>④ ミッションシートを全員に配る。<br>⑤ それぞれの担当個所を読みに行く。制限時間あり。3〜4分<br>⑥ グループに戻ってその内容をシェアする。<br>⑦ グループの代表が廊下の挿絵を見に行く。1人につき1回見に行くことができる。<br>⑧ メンバーの説明と廊下に張られた挿絵を正しく組み合わせて、ミッションシートに答えを書く。<br>⑨ 合格したチームは、教科書pp.12-13を参考にして宿題に取り組む。 |
| まとめ 3分 | ○ Reflection<br>・ 本時の授業について各自の取り組みを振り返り、次の目標に向けて意欲を高める。<br><br>○ Homework<br>・ エイゴラボ pp.14-15<br><br>○ Greeting | ・ 自らの学びについて振り返り、本時で学んだことや単元目標の達成に向けて取り組んだことをEnglish Card に記入する。<br><br>・ どのような意味のある宿題なのか理解させる。<br><br>・ 生徒が達成感を持って授業を終えられるように、教師から一言コメントを与える。 |

第9章

(3) 板書計画

〈ミッション〉
　ピーターラビットの物語とピーターラビットの挿絵を正しく組み合わせて、物語の概要を把握しよう。

スクリーン

＊デジタル教科書を使用して授業を進めるため、特に板書は行わない。

(4) 授業観察の視点

ア　生徒は、単元の目標や本時のねらいを意識しながら、言語活動を行っていたか。

イ　生徒は、互いに教え合ったり、考えをやり取りしたりしながら、主体的に学習に取り組んでいたか。

ウ　生徒は、「主体的・対話的」に学ぶ中で新たな気づきを得て、学びを深めていたか。


# ９−２　生徒作文

## １．期末テストの自由作文

　「大学教職課程授業編」上巻 pp.45-49の３年３学期期末テストは①50分かけて②辞書持ち込みでライティングをさせました。一方このライティング問題は、①普段の定期テストの大問の１つとして②辞書持ち込みなしで行ったものです。文末の数字は［２学期の評定　英検取得級］です。（評定５が目立ちますが、この年は評定５が全体の28％いました。また、北原教師史上唯一評定１、２がゼロだった学年でもあります。）

**外国語表現の能力**（自由英作文）

**6**　「英語劇 "Illusion 2016〜Night on the Milky Way Train 〜" に参加して」
というテーマで自分の感想を書きなさい。英文の量と質の両方を評価します。

英文の量（8，6，4，2，0点）＋英文の質（8，6，4，2，0点）＝16点

---

係を表す英語
　音響 sound　　照明 lighting　　大道具 setting　　小道具 props
　衣装 costume　　字幕 Japanese subtitles　　演出 director
　舞台監督 stage manager
大会名
　港区立中学校英語発表会　Minato City Junior High School English
　Contest
　東京都英語学芸会　Tokyo Metropolitan English Entertainment Contest

---

**A-3** I'm very proud of (the) Minato City Junior High School English
Contest result. I want to win the Tokyo Drama Contest. So I have to
improve my skill. Finally I think we will get the 1 st place.　　　（3 P2）

**A-7** I was a(n) acte(o)r. But I was not good at acting. I usually missed
(made mistakes). The director and teachers always got angry with me. I
des(c)ided to practice more. So I can(could) act as a(the) train condo(u)ctor.
Everyone practiced hard, so we can take part in Tokyo Metropolitan English
Entertainment Contest. I want to do my best and win.　　　（5 P2）

**A-32** I join(ed) (to) the play as a(one of the) sound staff. The most difficult
point for me is finding good timing. If I make a mistake, it will be (a) very
big mistake. So, I'm nearvas(nervous) every time. Momoyo is also a sound
staff who treat(looks after the) BGM. She is very nearvas(nervous) too. At
Minato City Junior High School English Contest, we mak(d)e no mistakes! I
think it was the best play I've seen. I will do my best at Tokyo Metropolitan
English Entertainment Contest.　　　（5 P2）

**A-33** I went (to the) Minato City Junior High School English Contest as a stage manager. At first I was very na(e)rvous. Because I went there for the first time. And there were many machines I have never seen. But our staff(s) can(could) use those machines because they are very smart. The pa(e)rformance was successed(ful). I was moved by the play. At last we got the first prize. I was very happy.                                    (5 P2)

**A-35** I (was) joined as (a) Student 1. We (were) practiced after school. It was hard, but I enjoyed practice. In Minato City English Contest we won. And we can go(on to the) Tokyo contest. When I heard that, I cried! Because I was glad. We must practice more and more.                                (5 P2)

**A-36** I was happy when I acted (as) Student 3. We will be able to win in Tokyo Metropolitan English Entertainment Contest! I thank (the) actors, sound, lighting, setting, props, costume, Japanese subtitles and the director (and), stage manager. We (will) practice hard for the next stage(show). We can do it!                                                           (4 3)

**B-1** I act(ed) (as) Student 2. I was nervous in Minato City Junior High School English Contest. I couldn't say loudly voice(speak in a loud). I'm (was) not happy. We're going to go (to the) Tokyo Metropolitan English Entertainment Contest. I want to say (speak in a) loud voice.         (3 3)

**B-3** I act(ed) (as) Zaner(ll)i, but I don't like Zaner(ll)i! We went to Minato City Junior High School English Contest. We saw nice spea(e)ch(es), but Akasaka Junior Hight School('s) English (was) better than (the) others! We will go to Tokyo Metropolitan English Entertainment Contest.         (3 4)

**B-7** I was on the setting in the English Contest. Why was I on the setting(?) b(B)ecause I think directores are very hard and busy. But it was very hard because I made a really big prop. It wa(s) too difficult for me. At the Minato City Junior High School English Contest I was wrong the timeing to setting props(my timing for setting props was wrong).                        (3 P2)

**B-32** I am very happy that we have won the Minato City Junior High School English Contest. I act(ed) (as) Lumina. I thought that I can't(couldn't) act. Because she is very different from me. But now, I don't think so. Even (though) she is very different from me, it's not difficult to act. Because I('m) understand(ing) who she is. That's why I could enjoy acting. We will win the next one too.                                                       (5 2)

**B-33** I worked with my classmates when we practiced the play for school festival and Minato City Junior High School English Contest as a director. I was a director when I was a first grade student too, but I was really nervous. But my classmates and teachers always helped me. So I was able to work for them. In December we will have Tokyo Metropolitan English Entertainment Concert(test). So I have to work harder from now on. (5 P2)

B-34 I was an actor but I couldn't say(talk) with (a) big voice. But my friends gi(a)ve me a lot of advice, so I was very happy. We were des(c)ided to go to Tokyo Metropolitan English Entertainment Contest. I'm very happy to hear that. And I des(c)ided to more practice(practice more) for (the) play. Because I want to get (the) first prize. (5 P2)

C-1 I am in the group that handles lighting. In the Minato City Junior High School English Contest, I did three different roles at the same time. I also helped compose and improve the script. I'm sure that Tokyo Metropolitan English Contest would be easier than the Minato City Junior High School English Contest. (5 1)

## ２．後輩へのアドバイス

生徒は先生の言うことは聞きませんが、先輩の言うことは聞きます。その習性を利用して先輩から英語の勉強をアドバイスするように考えました。３学期最後の授業では学期末恒例の生徒一人ひとりとのコンサルテーションを行いますが、その前の授業で全学年の生徒にアンケート用紙を配布して次年度の後輩への勉強アドバイスを書いてもらっていました。最初の頃はフリースタイルで書いてもらって、それを春休みに私がPCに打ち込んで授業のコンポーネンツごとにソートしたものを４月の最初の授業で生徒に配布しました。その後、書いてほしい項目を明示して書いてもらうことにしました。下の例は英検準２級取得率過去最高56％、英語劇「翼の折れた天使たち」で都英語学芸会３位を獲得した学年が書いたものです。（下線は私が授業中に強調したこと）

後輩に伝える役に立った授業と自分の勉強法（「これをやるといいよ！」）

平成30年度卒業生

2019. 4. 1

第9章

新1～3年生へ
先輩の書いたものを参考に英語の勉強を頑張りましょう。
下の記述はすべて参考になるものですが、下線は北原先生も特にオススメの勉強法です。
（上から英検準1級、2級、準2級、3級、4級取得者の順序になっています）

## 辞書

- 一度引いたところにはマーカーをして、何度も引く単語のページには折り目をつけておくと引きやすいし、短時間でできる。
- とにかく引きまくって慣れる。
- 辞書で引いた語の近くの連語を見ておくのがいいかも！
- よく引くところには付箋を貼っておく。
- 先生に言われなくても引く。
- どのページに重要な語があるか覚える。
- わからない単語は和英の後に英和を引いて理解を深める。
- 紙の辞書で引いてください。
- 意味を予測してから引く。

## 英語の歌

- 英語の歌を歌ったり聞いたりするとより英語がわかる。だからあいてる時間があれば英語の歌をやればいいと思う。
- 最初はわからなくても、大きい声を出して歌えば自分の声がはねかえって聞こえてくるから耳に入って自然と覚えられる。知らない単語を自然に覚えられるチャンス。
- 楽しむ。そして同じ韻を踏む語を覚える。
- 暗記をして紙を見ないで歌えるようにした。家で歌ったりした。
- 家でも YouTube で検索して歌った。
- 歌手みたいに歌うのと、ネットなどで英語の歌を聞きまくると歌いやすくなる。
- 発音が良くなるのでしっかりやるといい。

- とにかく楽しむ。歌手の歌い方をまねすると良い。
- あまり歌詞を見ないように歌う。
- 家で何回も YouTube を聞いて歌詞を覚えちゃうと楽しく学べる。
- 家でも自分の好きな曲を聞きまくる。
- とにかく覚える。自分の知らなかった表現や単語がすっと覚えられていいよ！

## 発音

- うまい人のまねをしてみたり、ネイティブの英語を聞いたりすると発音の仕方が頭に入る。
- l、r、th を気をつけて言うようにした。
- 上手な人のをまねた。
- 英語の歌を th や f の発音に注意して歌う。
- th、f、v などをしっかり発音すれば単語が自然と覚えられる。
- ジョウル先生の発音をまねしようとすると自然と発音ができてくる。
- r、l、th などをハッキリ言うことで相手に伝わりやすくなるので意識する。

## 音読

- 自分の耳にはっきり聞こえるように言うと、耳でその文法を覚えられるようになる。
- テスト勉強に最も重要な勉強法だと思う。暗写では覚えきれないことでも、音で思い出せばスラスラ書けるようになる。
- 何回も何回も読んでおくと自然と覚えられます。「覚えよう」としてあまり読まないように。
- しっかり声を出して、壁にはね返る声を聞く。
- 少なくとも50回は音読した。見ないで書いて暗記をした。
- 10回読むとすごい、って言われるよ。
- 音読をしっかりやると長文、リーディング、スピーキングなどいろいろなものにつながっていくのでしっかりやるべき。

- 先の文章を少し見ておくと（目を少し先にやると）スラスラ読める。
- とりあえず10箱読もう！
- 大きな声で自分の声が壁に反射して聞こえるように。周りに負けるな。
- 私たちの学年は1年生からずっと箱読み10箱（50回）読んできた。音読することで文法は身につく。

## 文法

- とりあえず頭に出てきた文を書いてみて、おかしいと思ったところを直す。
- ベーシックダイアログの暗写ができれば完璧！
- 音読もたくさんやれば声に出した時に文法が正しいかそうでないかわかるようになるのでとにかく音読。
- 塾の方が高度なことをやっているように思えるかもしれないが、学校で学ぶ文法を完璧にしておく必要がある。
- ベーシックダイアログの太字部分を覚えて使い方を理解する。
- 音読をやっていれば文法に関しての勘が強くなる。

## 宿題

- 英パー（北原註：ワーク）は必ずやる。教科書でやったことの復習にもなるし、新しい文法や単語が定着しやすいから。
- やらないなんて論外。量も多くないからやった分だけ自分の力になる。
- SW（スパイラル・ワークシート）には基本的なことが書いてあるのでしっかりやるべき。
- 放課後、残って宿題をやる。
- 一つひとつのことをていねいに「嫌」と思わずやれば必ず力になる。

## テスト

- 教科書に載っていることは基本的には覚えておく。

- 暗写！ 暗写！ <u>音で覚えて書く</u>。1年の時のブブブブビーとかを覚えているとつづりを覚えなくても書ける。
- 点取り放題に重点を置いて勉強した。
- 範囲の教科書ページの音読、パフォーマンステストなどのチェック。それをとにかく繰り返す。
- 教科書の文を暗記する。本文の意味を理解しておく。
- 教科書とベーシックダイアログを覚える。
- 本文の暗写をすると点数が上がった。
- 毎日、音読と英パー（北原註：ワーク）をやる。
- <u>3年生になると急にテストが変わる</u>。文法や授業中にやったことを忘れずに。

パフォーマンス

- 自信を持って取り組んだ方が絶対いい！
- 家で<u>自分のパフォーマンステストをビデオに撮って人に伝わるかどうかチェック</u>。
- スキット作りでは<u>面白さを追求</u>する。観客も楽しいし、何より自分たちが楽しい。
- ジェスチャーを大きくする。
- ジェスチャーでアピールする。
- 全力で楽しくやろう。
- とにかく大きな声で自信を持って発表すること。

長文

- <u>頭に入っている例文を有効活用する</u>。
- <u>じゃれマガ、読みトレをしっかり読む！</u>
- <u>速く読めるようにした</u>。
- <u>日本語に訳しながら読もうとしない</u>。
- <u>普段から音読したり、英語を読んだりすれば長文は読めるようになる</u>。
- <u>頭の中で想像しながら読むといい</u>。

・キーワードになりそうなところにアンダーラインを引く。

積極性

・先生の質問には自分の答えをもって答える。
・間違えることも大切。間違えたら忘れることはないからガンガンやる。間違えてやる！　と思ってやる。
・間違っても大丈夫なのでどんどん発言するといいと思います。
・間違いを恐れずに発言した方がいい。
・ペアワークなどでは必ずジェスチャーをつけたり、相手の顔を見てやる。
・間違いを恐れずに手を挙げる。
・昼休みにジョウル先生が教室に来てくれた時に自分から会話をするとスピーキングテストの感覚もつかめる上にどんどん会話が楽しくなる。
・スーパー・ペアワークの時など先生や友達とたくさん話す。失敗を恐れない。
・間違えた分だけ身につく。

過去問（＊入試問題の過去問）

・量をこなす。
・数をこなす。間違えたところをそのままにしない。
・計画を立てて進めないと絶対に終わらない。
・英検の過去問を解くと自然と英語力が身につく。

リーディング

・よりくわしく、深く読むようにした。
・基本的には、読みトレ、じゃれマガ、音読をしっかりやれば力はつく。
・とにかくキーワードを見つける。速読術を身につける。

## リスニング

- こまめにメモをとったりする。いくつか単語を聞き取れなくても ニュアンスでわかることもあるからあきらめない。
- 映画を字幕で見る。
- 誇張抜きで赤中のリスニングは日本一。塾とかでリスニング講座を 受けてもトップレベルになれる。
- 先生たちの会話を聞き取れるように努力する。
- こんな感じかな、ってイメージを頭にしながら聞くとわかりやすい。
- すばやく問題に目を通す。

## スピーキング

- ネイティブの人と日本語なしで英語とジェスチャーのみで話してみる。
- 家族に聞き手をやってもらい、話した。（質問などもしてもらう）
- 授業中や休み時間にジョウル先生と会話をする。
- 頭の中にある音をひろってしゃべってみてください。

## ライティング

- 見て書くのではなく、耳で覚えたことを書く。
- とにかく量をこなす。
- 定期的にやること。全然やらないと大変なことになる。
- スキットの原稿をしっかり書けばライティングは自然とできるよう になっていく。
- 毎日100文書く。
- 時制や三人称を忘れずに。
- たくさんやってボーナス点をもらおう。

語彙

- ひまがあれば辞書を見たり、単語帳を見る。
- 授業で出てきたもの（例えばじゃれマガ）をしっかり確認する。
- じゃれマガに出てきた単語はすべて覚える。
- 一度でも目にした単語は覚えていく。
- 習った文法や単語をいろいろな場面で使ってみる。
- 私は歌をたくさん覚えて語彙を増やしました。

ベーシック・ダイアログ

- 基本的な文だから応用で使えるように覚えておく。
- 授業内で終わらなくてもしっかり最後までやりぬく。
- 練習の時からきちんとジェスチャーをする。
- ジェスチャー、発音、最後まで止まらずに言えるかが大事。
- コツコツ合格していけば文の音が頭に入る。
- ペアでしっかりやれば忘れないはず。

その他

- 授業中の先生の質問にすばやく答える。
- 英語を楽しめ。

北研 ML より

　卒業生が後輩たちに向けて、英語学習に関するさまざまなアドバイスをしていました。これを見ると、生徒たちが英語学習において大切なことをきちんと理解、体得していることがわかります。北原メソッドでの３年間の授業を通して、生徒たちは単純に英語力をつけるだけでなく、生涯にわたって使える普遍的な英語学習法まで身につけているのだ、ということがわかりました。

（神奈川県　私立中高　ＴＴ先生）

## 3. できるようになったこと

毎学期最後の授業はコンサルテーション（個人面談）をしていますが、それを待っている間に生徒が書くのが「できるようになったこと」（p.150）です。生徒が書いたものは長期休業中にPCに打ち直して項目別にソートして次の学年の生徒に渡していました。次の学期にどんなことができるようになるのかという見通しを持ってもらうためです。

### 平成29年度1学期2年生「できるようになったこと」

1位　発音
1　発音に気をつけながらスラスラ話せるようになった。
2　長文でもつなげてスラスラ読めるようになった。
3　th、fなどの発音をあまり意識せずにできるようになった。
4　単語と単語のつながりを使ってスラスラと読めるようになりました。
5　単語と単語を自然につなげて読めるようになった。
6　発音よく言えるようになったことができたと思います。
7　thの発音など教科書を見るだけで言えるようになった。
8　言葉と言葉をくっつけて（in aをイナ）言ったりできるようになった。
9　文と文をつなげる時の言い方ができるようになりました。
10　発音がさらによくなり、thやfの発音が自然に出るようになった。
11　th、v、fは見ただけで必ず発音できるようになった。
12　in Americaなどつなげて言えるようになった。
13　f、thなどの舌を出して言うようにするのが当たり前になった。
14　発音が自然に言えるようになった。
15　英語の発音がよくなった。

2位　スピーキング
1　Q＆Aの問題と答えがスラスラでてくるようになった。
2　英語でちゃんと言えるようになったことができるようになったことです。
3　長い文を言う。
4　外国の人と少しだけ話せるようになった。
5　質問する回数が去年と比べて少し多くなったこと。

6　ペアワークの時、去年より多くの友達と話すことができるようになった。

7　トーク＆トーク（の合格）がすごく早くなり毎回1番か2番に入った。（ペアリーダー）のS君から褒められることが増えて、英語ができて嬉しく思います。

8　歌もスラスラ歌えるようになった。

9　トーク＆トークやベーシックダイアログが1回で合格できるようになった。

10　トーク＆トークで一人でできた。

11　Q＆Aで自分から手を挙げたこと。

12　長い文を覚えられるようになってベーシックダイアログなどで時間内に終わることが多くなりました。

13　スキットではAを取ることができた。


3位　ライティング

1　速くていねいに書けるようになった。

2　スキットをつくれるようになった。

3　Basic Dialog の暗写がかなりできるようになった。

4　自分で文を考えて前に習った文法や単語を積極的に使うことができた。

5　おもしろいスキットを考えられるようになったこと。

6　文字がきれいになった。

7　スラスラ書きながら文をつくることができるようになった。

8　文がだいぶ書けるようになった。

9　暗写も早く終わらせることができた。


4位　音読

1　1年生の時よりも速く文を読むことができるようになった。

2　長い文を読む。

3　前よりも速く読めるようになりました。

4　長文でもスラスラ読めるようになった。

5　教科書の文をスラスラと読めるようになった。

6　教科書の人になりきって読むことができた。

7　長い文をスラスラと読めるようになりました。

5位　辞書引き
1　辞書を引くのがもっと速くなった。
2　辞書引きの速度が上がり、ほぼ毎回1番になった。
3　辞書引きが速くなった。
4　わからない単語は辞書を引いて調べる習慣がついた。
5　辞書引きするのが速くなった。

5位　文法
1　〜形などの知識が身についた。
2　未来形、過去進行形などたくさんのかたちの文を学んだ。
3　ノートの問題（北原註：文法の導入時）に早く答えられるようになった。
4　未来形や過去進行形も出てきましたが、思ったよりできました。
5　過去形だけでなく未来形を使った表現ができるようになった。

7位　つづりミス
1　スペルミスが少なくなった。
2　スペルチェックの時にだいぶ手を挙げられるようになった。
3　1年生の頃よりもだいぶ書けるようになってきたと思います。
4　文字をミスなく書けるようになった。

8位　間違い
1　トーク＆トークで間違えることが少なくなった。
2　昼休みに残ることが少なくなった。
3　ベーシックダイアログを根気強く最後まであきらめずにできるように
　　なったこと。

9位　内容理解
1　1年生の時よりも文を早く理解し、パッと見た文も早く暗記できるよ
　　うになった。
2　読みトレのおかげで読むのが速くなった。

9位　リスニング
1　外国の人の言うことを聞き取れた。
2　うまく聞き取れるようになった。

## 11位　語彙
1　単語・文が増えた。


## 11位　ジェスチャー
1　発音とジェスチャーをつけて英語を言うことです。


## 特筆すべき内容
・音読10箱分がつらくなくなった。
・10個読みが楽になった。
・期末では90点を超えたので自分の勉強法が合っていたのだと思いました。
・私は授業中の発言回数が他の人と比べて少ないので、自分で発見したことを言わないと頭に入らず、追いついていけないことがあるのではないかと思ったので2学期からは発見したことをみんなに発信して自分の考え方を見直していけたらと思います。
・動詞を覚える時は使い方（例文）も一緒に覚える。
・初見の教科書でもだいたい読むことができるようになってきている。
・家族と英語で話した。
・（できないのは）「バカ」なんじゃなくてやらないとできない。
・教科書を追いついて（読めるように）、（本文の）前を見て前を見ての繰り返しでやっと追いつくことができた。
・読みトレは読むスピードや読んでいるうちに理解する能力がきたえられていると感じた。
・人に英語を教えられるようになった。（2人）
・発音で文字が頭に入ってきた。
・今学期はペアでスキットをつくり発表するという初めての経験でした。つくるのに苦労しましたが、楽しみながらやることができました。これはペアでお互いにアドバイスというか発音やジェスチャーの確認が日々のスキット（北原註：トーク＆トークやベーシックダイアログのこと）でできているからだと思います。あとは人前で発表することに慣れてきているのが一番の理由だと思います。
・スラスラ音読できるようになったせいか、細かい発音がおろそかになっています。
・和英辞典で引いたものは再度英和辞典を引くようにしています。
・良い人のをまねるというのがいいと考えているので人の発音を聞いています。

## 平成29年度１学期３年生「できるようになったこと」

1位　リーディング
1　「じゃれマガ」を読んでいるおかげで長文にも少しは慣れました。
2　英文を読むスピードが速くなった。
3　長文を３つぐらい読んでも集中力が切れなくなりました。
4　「じゃれマガ」などで質問されている文を見つけられる割合が増してきた。
5　黙読で「読みトレ」や「じゃれマガ」の読む速さが上がった。
6　英文読解です。
7　長い英語の文章をスラスラ読むことができるようになった。
8　英語の文の構成についてより詳しく知ることができた。読む速度を速くすることができたと思う。
9　読むのもだいぶ速くなってきた。毎日「じゃれマガ」や「読みトレ」をやっていると読むのが速くなって長文に強くなれるんだなと思いました。
10　読むスピードが速くなった。長文が前よりできるようになった。


2位　文法
1　to 不定詞の Program 6-1、6-2、6-3などの重要性が身に染みています。
2　文法的なことが少しわかった。
3　文法がわかるようになってきた。
4　現在完了形などが使えるようになった。
5　現在完了形の３つの用法を区別し、使うことができるようになった。
6　英語の文体がしっかりしてきた。
7　習ったことを使えるようになった。
8　現在完了形が使えるようになった。また３つの用法の見分けがつくようになってきた。
　　後置修飾を最後の方にやってどのような修飾の仕方をするのかを理解できた。不定詞の３用法がわかるようになった。
9　文法を覚えた。


2位　スピーキング
1　Basic Dialog の文を前よりも速く覚えられるようになりました。３年生になってから注意されることが減りました。（転校生２）

*231*

2 ピクチャー・ディスクライビングでも簡単な文ですが言えるようになりました。
3 Basic Dialog を早く覚えることができた。
4 状況を英語で説明できるようになりました。
5 即興で絵や風景の内容を描写することができるようになった。(転校生9)
6 文法等を意識してしゃべれるようになった。(転校生10)
7 友達との日常会話で英語をどんどん交えてきている。
8 ピクチャー・ディスクライビングで簡単な文だったら言えるようになってきました。
9 Basic Dialog のスピードが速くなった。


4位　語彙
1 知らないうちに単語をたくさん知っていたのでやはり授業はすごいなと思いました。
2 「自己表現お助けブック」は私にとってとても役に立つので家に帰っていつも口に出して読んでいたら自然とたくさんの単語などを覚えていた。(転校生3)
3 Joel と話すことで英語圏で使う日常的な語彙が増えた。
4 ジェスチャーをつけて覚えることによって体でも覚えた気がします。
5 単語を増やすことができた。
6 単語を調べなくてもわかるようになってきた。全く知らない単語も読めるようになった。
7 連語がわかるようになった。


5位　ライティング
1 スキットが自分一人でつくれるようになった。
2 (英語の歌詞を聞きとる) ディクテーションがけっこうできるようになった。
3 スキットなどでも文をつくれるようになった。
4 英語の文を書けるようになった。たくさん点取り放題問題の文章を書きました。
5 長い文章を書く力がついてきた。接続詞をうまく使ったりとか。
6 文がつくれるようになった。

6位　辞書

1　辞書を速く引いて探せる能力も上がってきた。

2　辞書を引くスピードが速くなった。

6位　英検

1　英検3級とれた。（転校生8）

2　英検3級を一次＋5、二次＋2で通過し、見事に3級に合格しました。

6位　発音

1　発音は自分の中では一番誇れるものなので英語劇でもみんなに教えられたらなと考えている。

2　発音が上達しました。

6位　リスニング

1　できるようになったことはリスニングです。学校のテストはずっと全問正解でした。

2　リスニング力がついた。（転校生11）

10位　英語の歌

1　英語の曲を車の中、家の中、移動中などにいつも聞いていることで英語に慣れるというのが効果的でした。

特筆すべきこと

・授業をやっていることで受験に備えられるし、海外に行った時も役に立つということはすごいことだと思う。ネイティブ赤中生に負けないようにしたいです。（転校生1）

・（学習の）記録を残すことができるので、やはり電子辞書ではなく紙の辞書の方が使いやすく自分のためになると思う。

・辞書を一発で引けるようになってきた。辞書を見ると知っている単語がとても多くなっていた。

・発音を意識することで単語のつづりも覚えられるようになりました。あと全体的に英語力が上がりました。私は赤中生に追いつこうと思い、家でも発音練習をしたり、意味を調べる時にスピードも意識しました。塾の先生から2年の文法ができていないと言われた。（転校生4）

・カタカナだった発音を指摘され、Joel 先生や友達の発音を聞くことでネイティブな英語の発音の感覚もつかめ、だんだん発音が良くなってきた。（転校生5）
・発音も最初赤坂に来た時よりもましの領域まできた。1、2年の文法が全く使えない状況なので復習しないといけない。（転校生6）
・即興で英文を言えるようになった。
・聞いた日本語の品詞を英訳して覚えようとしたこと。英語で他言語を勉強したことがあるからその方が覚えやすかったため。（転校生7）
・ライティングを書く時でも、ただ書くだけでなく声に出して一緒に耳でも覚えることをしています。（音読筆写）
・1年生と2年生の音読をまた10箱やった。
・スピーキングテストでは今回は原稿を書かずにやることができた。

## 4．ジャレル先生へのメッセージ

　以下は私が最後に教えた1年生が卒業間際にジャレル先生に書いた感謝の手紙です。彼らは2022年3月に卒業しました。最後の1年間、ジャレル先生から配信されたじゃれマガを私がじゃれマガワークシートにして北研MLに送ったものを彼らは使って勉強していたのです。2年間のブランクを経てこんなに英語が書けるようになった生徒たちに私は感動しました。

Messages from the students of Akasaka Junior High School
・Jarremaga is interesting. I especially like the topic of baseball but I like rugby better than baseball. So I want you to write about rugby as well.
・Dear Mr. Jarrell.
Nice to meet you, Mr. Jarrell. I read じゃれマガ every day in English class. At first, じゃれマガ was hard for me, so I couldn't answer the question accurately. Now, I can answer the question little by little. I will study English hard every day. From Naruka.
・I enjoyed Jarremaga every day. When I read "A Professional Football Player in the Kitchen" in January, I got hungry. I like Korean food very much. Thank you.

- Thank you for writing Jarremaga. I'm not good at reading English fast. Thanks to Jarremaga, my reading is a little faster. At first, there were a lot of words I didn't understand. But as I read it, the number of words I knew increased. Jarremaga has improved my English skill. Thank you very much.
- Hi, Mr. Jarrell. Thanks to じゃれマガ, my reading skill became better than before. I enjoy reading じゃれマガ every day. My favorite topic is "Do you really understand English?" from June 16. I could learn about many English acronyms. Your stories are always interesting. Thank you.
- Thank you for writing Jarremaga. Jarremaga always has interesting stories. I learned a lot of English words from your work. The Birthday stone story especially impressed me. I like Jarremaga. Thank you.
- Thank you for delivering Jarremaga every day. It's easy to understand because it covers the latest news and events every time. What impressed me most was the story about KitKat. I didn't know about that at all. This way you taught me things that I didn't know before and it's very helpful. Thanks for everything.
- Dear Mr. Jarrell.
  Thank you for writing Jarremaga. Jarremaga is very difficult but interesting. I was most impressed with the topic of ポッキー. I learned a lot. Thanks to this, I can read English faster than before. I'm really thankful to you.
- Dear Mr. Jarrell
  Thank you for delivering "Jarre Maga." It is very interesting so I always look forward to reading it. I got better at reading English quickly after reading it every day. Thank you.
- Dear Mr. Jarrell
  I appreciate you. My reading skill is better because of Jarremaga. At first, I couldn't read it within a minute, but now, I can read it within a minute. I realized that I've grown!! Thank you, Mr. Jarrell. There are some political topics and life is happening to us all, but it is fun to read Jarremaga. I want to meet to you someday. Have a nice day!
- Mr. Jarrell, thank you for writing Jarremaga. It was very hard to read at first, but now I can read it easily. Because of Jarremaga, my English

skill has improved. Also Jarremaga's contents were very interesting and sometimes funny. I want to improve my English skills more. Thank you.

· Thank you for writing じゃれマガ. It is difficult for me to read it. I still can't read it within one minute. I have to study hard.

· Hi! Mr. Jarrell!

Thank you for writing Jarremaga. I am very happy when I read it. I couldn't read it quickly first but now I can read it quickly. I think that you helped me to do it. Thank you very much ♡

· Dear Mr. Jarrell.

Hello, I'm a reader of Jarre Maga. Thanks to you, I'm better at reading English. At first, I couldn't read the stories within one minute. But now I can sometimes finish it! I like the story about what LOL means. I didn't know that before I read it. It was interesting.

· Thank you for delivering Jarremaga every day. It's difficult for me to read it but I can read English better than before. I want to be able to talk to foreigners.

· Thank you for teaching English. I was interested to watch some interesting movies. I want to speak English in the future.


## ９−３　北原メソッドをよりよく知るためのその他の資料

このコーナーでは幹本に掲載されていないさまざまなデータをご紹介します。

①は上智大学生の疑問を受けてまとめたものです。②は私の最後の年の勤務校の成績データです。③は私の授業を参観した上智大学生のレポートです。④は海外の現地校に転校して行った生徒に関する私が書いた推薦状、⑤は卒業証明書です。


**①なぜ赤坂中は「ライティングが少ない」のか？ 〜上智大学生の疑問への答え〜**

北原メソッドではＡパターンは板書を書くことが多いです。でもそれは本来のライティングではなくて「部分英作文」とも呼べるもので、目的は既習事項の復習です。Ｂパターンの方では授業の最後に教科書左ページ下のライティン

グをさせます。それにしても1～2文がせいぜいです。そんな授業を見ていると北原メソッドではライティングはあまりさせないのか、という疑問が出てくるのは当然のことです。しかし実際には生徒が学校や家で書く英文の総量はたぶん全国一多いのではないでしょうか？それはなぜでしょうか？

　北原メソッドはコスパの悪い勉強法を生徒に強いる日本の「伝統的指導法」をぶち壊すために誕生しました。悪い指導法はいくつもありますが、その1つが「なんでも、たくさん、1年生から書かせる」ことにあります。小学校英語活動が盛んになってきたとはいえ、1年生の頭の中には英語の世界（acoustic image）ができていません。そんな時期から文単位でたくさん書かせれば、生徒は書けないに決まっています。そして英語嫌いになるのです。「赤ちゃんが言葉を覚えるように」指導する北原メソッドではまずは音声を十分聞かせ、まねして発話させることに時間をかけます。そして「言えるようになったこと」を書かせます。北原メソッドのライティングをまとめると次のようになります。

## 書く　Writing

1　アルファベット大文字・小文字が書ける　can write the alphabets
（小学校）

2　単語が書ける（発音通りのつづりの語が書ける）つづり間違いは許容する
can write words（spelling mistakes are not important）　（小学校）（中1）

3　句が書ける（アクションカードの動詞句など）　can write phrases　（中1）

4　文が書ける　can write sentences
・コピーできる　can copy （中1）
・横方向へコピーできる（教科書→ノート）
can copy horizontally（textbook to notebook）（中1）
・縦方向へコピーできる（黒板→ノート）　＊障がいのある子には特に難しい
can copy vertically（blackboard to notebook）（中1）
・言えた文が書ける（常にスピーキングが先行）
can write what Ss can say （中1）
・オリジナルの文が書ける　can write original sentences　（中2～中3）

5　文章が書ける　can write passages （中2～中3）

　次に教科書を使ったライティングについてです。Bパターンの授業だけを見た人は「ライティングが少ない」と思うかもしれません。しかし、教科書の他のページを見るとライティング関係の個所はいくつもあります。教科書

Sunshine で言うと Power-up（reading）や My Project などです。Power-up（reading）はライティングに特化したタスクのページです。学年を通じてライティングをグレードアップさせるようにできています。My Project ではスピーチ原稿を書いたり、スキットをつくったりします。

　他に赤坂中がやっているライティングに、「ライティングノート」があります。毎月100文、長期休業中はプラス200文を専用のライティングノートに書きます。詳しくは幹本下巻第４章第３節（pp.73-77）を読んでください。１年生冬に始めたライティングノートは３年１学期末の終了時までに全員2800文書くことになります。また卒業直前には英語文集を書かせます。英検取得級によって最低文数が違います（級なし…30文、５級…40文、４級…50文、３級…60文、準２級…70文、２級…80文、準１級…90文）。２年生は２学期から毎時間ディクテーションを行っています。詳しくは幹本下巻第４章第４節（pp.78-80）を読んでください。平成22年度からは毎年英語劇を上演しています。下の年度は日本語シナリオを３年生全員が手分けして英語にしました。平成25年度 Barefoot Gen で都大会優勝、平成28年度 Illusion 2016〜Night on the Milky Way Train で都大会出場、平成29年度 In This Corner of the World で港区英語発表会劇第１位、平成30年度 Angels With Broken Wings で都大会３位。

　最後に成績です。英検準２級の取得率は平成30年度56％で過去最高でした。下は平成28年度東京都学力調査結果（７月実施　２年生）です。

都平均正答率との差

|  | 国語 | 社会 | 数学 | 理科 | **英語** |
|---|---|---|---|---|---|
| 都 | 70.7 | 57.7 | 56.4 | 54.8 | 55.4 |
| 本校 | 75.3 | 58.2 | 60.4 | 54.3 | 74.6 |
| 差 | ＋4.6 | ＋0.5 | ＋4.0 | −0.5 | **＋19.2** |

観点別結果（英語）

| 関心・意欲・態度 | 表現の能力 | 理解の能力 | 言語・文化の知識・理解 |
|---|---|---|---|
| ＋10.5 | **＋24.2** | ＋16.7 | ＋19.1 |

　すべての領域の中で表現の能力（ライティング）の出来がとりわけ高いことがわかります。なお、この傾向は私が北原メソッドを確立してから30年間変わりません。

　結論です。北原メソッドでは１年生の１、２学期は聞く・話すを中心に、３

238

学期から２年生で読む・書くの比率を増やし、３年生では読む・書くの比率が聞く・話すより高くなっています。

## ②令和元年度（＊北原最終年度）　赤坂中学校の英語の成績
### １．英検と英語劇
高校１、２年程度の英検準２級（以上）取得率は20％台から50％台へ突入！
公立中学校日本一更新中

平成22年度 27%　赤坂中で初めて３年間教えた学年（第１期北原学年）

平成23年度 23%　英語劇 Run, Melos, Run で都大会出場

平成24年度 32%　英語劇 If I Had a Millon Dollars で港区英語発表会劇部門第１位

平成25年度 27%　英語劇 Barefoot Gen で都大会優勝（第２期北原学年）

平成26年度 25%　英語劇 the Diary of Anne Frank で都大会特別賞受賞

平成27年度 28%　英語劇 Friends で港区英語発表会劇部門第１位

平成28年度 43%　英語劇 Illusion 2016〜Night on the Milky Way Train で都大会出場

平成29年度 44%　英語劇 In This Corner of the World で港区英語発表会劇部門１位

平成30年度 56%　過去最高！ 公立中学校日本一
英語劇 Angels With Broken Wings で都大会３位

### ２．令和元年度港区学力調査結果（４月実施　２、３年生のみ）
３年生　全国偏差値　54
全国平均正答率との差

|  | 国語 | 社会 | 数学 | 理科 | 英語 |
|---|---|---|---|---|---|
| 全国 |  |  |  |  | 65.7 |
| 本校 |  |  |  |  | 74.2 |
| 差 |  |  |  |  | +8.4 |

２年生　全国偏差値　52
全国平均正答率との差

|  | 国語 | 社会 | 数学 | 理科 | 英語 |
|---|---|---|---|---|---|
| 全国 |  |  |  |  | 64.5 |
| 本校 |  |  |  |  | 69.3 |
| 差 |  |  |  |  | +4.8 |

第９章

239

## 3．令和元年度　東京都学力調査結果（7月実施　2年生のみ）

都平均正答率との差

|  | 国語 | 社会 | 数学 | 理科 | 英語 |
|---|---|---|---|---|---|
| 都 |  |  |  |  |  |
| 本校 |  |  |  |  |  |
| 差 |  |  |  |  | +8.0 |

観点別結果（英語）

|  | 表現の能力 | 理解の能力 | 言語・文化の知識・理解 |
|---|---|---|---|
| 都 |  |  |  |
| 本校 | +12.2 | +4.8 | +10.2 |

## 4．平成31年度全国学力・学習状況調査結果（7月実施　3年生のみ）

|  | 国語 | 数学 | 英語（聞・読・書） | （話） |
|---|---|---|---|---|
| 全国 | 72.8 | 59.8 | 56.0 | 30.8 |
| 都 | 74.0 | 62.0 | 59.0 |  |
| 本校 | 71.0 | 60.0 | 65.0 | 38.0 |
| 全国との差 | −1.8 | +0.2 | +9.0 | +7.2 |

## 5．英検 IBA テスト（平成30年11月実施）

1年生

| スコア | 合計 | リーディング | リスニング |
|---|---|---|---|
| ・平均スコア | 516点 | 269点 | 247点 |
| ・最高スコア | 600点 | 300点 | 300点 |
| ・最低スコア | 80点 | 0点 | 80点 |

分野別平均正答率

- ・語彙、熟語、文法　　72.6%
- ・読解　　70.9%
- ・リスニング　　90.6%

2年生

| スコア | 合計 | リーディング | リスニング |
|---|---|---|---|
| ・平均スコア | 721点 | 360点 | 361点 |
| ・最高スコア | 800点 | 400点 | 400点 |

・最低スコア　　　571点　　　　　230点　　　　　　263点

　　分野別平均正答率

　　・語彙、熟語、文法　　89.4%

　　・読解　　　　　　　　87.0%

　　・リスニング　　　　　93.1%

　3年生

　　スコア　　　　　　合計　　　リーディング　　リスニング

　　・平均スコア　　　851点　　　429点　　　　　421点

　　・最高スコア　　　1000点　　　500点　　　　　500点

　　・最低スコア　　　595点　　　280点　　　　　285点

　　分野別平均正答率

　　・語彙、熟語、文法　　91.8%

　　・読解　　　　　　　　78.0%

　　・リスニング　　　　　88.0%

## ６．発音

1000名の授業参観者（赤坂中）から公立・私立・国立含めて日本一と言われている。

特に１年生の発音は過去最高。

## ７．スピーキング力

1000名の授業参観者（赤坂中）から公立・私立・国立含めて日本一と言われている。

## ８．卒業生の進路

・日比谷高校、早慶大附属高校、都立国際高校など英語の難関高校に毎年複数進学

・筑波大、慶応大、早稲田大、上智大などに毎年合格（昨年度は早慶３名）

・都教委主催「次世代リーダー養成事業」（１年間米豪 NZ の高校に留学）参加修了者は過去４名（NZ、米、豪、豪）

## ③6/15 赤坂中授業見学　～上智大学生による授業参観レポート 2019.6.15～

　　私が見学したのは赤坂中学校１年生の３校時の授業である。本時の授業は生徒19名（欠席２名）に対し、北原先生と菅先生という日本人の先生２名で行われていた。菅

先生は特別支援学級の先生でもあるため、授業内で英語を教えつつ情緒障がいの生徒5名のサポートもしていた。

　教室に入ると日直と思われる生徒がテレビやタイマーなどの電源を入れて授業準備をしていたため、北原先生が到着したらすぐに帯活動である歌を始めることができ、その結果チャイムが鳴る前に1つ目の帯活動が終了している状態だった。スムーズな授業運営を1年生のうちから生徒自らが進んで行っている様子は、まさに主体的な学びであり理想的であると思う。さらに歌の間は北原先生は前で全体に向けて発音指導をし、菅先生は情緒障がいの生徒を中心に発音・発声の指導を行っていた。私の中学生の頃は声を出していない生徒も多かったが、北原先生のクラスではほとんど全員がしっかりと発声していて驚いた。

　続いてアクションカードによる2つ目の帯活動が行われていた。北原先生が動詞のカードを見せ、生徒がコロケーションで繰り返すという活動のあと、先生が言ったものを生徒が手元のカードの中から見つけて指を指す。生徒の発声は歌っているかのようにテンポが良くスムーズに行われていた。また私たちも授業で一度体験したことがあるが、実際の生徒たちは手を挙げるだけでなく「はい」と声を出していて、些細なところであるが授業への積極的、意欲的姿勢が見えた。

　展開の1つ目は本時で学ぶ一般動詞 live を含む基本対話の練習である。ここで北原先生が生徒にプリントを配布していたが、"How many students are there in your group?" のように1列目の生徒に話しかけるなど、生徒がより多くの英語に触れられるよう Teacher Talk として機会を設けていた。配布されたプリントには会話が記載してあり、生徒たちはペアでそれを練習する。発音やジェスチャーも含め暗記できた生徒たちは先生によるチェックを受け、合格が出れば次の課題に進み、不合格であれば再度練習する。合格した生徒はノートに暗記した文を書き取り、今度はそれを先生に見せる。この時使っているノートは北原先生が作成した4線のタイプであり、文字をていねいに書くことも必要になる。このアクティビティを通して私は生徒の教え合いがたくさん行われていることに気づいた。それも明らかな発音の間違いを指摘し合う程度かと思っていたが、そのような間違いをしている生徒はもはやおらず、細かい発音の修正を生徒同士で行っていた。これは恐らく時間制限を設けてアクティビティを行うことで「早く合格して次の課題に進まないと！」という生徒たちの意欲が動機になり、教え合いが活性化しているのではないかと思う。また書き取りでも合格した生徒の中には、さらにペアの生徒のノートを見て書き方も教えている子もいた。

　live の意味を理解した後は、教科書の問題を解きながらリスニング、スピーキングの練習をした。問題の内容は、先生の読む文を聞いて人物と場所、好きな物やことを線でつなぐというものだ。答え合わせは生徒が答えながら行っていたが、多くの生徒

が積極的に声を出して答えていたのがとても印象的だった。

　次のアクティビティでは"What's this?"の表現を学ぶ会話の練習をした。はじめに先生同士で会話をしているのを聞き、ジェスチャーつきでのリピートを通して内容理解をする。そのあと生徒が教室内にあるものから選んで同じような会話をする。この過程で私が驚いたのは、「定規」や「ネジ」のような日常生活や学校生活で使う単語だけでなく、先生が授業で使う音の出るマシンやベルのような、本当に生徒が知りたいと思った単語でもよいという点だ。先生がそれを許可しているということも印象的であったが、生徒から自由な発想が出てくることに驚いた。生徒も教科書に書いてある単語より楽しめると思う。

　次に音読テストについて説明とその練習をした。まずどういう点に気をつけるか説明を聞き、先輩たちの動画を見てから実際に練習するという流れである。先輩たちの動画を見ている間もどこに気をつけるべきか自分で考えてマークするように指示されていたが、これは生徒によって反応がさまざまではあったものの、自分なりにマークしている生徒も何人かいるようだった。

　最後は次回の授業の一部導入として複数形の話に入った。黒板を３つに区切り、生徒たちが口頭で述べる名詞を複数形の -s の発音別に分けていた。この時生徒にはまだどういう分け方なのかは教えず、同じようにノートを区切って板書するよう指示していた。中には violence や music など不可算名詞を挙げる生徒もいたため、最終的に４つに区分けされていたが、本時の授業ではそれ以上は触れずに次回に持ち越しにしていた。複数形や -s をつけるということは日本語にはない概念のため時間をかけて行う必要があると北原先生は考えているそうだ。

　今回私が授業見学で気づいたことは、50分の授業中にかなりの数のアクティビティがあり、生徒が黙って話を聞いている場面はほとんどなかったということだ。また前に授業でＢパターンを扱っていた時に私たちが学んだ、発声時は自分の声が耳に届くくらいの声を出す、ということを多くの生徒たちが実践していた点が印象的だった。また別の点で、特別支援学級の生徒も発言することに意欲的である点がとても印象に残った。これは公立学校における難しさの１つであると思っていたので、特別支援学級の観点からも北原先生の授業がいかに生徒のことを考えているか改めて学んだ。特にみんなで問題文を読んだりノートに書いたりという作業はほとんどしなかったのに"What's this?"を聞くアクティビティでは積極的に手を挙げている生徒が２、３人いて、そのような生徒たちも他の生徒たちと同様に授業に参加できる工夫がなされている点は本当に凄いと思う。

　また授業後に聞いた話によると、東京都では少人数クラスをレベル別に分けるよう決められていたが、そうすると下のクラスは発音しなくなってしまうという英語の授

業としては致命的な問題が起こるため、7年前に北原先生が東京都に抗議し、レベル別でなくてもよいことに変更させたそうだ。現在の赤坂中学校の1年生は全体で21人のため全員で授業しているが、確かにレベル別であったら今のような活気は生まれていないと思う。ちなみに赤坂中学校では2、3年生の少人数制クラスではレベル別ではなく、北原先生か菅先生で生徒に選ばせているそうだ。

　授業を見学して私は改めて授業形態が生徒に与える影響の大きさを学んだ。それは成績やその場の楽しさはもちろんのことであるが、英語に対する思いにも影響を及ぼしているだろうと思う。将来自分が教師になったら、今回私が見たように生徒が楽しみながら英語を学び、英語力もつけつつ英語が好きになるような教育をしたいと強く思った。


## ④海外の現地校への推薦状

AKASAKA JUNIOR HIGH SCHOOL
2-3, AKASAKA 9 CHOME,
MINATO WARD, TOKYO
JAPAN 107-0052
TELEPHONE 03-3402-9306

February 13, 2014
To whom it may concern :


Letter of Recommendation re : R****, O****

Date of Birth : March 27, 2001
Date of Entrance : April 1, 2013


It is my pleasure to recommend R**** O****. She is very talented in many school academic activities. She does especially well in Japanese, social studies, mathematics, and English.
She is also interested in other subjects such as science, music, fine art, and Industrial arts & homemaking.

As for English competence, R**** has several remarkable features ;
She is highly motivated in learning English and is enjoying learning.
She won 1st place in her grade's speech contest and was chosen as a

representative speaker in the school festival.

She has just passed the first round of the Eiken 3rd grade tests which certifies that she has attained the junior high school level of English. (Eiken is the biggest English proficiency testing organization in Japan.) And she is expected to get the 2nd grade certificate (senior high school graduation level) by the end of junior high school.

R**** is also an executive of the student council and does a lot of work to improve school life for all the students.

Concerning attendance she has had no absence.

Should you require any additional information about her, please do not hesitate to contact me at any time.


Sincerely yours,

S******* I**
Pricipal
Akasaka Junior High School

⑤英文卒業証明書

Akasaka Junior High School

9-2-3, Akasaka, Minato Ward, Tokyo, Japan

Principal : S******* I**

Tel. 03-3402-9306

Fax 03-3402-9302

# Certificate
# of
# Graduation

This is to certify that H***** T*****  (born on March 25, 1998)

(certificate number 13,167)

graduated from Akasaka Junior High School on March 31, 2013.

April 1, 2013

Principal S******* I**

## 9－4 生徒との思い出

私は英語教師である前に一人の教師として生徒に接してきました。ここでは生徒との思い出のいくつかを綴りたいと思います。

### ①教師生活最後の所属学年生徒に送った手紙

赤坂中学校３年生のみなさん

ご無沙汰しています。みなさん、お元気ですか。

突然の休校になった昨年２月28日。みなさんとの最後の１ヶ月を奪われた私は途方に暮れました。みなさんの卒業を見られずに１年早く学校を去ることは私の年齢からあらかじめわかっていたことでした。だから43年間の中学校教師生活の最後の２年間をみなさんと一緒に過ごせることで満足しようとしていました。そしてその通り１年11ヶ月はとても満ち足りた学校生活でした。移動教室、運動会、屋根裏チュー学校、屋根裏チュー学校三送会バージョン、旧校舎とのお別れ、仮校舎での運動会、夏季学園、職場体験、鎌倉遠足…たくさんの思い出をみなさんと共有できました。しかし、まさか最後の１ヶ月をもぎとられるとは思ってもいませんでした。みなさんが来なくなった学校は死んだようでした。あの１ヶ月をみなさんと会えずにどうやって過ごしたのか、今では思い出せません。それほど学校はみなさんとの思い出でいっぱいでした。３月25日、私の最後の日、そしてみなさんにとっても２年生最後の日に職員室前や玄関で涙ながらにお別れをすることになりました。

非常事態宣言で臨時休校の中、最上級生となったみなさんは今、中学校生活の最後の数ヶ月を過ごしています。新型コロナウイルス感染拡大は収まる気配を見せていません。心配はつきませんが、今、みなさんは受験生として一番苦しい時を過ごしているのではないかと思い、筆を進めています。都外の私立高校の入試や都内私立高校推薦入試はもう始まっていますし、明日は都内私立高校の一般入試です。来週は都立推薦入試があり、来月21日は一般入試が控えています。毎年３年生を見ていて、今頃が精神的に一番辛い時期だと思います。周りがポツポツ合格し、自分だけ取り残された気持ちになる人もいるでしょう。でもそんな時だからこれまでの３年間の自分の頑張りを信じる時です。これまでの学びを信じて大きな気持ちで人生最初の壁に立ち向かってください。みなさんならきっとできるはずです。風邪やイ

ンフルエンザやコロナに気をつけて、栄養と睡眠をたっぷり取って日々を過ごしてください。その先には栄冠が待っています。遠くから応援しています。

2021年1月21日

上智大学文学部英文学科非常勤講師　北原延晃

## ②2020年度卒業式祝電

> 🖤🤍🖤　　祝　電　🖤🖤🖤
>
> 　　　　　🎉　ご卒業おめでとうございます。🎉
>
> 　みなさんとの思い出はたくさんありますが、なんと言っても1年生の学芸発表会でやった劇「屋根裏チュー学校」が強く印象に残っています。みんなとっても可愛かったね。チュー。✨
>
> 　この1年は新型コロナウイルスで学校生活を思い切り楽しめなかったことでしょう。でもそんなみなさんに神様は卒業式に史上最速の桜の花をプレゼントしてくれました。🖤
>
> 　4月からみなさんの青春という花が咲き始めます。自分を思いきり解放してあげて大きな世界を見てください。大輪の花になった頃に新校舎で再会しましょう。🏯
>
> 　みなさんの前途に幸あれ！☝
>
> 🖤上智大学🖤愛知淑徳大学🏫　👍北原延晃😊

## ③2021年度赤坂中3年生「北原先生へのメッセージ」

・Jarrell 先生の文章を僕たちがわかるように編集してくださりありがとうございます。毎回の授業でじゃれマガをやることで長文を読む力・長文を速く読む方法がわかりました。

・お元気ですか。先日、千代田線でお会いできて嬉しかったです。久しぶりにお会いしたのでびっくりしました。最近、私たちは卒業に向けて色々頑張っています。卒業文集を書いている時によく先生のエピソードで盛り上がります。北原先生の授業はとても大変でしたが、スキットや発音、ジェスチャーの力がついたと思います。またお会いできる日を楽しみにしてます!!

・厳しい指導のおかげで英語力が上がりました。英文を読み取ることが少しできるよ

うになりました。単語を覚えることをまだ難しく感じ、時折読めないこともありますが、頑張って覚えています。読みトレでの本文も軽く見ただけでも内容が読み取れるようになりました。ありがとうございました。

・今までじゃれマガを編集していただきありがとうございました。私たちが1年生の時は毎日授業をしていただきました。発音やジェスチャーをするなど学んだことはたくさんあります。1年生の時はスペルも全然わからなかった私ですが、今では発音からスペルを考えられるようになりました。英語は変わらず苦手だけど苦手なりに頑張っています。高校に入っても、その先の未来でも英語は必要になります。北原先生から教わったことを生かして、また授業のことを思い出して英語を学んでいきたいです。本当にありがとうございました。

・1年生の時はお世話になりました。発音とかジェスチャーとか宿題とか、色々厳しいこともありましたが、先生のおかげで英語を上達させることができたと思います。先生が編集してくださったじゃれマガや読みトレなどを使って、読むスピードも上がり、すごく力がつきました。時々、みんなで思い出を話したりして、先生の話題を楽しく話しています。本当にありがとうございました。

・1年間、私たちに英語を教えてくださってありがとうございました。英語は得意ではなかったけれど北原先生の授業では英語を楽しく学ぶことができました。北原先生のおかげで英語の力を伸ばすことができました。これからも英語の勉強頑張っていきたいです。本当にありがとうございました。

・北原先生お久しぶりです。北原先生がじゃれマガを編集して再配信してくださっていたことをこの1年間のじゃれマガを通して今日初めて知りました。3年生になってから菅先生の授業と辻先生の授業で分かれ始めました。最初に思ったことは菅先生の授業はとにかく北原先生の授業に似ていることでした。1年生の頃の北原先生の授業での厳しい発音や授業のおかげで英検準2級をとれました。1年生の時とじゃれマガたくさんありがとうございました。

・北原先生、配信されたじゃれマガを教材として編集して再配信してくださりありがとうございました。1年間じゃれマガを読んで、前より長文を速く読めるようになったと感じました。本当にありがとうございました。北原先生の授業を直接受けたのは1年間でしたがとても印象に残っています。北原先生がたくさんのことを教えてくださったおか

げで私は英語を好きになれました。授業でも部活でも本当にありがとうございました。

・北原先生へ　毎日じゃれマガを編集、再配信してくださりありがとうございます。長文速読ができるようになりました。そして、1年生の時、英語を教えてくださり、ありがとうございました。すごく楽しかったです。授業は厳しくて遅刻した時しめ出されたのを覚えています。今ではそんな厳しさも愛だと思っています。本当にありがとうございました。

・こんにちは！　お元気ですか。私はいつも通り元気です。私たちが北原先生から英語を教えていただいた時から2年経って3年生になりました。1年生の時に発音などをしっかり教えていただいたおかげで今でも変わりなく意識できています。じゃれマガでは私たちに合わせてわかりやすくしてくださってありがとうございます。連語など、とても覚えやすいです。まだまだ寒い日が続くので体調にお気をつけください。ありがとうございました。

・北原先生、配信されたじゃれマガを教材として再配信してくださりありがとうございました。じゃれマガはとても読みやすく楽しんで読むことができました。高校生になっても、英語のスキルを向上させていきたいと思います。北原先生に教わったことを生かしていきたいです。1年間英語を教えてくださりありがとうございました。

・1年生の頃に正しい発音を教えてもらったおかげで発音を意識するようになりました。じゃれマガも忙しい中、編集いただきありがとうございました。文法などがとても覚えやすかったです。

・北原先生へ　英語のスキットで発表したら「赤中の歴史に泥をぬった」と言われたのを覚えています。今ではスキットをやると褒められることが多くなりました。それは北原先生が叱ってくれたおかげです。ありがとうございました。これからも英語を楽しみながらたくさん学んでいきたいです。

・北原先生へ　お久しぶりです。元気ですか。北原先生の授業がもうなつかしいです。先生の授業を受けていたおかげで今の私が居ると思います。授業が厳しくて大変でしたけど、良い成長になりました。ありがとうございました。高校でも英語の勉強頑張ります。
・すがはしぶとくやってます。

・英語を教えてくださってありがとうございました。私は１年生の時、この学校に入って、わかりやすい授業だなと思いました。

## ９−５　北原メソッドの成績

### １．英検準２級以上取得者率の変遷

平成18年度　16％（６人に１人）狛江一中時代。NHK 教育テレビ「わくわく授業」取材学年

受験率−取得率の割合が公立学校日本一として英検団体優良賞代表校として表彰式に招かれた。（３年生在籍数の30％が受験し、同16％が合格（合格率53％）。これは当時の全国準２級合格率36％をはるかに上回る。当時は中学生で合格する生徒は非常に少なく、全国の合格者のほとんどが高校生、大学生、一般だった事実を考えると驚異的な数字である。

平成22年度　27％（４人に１人）赤坂中で初めて３年間教えた学年（第１期北原学年）

平成23年度　23％（4.5人に１人）英語劇 Run, Melos, Run で都大会出場

平成24年度　32％（３人に１人）英語劇 If I Had a Million Dollars で港区英語発表会劇部門第１位

平成25年度　27％（４人に１人）英語劇 Barefoot Gen で都大会優勝（第２期北原学年）

平成26年度　25％（４人に１人）英語劇 the Diary of Anne Frank で都大会特別賞受賞

平成27年度　28％（４人に１人）（２級合格者割合は全体の12％で過去最高）英語劇 Friends で港区英語発表会劇部門第１位

平成28年度　43％ 英語劇 Illusion 2016〜Night on the Milky Way Train で都大会出場

３年生２学期 **評定１、２はゼロ。**

平成29年度　44％ 英語劇 In This Corner of the World で港区英語発表会劇部門第１位

平成30年度　56％ 過去最高！ 英語劇 Angels With Broken Wings で都大会３位入賞

## ２．平成28年度３年生２学期評定

評定１、２はゼロ。

## ３．平成28年度港区学力調査結果（４月実施　３年生）

全国偏差値　59

全国平均正答率との差

|  | 国語 | 社会 | 数学 | 理科 | 英語 |
|---|---|---|---|---|---|
| 全国 | 68.2 | 54.1 | 57.6 | 53.9 | 59.4 |
| 本校 | 65.3 | 57.8 | 62.6 | 53.9 | 79.0 |
| 差 | −2.9 | +3.7 | +5.0 | +0.0 | +19.6 |

教科の正答率

|  | 中2 | 中3 |
|---|---|---|
| 区平均 | 71.8 | 73.7 |
| 赤坂中 | 78.8 | 79.0 |
| 差 | +7.0 | +5.3 |

さまざまな英文の読み取り

|  | 中2 | 中3 |
|---|---|---|
| 区平均 | 74.1 | 72.6 |
| 赤坂中 | 83.3 | 81.0 |
| 差 | +9.2 | +8.4 |

３文以上の英作文

|  | 中2 |
|---|---|
| 区平均 | 72.0 |
| 赤坂中 | 85.6 |
| 差 | +13.6 |

**赤坂中英語は港区トップの成績**

港区は東京でもトップ５に入る高学力地区

## ４．平成28年度東京都学力調査結果（７月実施　２年生）

都平均正答率との差

|  | 国語 | 社会 | 数学 | 理科 | 英語 |
|---|---|---|---|---|---|
| 都 | 70.7 | 57.7 | 56.4 | 54.8 | 55.4 |
| 本校 | 75.3 | 58.2 | 60.4 | 54.3 | 74.6 |
| 差 | +4.6 | +0.5 | +4.0 | −0.5 | +19.2 |

観点別結果（英語）

| 関心・意欲・態度 | 表現の能力 | 理解の能力 | 言語・文化の知識・理解 |
|---|---|---|---|
| +10.5 | +24.2 | +16.7 | +19.1 |

## ５．生徒の英訳による英語劇制作（３年生２学期）

平成25年度……「はだしのゲン」　都英語学芸会で優勝

平成28年度……「銀河鉄道の夜」　都英語学芸会出場

平成29年度……「この世界の片隅に」

平成30年度……「翼の折れた天使たち」　都英語学芸会で３位


## ６．北原メソッドの特徴

①家庭学習（自学）と授業の連動

②量の確保（４技能と語彙、発音）

③赤ちゃんが言葉を覚える過程を大事にする（脳科学理論に立脚）

　　・発音の重視（英語脳の構築）

　　・和訳の排除（英語脳の構築）

　　・「テキトー」に「何回も」（ストレスを与えない、飽きない繰り返し）

　　・徹底的な音声重視

④豊富でていねいな語彙指導

　　単語単体でなく collocation を重視

⑤音読の徹底

　　１年生は最終的には各ページを50回音読する。

　　１年生３学期には全員が教科書の暗写ができる。

⑥豊富な楽しいアウトプット活動（使うから身につく）

⑦授業と連動した定期テスト

⑧バラエティ豊かなスピーキング（パフォーマンス）テスト


## ７．The Kitahara Method really works!

・誰がやっても生徒は伸びる！

・つまらない単語テスト、和訳、問題演習をやらなくても本当の英語力が身につく！

・英検準２級以上取得率56％（公立中学校日本一）

・発音は全国一、スピーキング能力も全国一！

・音声を大事にしてやっても作文力も伸びる！

・楽しいし力がつくのがわかっているから生徒が自分で勉強するようになる！

・2021年度の学習指導要領にももちろん対応できている。

## 巻末付録　北原メソッド教材のラインナップ

| 理論書・実践書 | 「英語授業の『幹』をつくる本（上巻）」<br>　　　　　　　　　2010年　ベネッセコーポレーション<br>「英語授業の『幹』をつくる本（下巻）」<br>　　　　　　　　　2010年　ベネッセコーポレーション<br>「英語授業の『幹』をつくる本（テスト編）」<br>　　　　　　　　　2012年　ベネッセコーポレーション<br>「英語授業の『幹』をつくる本（授業映像編）」<br>　　　　　　　　　2014年　ベネッセコーポレーション<br>「英語授業の『幹』をつくる本（大学教職課程授業編）（上下巻）」<br>　　　　　　　　　2024年3月　開隆堂出版 |
|---|---|
| リーディング | 「読みトレ100」2011年　浜島書店<br>「読みトレ50」2014年　浜島書店<br>「じゃれマガワークシート 2006-2020ベストセレクト200」<br>　　　　　　　　　2021年　On and On　完売<br>「じゃれマガ　カルチャー」2023年3月<br>　　　On and On　サブスク配信でデータ使用料は4,500円（年間） |
| リスニング | 「新・中学生のためのLISTENING TRAINING POWERED」<br>　　　　　　　　　2012年　学校図書　廃刊 |
| 英語の歌 | 「決定版！ 授業で使える英語の歌20」　2001年　開隆堂出版<br>「決定版！ 続・授業で使える英語の歌20」2008年　開隆堂出版 |
| 辞書 | 「Challenge® 中学英和辞典 カラー版」<br>　　　　　　編者、2021年　ベネッセコーポレーション |
| 辞書指導動画 | 「中学英語の勉強法のコツがわかるスペシャルムービー」<br>　　　　　　　　　　　　　　　（2021年12月公開）<br>　　北原（英和）模擬授業動画4本（①じゃれマガワークシート<br>　　を使った指導　②ボキャビル指導　③接頭辞接尾辞指導）<br>　　田尻（和英）講義動画3本 |
| ノート | 「miki Notebook」2012年　浜島書店 |
| 絵カード | 「アクションカード・セット」2,970円（税込）　2012年　開隆堂出版<br>　　（絵／文字カード9枚×4セット×40人分＋教師用カード<br>　　1セット） |
| スピーキング | 「スーパー・ペアワーク　1年」2014年　正進社　廃版<br>「スーパー・ペアワーク　2年」2014年　正進社　廃版<br>「わくわくペアわーく　1年2年3年」2022年　On and On<br>　　からデジタル版（タブレット用）発刊。サブスク配信でデータ<br>　　使用料は4,000円（年間） |
| 文法 | 「わくわくナルホド英文法」2023年3月<br>　　On and On からデジタル版（タブレット用）発刊。<br>　　新出文法導入のネタ本。サブスク配信でデータ使用料は6,000<br>　　円（年間） |
| その他 | 「Kitahara de essay 2020-2021」　　2021年　On and On　2,000円<br>「Kitahara de essay 2021-2022」　　2022年　On and On　2,100円<br>「ひと味違う　教師の幹をつくる本」　2022年　On and On　2,700円<br>「Kitahara de essay 2022-2023」　2024年1月　On and On　2,500円 |

教材コーナーのページ
「わくわく」シリーズなど

＊On and On の本・教材は書店では発売していません。ネットでの申し込みのみです。

 立ち読みコーナー
多くの本の立ち読みができます

## 参考文献

### ●教科書
『SUNSHINE ENGLISH COURSE』（2016）開隆堂出版

### ●学習指導要領
『中学校学習指導要領解説　外国語編』（2018）文部科学省
『小学校学習指導要領解説　外国語活動・外国語編』（2018）文部科学省

### ●教材など
北原延晃（2010）『英語授業の「幹」をつくる本（上下巻)』
　　　　　　　　　　　　　　　　　　　　　　ベネッセコーポレーション
北原延晃（2012）『英語授業の「幹」をつくる本（テスト編)』
　　　　　　　　　　　　　　　　　　　　　　ベネッセコーポレーション
北原延晃（2014）『英語授業の「幹」をつくる本（授業映像編)』
　　　　　　　　　　　　　　　　　　　　　　ベネッセコーポレーション
北原延晃 他（2001）『決定版！　授業で使える英語の歌20』開隆堂出版
北原延晃 他（2008）『決定版！　続・授業で使える英語の歌20』開隆堂出版
こうの史代（2009）『この世界の片隅に』コアミックス
ダグラス・ジャレル『じゃれマガ』（web 版）浜島書店
中沢啓治 原作・木島恭 脚本・詞（1999）
　　『ゲン in ヒロシマ 物語「はだしのゲン」』講談社
橋本光郎 他（2011）『Challenge® 中学英和辞典』ベネッセコーポレーション

第9章

255

## 北原延晃（きたはら のぶあき）

1955年東京都葛飾区生まれ。東京外国語大学ドイツ語学科卒業。在学中はESSに所属し英語劇に打ち込む。1977年から都内公立中学校6校での指導経験を経て、現在上智大学文学部英文学科・愛知淑徳大学交流文化学部非常勤講師。北原メソッドという指導法を開発・実践して教育実績を上げている。「英語基本指導技術研究会」（北研）を主宰し、全国の北研支部の先生を中心に講義や勉強会を行い、指導力の向上に力を入れている。

〈著書〉文部科学省検定教科書『SUNSHINE ENGLISH COURSE』、『決定版！　授業で使える英語の歌20（正・続）』（以上共著・開隆堂出版）、『チャレンジ中学英和辞典カラー版』（2021年）、『英語授業の「幹」をつくる本（上巻・下巻・テスト編・授業映像編）』（以上　ベネッセコーポレーション）、『読みトレ100』（2011年）、『Miki Notebook』（2012年）、『読みトレ50』（2014年）（以上　浜島書店）、『じゃれマガワークシート 2006-2020ベストセレクト200』（2021年）、『わくわくペアわーく　1年2年3年』（2022年）、『じゃれマガカルチャー』（2023年）、『わくわくナルホド英文法　1年2年3年』（2023年）、『Kitahara de essay 2020-2021』（2021年）、『Kitahara de essay 2021-2022』（2022年）、『ひと味違う教師の幹をつくる本』（2022年）、『Kitahara de essay 2022-2023』（2024年）（以上　On and On）

表紙デザイン・挿絵　中山けーしょー / 本文デザイン　株式会社エディット / DTP　株式会社テックメイト / 編集協力　株式会社エディット・田中知子

英語授業の『幹』をつくる本　大学教職課程授業編　下巻

令和6年（2024年）3月29日　初版第1刷発行

著　者　北原延晃

発行者　開隆堂出版株式会社　代表者　岩塚太郎

印刷所　株式会社光邦　〒102-0072 東京都千代田区飯田橋3-11-18 飯田橋MKビル
電話 03-3265-0611（代表）

発行所　開隆堂出版株式会社　〒113-8608 東京都文京区向丘1-13-1　電話 03-5684-6115（編集）

発売元　開隆館出版販売株式会社　〒113-8608 東京都文京区向丘1-13-1
電話 03-5684-6121（営業）、6118（販売）　https://www.kairyudo.co.jp/